U0845824

编 委 会

按姓氏笔画排序（21 人）

门洪华（同济大学）
权　衡（上海社科院）
刘　军（华东师范大学）
苏　格（中国国际问题研究院）
杨　剑（上海国际问题研究院）
吴心伯（复旦大学）
陈东晓（上海国际问题研究院）
范蔚文（上海人民出版社）
高奇琦（华东政法大学）
崔立如（中国现代国际关系研究院）
楚树龙（清华大学）
王　帆（外交学院）
朱　锋（南京大学）
严安林（上海国际问题研究院）
李晨阳（云南大学）
杨洁勉（上海市国际关系学会）
张宇燕（中国社科院世界经济与政治研究所）
陈志敏（复旦大学）
贾庆国（北京大学）
郭树勇（上海外国语大学）
隋广军（广东外语外贸大学）

国際展望丛书 ●○ 国际关系新领域与新理念

城市外交和城市联盟

上海全球城市建设路径研究

于宏源 / 著

City Diplomacy and City Alliance

The Path to Global City in Shanghai

格致出版社 上海人民出版社

国家社科基金重点项目
“能源—粮食—水的三位一体安全机制研究”
（16AGJ006）阶段性成果

丛书总序

2018年是非常独特的一年，它是第一次世界大战结束100周年，是2008年国际金融危机和世界经济危机爆发10周年，同时也是中国开启改革开放进程40周年。我们站在这个特殊的历史时点上抚今思昔，放眼未来，更深切地感受到世界正经历百年未有之大变局。世界政治经济中融合的力量和分化的力量此起彼伏、相互激荡，世界正进入不稳定和不确定加剧的新时期。国际秩序何去何从是摆在我们面前的时代之问和时代之困。其中，当前世界格局调整中的三个趋势最为显著，也最具破坏性。

第一，大国之间的战略不稳定正在加剧。一方面，美国与中国、俄罗斯之间的地缘政治竞争进一步加深。美国特朗普政府加大与俄罗斯在欧洲、中东等地区以及核导军控等领域的战略博弈，甚至局部达到冷战结束以来最严峻的状态。美国对华政策也发生了重大调整，首次明确将中国定位为美国主要的战略竞争对手。特别是2018年10月4日美国副总统彭斯所发表的美国对华政策演讲，通篇充斥着类似40年前冷战高峰时期美国前总统里根对苏联的指责，令许多中国人震惊和困惑。人们不禁要问：美国难道已决意要对中国实施全面遏制？世界是否将因此而被拉进一场新的冷战？

另一方面，除了华盛顿同北京和莫斯科之间的关系愈加紧张外，近年来大西洋关系也因为在诸如伊朗核协议、北约军费分担、全球气候变化等议题上龃龉不断而备受冲击，尽管尚未危及大西洋联盟的根本，但双方疏离感明显增加。大国关系历来是国际格局的基石，大国关系的不稳定和不确定正深刻影响着未来国际格局和国际秩序的走向。

第二，基于多边主义的全球治理正遭遇“失能和失势”的危机。以规则、协商和平等原则为基础的多边主义及全球治理机制运行正遭遇前所未有的挑战。2018 年初以来，美国对其主要贸易伙伴，包括中国和它的一些传统盟友发起关税战，全世界的目光都聚焦于不断升级的国际贸易冲突。美国特朗普政府坚持所谓“美国优先”原则，为获取美国利益的最大化，几乎肆无忌惮地对贸易伙伴采取包括关税战在内的霸凌政策，甚少顾及这些单边主义和保护主义的做法对国际贸易体制和全球供应链稳定的破坏。随着贸易保护主义和国际贸易摩擦的不断升级，以世界贸易组织为核心的，基于开放、规则的国际多边贸易体系的完整性受到空前挑战，世界贸易组织自身也逼近“何去何从”的临界点。与此同时，自从特朗普政府宣布美国退出《巴黎协定》后，全球气候治理机制的有效运行也面临严重阻碍。冷战结束以来，基于多边主义的规则和机制已经成为国际秩序稳定的重要基石，也是国际社会的共识。美国曾是现有国际秩序的重要建设者和维护者，如今正日益成为影响国际秩序的最大的不稳定力量。

第三，认同政治的浪潮正扑面而来。在经济全球化席卷世界多年后，许多发达国家和发展中国家中重新勃兴的民粹主义、保护主义和本土主义思潮和运动都带有不同程度的反全球化和反全球主义的认同意识，正深刻影响政府的决策和行为。这些反全球化和反全球主义指向的思潮和运动，都与当前世界经济以及各国国内经济社会演进过程中存在的发展赤字、治理赤字、改革赤字密切相关。在一些欧美发达国家，这些思潮和认同政治的发展已经演变成一种新的族群主义（neo-tribalism）认同的泛滥，其突出的政治理念是排斥外来移民、戒惧国际贸易、敌视所谓“外来者”对“自我”生活方式和价值观念的冲击，包括外来的物流、人流以及思想流。这种认同政治的强化不仅进一步加深了这些国家社会内部的分裂和政治极化的态势，还外溢到国际经济、国际政治和外交领域里，加剧了世界政治中所谓“我们”与“他者”之间的身份认同的对立。

综合上述三大趋势，我们不禁要问：当今世界是否将不可避免地走向大分化？如何有效管理国际秩序演变过程中融合的力量和分化的力量之间的张力？国际社会的各利益攸关方能否通过集体努力来共同遏制这种紧张的加剧甚至失控？对上述问题恐怕没有简单和既成的答案。但有一点是肯定的，国际社会迫切需要共同努力，通过构建新的国际共识和拓展共同利益，来缓解大分化的压力。

首先，国际社会需要共同努力，阻止冷战的幽灵从历史的废墟中死灰复燃。历史学家和国际关系学者已经对人类历史上无数次大国之间对抗冲突的案例进行了梳理，其中包括不少因决策者的战略失误而导致的悲剧，并总结出不少经验教训。这些教训包括彼此误判对方的战略意图；彼此错误处理相互之间的“安全困境”；忽视国际关系中“自我实现预言”的效应，即一国出于国内政治考虑及转嫁国内矛盾，营造所谓“外部敌人意象”，从而导致国际关系尤其是大国关系不断恶化。如今，美国及西方世界中的部分人士继续沉溺在赢得冷战的记忆中，甚至幻想着通过挑起又一场所谓对华新冷战从而使得美国重新强大。我们能否真正吸取过去的历史教训，拒绝冷战的诱惑，避免大国对抗的陷阱？

其次，国际社会应该加强合作，遏制单边主义对多边主义的侵蚀，同时更积极地推动多边主义国际机制的改革，不断完善全球治理。当前，对全球化的不满明显增加，对基于多边主义的全球治理的失望也日益增长。如何在维护国家主权（包括经济发展利益和国家安全利益）与共同推动有效的全球治理之间形成更可持续的平衡关系，是全球化和全球治理面临的重大挑战。但同样显而易见的一点是，对于我们这样一个联系紧密、相互依存不断加深的世界而言，面对越来越多的全球问题，单边主义绝不是好兆头。实行单边主义对单个国家而言也许有其吸引力，但由此所产生的问题将远多于其想解决的问题。全球问题需要全球解决方案，合作应对是唯一出路。

最后，国际社会需要创新思维，推动构建新的集体意识和认知共识。当前关于世界政治和经济发展的国际话语结构中，主流的叙事方式和分析框架依然是基于权力政治（power politics）的逻辑和认同政治（identity politics）的逻辑。尽管上述叙事逻辑依然具有一定的解释力和影响力，但已经无法涵盖当今世界政治和经济的发展现状和未来的演变方向。我们需要构建一种新的叙事方式和分析框架，我暂且称之为"发展政治"（development politics）的逻辑，从而能更全面地把握世界发展的内在动力及其发展方向。

从历史发展的宏观角度看，无论是全球化的发展还是国际秩序的演变，都将同当前非西方世界的新一轮现代化进程与西方世界正在进行的后现代的再平衡进程的走势密切关联。包括中国、印度在内的新兴经济体在前一个进程中扮演着关键的角色，而美国和欧洲等在后一个进程中扮演着关键角色。

就前一个进程而言，冷战结束以来，大规模的现代化进程席卷了非西方世界。到21世纪的第二个十年结束之际，广大的发展中国家，包括人口最多的中国和印度，以及东南亚、拉丁美洲和非洲，已经基本完成了现代化的初步阶段，即从低收入国家向中等收入国家的过渡。根据世界银行报告的数据，在世界银行189个成员国中，有将近40个国家是发达经济体；在150个发展中国家中，有108个国家已进入中等收入阶段，即所谓的中等收入国家。它们的总人口超过55亿人，约占全球GDP的1/3。这其中约有40个国家是中高收入国家。

今天，越来越多的发展中国家正在现代化的初级阶段基础上集聚力量，开启向中高级现代化迈进的新征程。这一进程在人类历史上是前所未有的。如果新一轮现代化取得成功，意味着未来20—30年时间里，在西方世界之外的超过40亿的人口将成为中产阶级，这是人类发展历史上空前的现代化，因为其所涉及的人口规模、地域范围和历史意义都远远超过前两个世纪的世界现代化进程。与此同时，非西方世界的新一轮现代化进程正面临着前所未有的挑战和困难。发展中世界面临的共同挑战是能否在不发生重大动荡的情况下步入更为先进的现代化阶段。从发展中国家国内角度看，这方面的主要问题包括国家现代化治理能力的全面提升，包括经济、政治和社会等结构的不断完善。来自外部的挑战主要是，由西方主导的现有的国际体系是否能够容忍和容纳非西方国家的集体崛起。

与此相对应的是，西方世界作为一个现代化向后现代阶段转型的整体，在冷战后新一轮经济全球化和科技进步浪潮的席卷下，其经济、政治和社会结构正面临着日益增多的内部发展和治理的转型压力，进入了我所称的“后现代化的再平衡时期”。其中一个突出的表征是，在许多西方发达国家，秉持开放、包容和竞争原则的全球主义、精英主义的力量，同基于保护和注重平等的地方主义、民粹主义的力量之间出现了日益严重的对立，他们分别代表了所谓“经济全球化和科技进步的受益者”同“经济全球化和科技进步的受害者”之间的分化和对立，加剧了西方内部的社会经济断层和政治极化的态势，并且正在加速反噬由西方发达国家开启的经济全球化的进程。因此，作为一个整体，西方世界迫切需要同时对自身国内治理和推动国际（全球）治理注入新的动力。就其内部经济、政治、社会等治理而言，西方世界应该通过自身的改革，提升其体制支持内部包容、普惠以及均衡发展的能力，以此保持自身政治、经济和社会体系的稳定，从而能够协调所谓全球主义和精英主义同本土主义和民粹主义之间日益对立的关系。就其与非西方世界的关系而言，西方世界特别是其领导力量应该认识到世界现代化进程的历史意义，尤其是非西方世界群体崛起的历史意义，通过不断完善内部体制和扩大现有国际体系的包容程度，来推进整个世界现代化和世界和平繁荣的进程。

因此，当非西方世界的新一轮现代化进程与西方世界的后现代转型进程相遇时，两者究竟是以包容、稳定、合作的方式互动，还是以排他、对抗、混乱的方式互动，将对世界政治的未来走向产生深远的影响。换言之，未来世界究竟走向大融合还是大分化，将在很大程度上取决于发达国家的后现代转型和发展中国家的现代化发展能否都取得成功，并且相互之间以何种方式互动。

因此，国际社会比以往任何时候都更需要凝聚新的共识，在未知的海洋中同舟共济。如何审视和研究当今世界政治经济格局的转变和发展趋势，对于研究者而言是挑战也是使命。上海国际问题研究院推出的“国际展望丛书”，正是为此目的。同时，也借此庆祝我院成立60周年。

陈东晓

2018年10月

目　录

导言　_1

理论篇

第一章　民间外交理论和实践　_14

第一节　民间外交的内涵　_15

第二节　民间外交主体的特点　_18

第三节　民间外交在推动软实力建设中的协同角色　_24

第二章　城市外交理论梳理　_27

第一节　既有全球城市理论梳理及研究范式变迁　_27

第二节　城市外交和城市联盟的理论和概念　_36

第三节　全球城市研究相关指标体系　_47

实践篇

第三章　城市外交和城市联盟的实践　_58

第一节　民间外交阶段（1919—1980 年）　_61

第二节　倡议外交阶段（1980—2001 年）　_62

第三节　城市外交阶段（2001—　）　_63

第四章　全球城市组织和城市联盟的案例比较　_69

第一节　关注全球事务的城市联盟　_72

第二节　关注国家关系与地区合作的城市联盟　_79

第三节　关注民众的城市联盟　_85

第五章　城市对外交往活力指数的构建　_91
第一节　城市对外交往活力的概念　_92
第二节　指标构建　_94
第三节　数据来源和计算　_98
第四节　2015—2018 年中国城市对外交往活力指数　_101

第六章　城市参与气候和应急防疫的全球治理　_132
第一节　城市外交和气候变化全球治理　_133
第二节　城市和全球应急治理　_142

第七章　上海已有的国际网络和进展　_150
第一节　“一带一路”的上海角色与创新国际网络　_151
第二节　上海国际友好城市网络　_156
第三节　上海世博会城市绿色创新网络　_162
第四节　跨国公司上海总部网络　_163
第五节　教育和科技国际交流网络　_166

路径篇

第八章　上海特色的城市评价体系构建　_177

第九章　对上海参与国际合作和民间外交路径的建议　_183
第一节　对上海加强全球人文交流与民间外交建设的建议　_184
第二节　对上海城市科技创新网络定位的建议　_187
第三节　对上海卓越全球城市发展的建议　_189
第四节　对上海参与全球城市联盟的建议　_191
第五节　对上海创设全球性科技组织的建议　_194
第六节　推动“一带一路”上海科技创新纽带建设　_197

附录　主要城市联盟　_203
参考文献　_241

导 言

2016年联合国住房与城市可持续发展大会（“人居三”大会）期间，约有数千个地方政府以及地方和地区性政府全球工作组或城市联盟参与了联合国《新城市议程》的筹备过程，城市合作在全球治理中的地位达到了一个新高度。为此，联合国《新城市议程》强调促进次国家和城市间国际合作，强调城市国际组织或联盟在促进城市可持续发展能力建设方面的重要作用。[1]

自20世纪90年代以来，城市行为体为了更好地应对金融危机、气候变化、环境污染、流行病、移民等全球性挑战，开始通过自愿、互利和城市间的协商，建立起跨国城市联盟这一组织网络结构与治理平台。通过联盟，城市间得以实现相关信息、知识、技术等高速交流，跨国城市联盟提高了城市在全球多议题治理中的资源动员能力和制度影响力。基于城市的国际合作以及跨国网络性治理成为应对全球挑战以及拓展全球治理空间的重要维度。跨国城市联盟日益成为重要国际治理平台而受到各国重视，在全球治理中起到了推动资源汇集、技术创新、最优实践推广以及规范扩散的重要作用。

随着全球化的深入发展，以及中国不断接近世界舞台的中心，中国的

[1]《新城市议程》于厄瓜多尔基多市联合国住房与城市可持续发展大会（“人居三”大会）被采纳，2016年12月23日为联合国大会所签署。参见联合国《新城市议程》，https://www.un.org/zh/documents/treaty/files/A-RES-71-256.shtml。

外交也正面临越来越多的新课题，在外交转型升级的过程中，城市组织、地方政府、地方企业、地方高校和科研院所、地方社会团体和个人等主体正在成为政府之外重要的国际交流资源。习近平总书记多次强调："国之交在于民相亲，民相亲在于心相通。"[1] 各国人民、社会组织和城市跨国交往对于其他各个维度的跨国互动都起着润滑剂的作用。全球城市间民心相通，则其他各方面的合作和交流就拥有稳定的社会基础和良好的前景。反之，则会遇到许多问题和阻力。党的十九大也要求"加强同各国政党和政治组织的交流合作，推进人大、政协、军队、地方、人民团体等的对外交往"[2]。在改革开放过程中，中国各个城市都在充分发挥其软实力，积极组织了丰富多彩的国际活动，开展城市对外交往，促进人员的跨国交流，增进了世界各国对中国的理解。各个城市也积极地"走出去"，在国际互动中既磨炼了自身，又充当了中国的使者、沟通的纽带。城市外交是在中央政府的授权和指导下，某一具有合法身份和代表能力的城市当局及其附属机构，为执行一国对外政策和谋求城市安全、繁荣和价值等利益，与其他国家的官方和非官方机构围绕非主权事务所开展的制度化的沟通活动。城市对外交往活力是连接城市对外交往能力与其在国际社会实际对外交往影响力的中观概念和中间变量，体现在社会、文化、经济贸易和外事四个领域。

本书结合研究跨国城市联盟和全球城市建构的文献，紧密联系上海发展实践和国内外城市外交和全球治理的新态势，重点讨论上海参与跨国城市治理网络，从而有效提高自身竞争力所面临的问题和发展路径。本书的框架如下：

---

[1]《习近平在"一带一路"国际合作高峰论坛开幕式上的演讲》，新华网 2017 年 5 月 14 日，http://www.xinhuanet.com/politics/2017-05/14/c_1120969677.htm。

[2]《习近平：决胜全面建成小康社会　夺取新时代中国特色社会主义伟大胜利——在中国共产党第十九次全国代表大会上的报告》，新华网 2017 年 10 月 27 日，http://www.xinhuanet.com/politics/19cpcnc/2017-10/27/c_1121867529.htm。

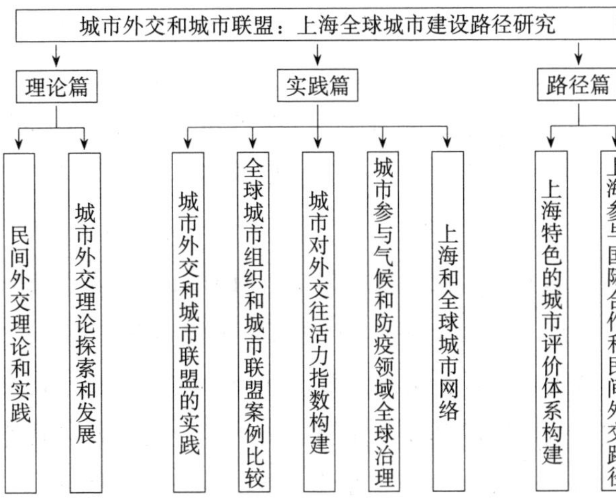

如图所示，本书共包括三个部分，分别为理论篇、实践篇和路径篇。

在理论篇中，第一章论述民间外交的内涵、民间外交主体的特点、民间外交在推动软实力建设中的协同角色以及全球城市建设中的民间外交；第二章探索和发展城市外交理论，梳理既有全球城市理论及研究范式的变迁、城市外交和城市联盟的理论和概念以及全球城市研究相关指标体系。具体如下。

第一章为民间外交理论梳理。民间外交不同于个人或社会团体一般性的国际往来，它具有明确的补充政府外交、促进政府间合作的意图和作用。民间外交的主体可以是有官方背景的人民团体、地方政府、社会组织、教育机构、新闻媒体和各种民间组织。民间外交行为体是公共产品服务提供者、全球治理秩序的促进者、全球治理的多利益攸关方。就其特征而言，从人民性的角度来看，民间外交的主体是人，目的是改善民意基础、促进相互理解、塑造良好认知。民间外交是建立在民间交流的基础上，其主体主要来自无国际法主体资格的社会大众和企业，其作用的发挥具有有限性。民间外交具有重要协同作用：一是在强化互信沟通力方面，民间外交有利于带动国内国外两种资源，通过丰富多样的交流平台来实现资源的共享共赢共建，从而增进国家间的彼此信任；二是在构建制度性吸引力方面，可以通过民间外交来宣传和强调中国经济发展模式的优越性，从而为全球经济问题的解决提供中国方案和中国智慧；三是在提升文化感染力方面，可以通过民间外交来推进基于中国传统文化的民间交流，通过发展和弘扬中国传统文化来拓实软实力构建中的文化影响力；四是通过民间外交推进中国软实力建设中的道义引领力。城市在民间外交中扮演重要的功能定位。城市与地方展开的城市外交，将成为中央政府层面国家外交的重要补充与支持，能够进一步发挥地方层级在对外交往中的作用与影响。

第二章为城市外交理论梳理。城市外交是城市或地方政府为了代表城市或地区和代表该地区的利益，在国际政治舞台上发展与其他行为体的关系的制度和过程。城市外交活动的领域涵盖了安全、发展、经济、文化、网络和代表等领域。城市外交形式包括官方、半官方和民间三种形式。从既有研究来看，城市外交主要围绕三个方面：地方空间向流动空间的转型，集中体现为从等级视角向网络视角的转变（以关系视角替代结构视角推动理论研究范式的转型）；从侧重地缘经济流动的被动性研究视角（全球城市作为各类物质流的被动接受枢纽）转为关注全球城市的自主治理及网络功能的主动性研究视角（全球城市作为具有认知能力的主动性行为体）；结合发展趋势，全球城市的研究应当进行时间转向，侧重从过程纬度来深入分析城市发展中时间的社会性及其对城市空间的建构作用。从既有全球城市研究相关指标体系来看，一类是涵盖多个领域的综合性城市评价体系。较具有代表性的有《外交政策》（*Foreign Policy*）联合芝加哥城市委员会（Chicago Council）与科尔尼公司（A.T.Kearney）共同发布的“全球城市指数”、国际研究协会有限公司（AIRINC）的“全球 150 城市指数”、日本森纪念财团（MMF）发布的“全球城市实力指数”（GPCI）以及联合国人居署（UN Habitat）开展的“城市指标项目”。另一类是主要关注单一领域的专门性城市评价体系。其中包括世界银行的“全球城市指标”、联合国人居署的“城市指标项目”与“城市发展指数”、英国“未来论坛”的“可持续城市指数”、全球城市竞争力指标体系、伦敦世界城市文化指数。

在实践篇中，第三章考察了城市外交和城市联盟的实践；第四章比较了全球城市组织和城市联盟的案例，论述了关注全球事务的城市联盟、关注国家关系与地区合作的城市联盟以及关注民众的城市联盟；第五章探讨了城市对外交往活力指数的构建，包括城市对外交往活力的概念、指标构建、数据来源和计算以及 2015—2018 年中国内地城市对外交往活力指数；第六章关注城市参与气候和防疫领域的全球治理，论述了城市外交和气候变化全球治理以及城市和全球防疫；第七章聚焦上海和全球城市网络，包括“一带一路”建设中上海的角色与创新国际网络、上海国际友好城市网络、上海世博会城市绿色创新网络、跨国公司上海总部网络以及教育和科技交流网络。具体如下。

第三章为城市外交和城市联盟的实践。以历史发展视域来看，城市外交和城市联盟的实践可以划分为三个阶段。一是民间外交阶段（1919—1980 年）。国际友好城市仅仅是一种民间外交，它虽然获得中央政府的许可和鼓励，却不能逾越中央政府的外交政策，而是仅仅扮演沟通非官方交流的“民间使者”角色。二是倡议外交阶段（1980—2001 年）。城市外交与官方外交不是互补关系，而是一种竞争关系，通过寻求国际范围内的舆论支持、向中央政府施加压力、推动城市间的交流合作等手段，寻求一种不同于中央政府政策的政治影响力，产生了较大的外交影响力。三是城市外交阶段（2001 年之后）。城市外交阶段的表现之一是多边城市组织的兴起，表现之二是世界城市的兴起。

第四章为全球城市组织和城市联盟的案例比较。全球城市联盟涉及三大种类，包括：关注全球事务的城市联盟、关注国家关系与城市合作的城市联盟以及关注民众的城市联盟。从数量来看，关注国家关系和地区合作的城市联盟数量最多，关注民众的次之，关注全球事务的最少。

第五章为城市对外交往活力指数的构建。城市对外交往活力指数具有多维度，包括城市在社会领域的对外交往活力，即外籍人员居民数量、国际航班数量、国际会议数量、国际会展数量以及城市居民持有护照数量；城市在文化领域的对外交往活力，即国际艺术演出数量、市民外文水平、外国口味餐馆数量构成；城市在经贸领域的对外交往活力，即进出口贸易额、外企数量、合资企业数量、涉外税收和对外直接投资；城市在政治领域的对外交往活力，即领馆数量、外国领导人访问数量、国际组织数量和友城数量。结合2015—2018年中国内地城市对外交往活力指数可以发现，第一，城市对外交往活力与城市发展程度有着密切的关系；第二，每个子区域中的城市对外交往活力指数呈现出中心突出、差异悬殊、独具特色的特征；第三，内地城市对外交往活力东西差距较为明显，但南北差距不太明显；第四，要加强构建城市对外交往活力指标体系。

第六章为城市在气候变化和应急防疫治理上的作用。本章从气候变化与应急管理两个实证分析切入。首先是城市外交和气候变化全球治理。城市参与全球气候治理的一个理论基础是城市外交，另一个理论基础是多层治理理论，后者认为国家政府的地位正在下降，一个新的、多层次的治理系统正在成形。城市气候谈判推动了国内气候治理、全球气候治理。一方面，城市气候网络有灵活、务实、合作、高效等特点。另一方面，城市气候网络有利于信息的高速传播。其次是城市和全球防疫。根据非洲城市在粮食安全危机应对领域的合作和中非地方合作推动解决非洲疟疾的例子，本文探讨地方合作和城市外交在应急管理中的应用。

第七章为上海和全球城市网络。上海在城市外交中具有重要的作用。上海参与“一带一路”倡议相关政策规划已完成并处于实施阶段，中央给上海的定位为“一带一路”桥头堡，要充分发挥以国际金融中心推动国际创新网络的金融资源汇集、以航运和贸易中心建设带动国际创新网络的市场吸引力。从实践来看，上海积极参与国际友好城市网络构建，对话方式包括“友城之约”、中国国际友好城市大会等。为充分发挥上海城市外交作用，要全面构建上海世博会城市绿色创新网络、跨国公司上海总部网络、教育和科技交流网络。

路径篇包括：第八章对上海特色的城市评价体系构建的探讨，以及第九章对上海参与国际合作和民间外交的路径的解析。第九章还对上海加强全球人文交流与民间外交建设、上海城市科技创新网络、上海卓越全球城市发展、上海参与全球城市联盟以及上海创设全球性科技组织提出建议。

具体如下。

第八章为建设具有上海特色的城市评价体系。具有上海特色的城市评价体系的构建将力求实现如下四个目标：第一，打造覆盖多个领域、以不同指标为依托的综合性城市评价体系，实现对上海城市发展的全面评估。第二，以上海为核心城市和考察锚点，通过对其他城市的横向评估和对上海自身城市发展的纵向追溯进行分析。第三，着眼于上海城市发展中的不足和短板，对这些落后的领域进行着重考察和分析。第四，基于全面的指标选取、科学的权重划分、规范的技术性评估，该体系力求提供真实可靠的城市发展排名，为上海打造全球城市提供有价值的数据支撑。就评价指标体系而言，一是衡量经济发展，其二级指标包括国民生产总值、人均生产总值、人均支配收入、进出口贸易、500 强企业、财政收支、人口规模。二是关注政治与公共参与，其二级指标包括人均提案数、公共政策参与度、意愿表达渠道。三是考察对外开放和交流，其二级指标包括机场年吞吐量、出入境货物规模、外国人境内消费、国际会议与展会、国际学生数量、国际游客数量。四是探讨科技与智力竞争力，其二级指标包括人均享有公共图书馆、研究队伍规模、世界性大学、科研机构数量、国家实验室数量、科学技术奖获奖人数。五是考察宜居与民生发展，其二级指标包括失业率、人均医疗资源、人均教育资源、养老保险覆盖率、城市人口密度、通勤时间、物价水平、房屋价格、基尼系数。六是分析环境与可持续发展，其二级指标包括能源消耗、能源强度、水资源储量、温室气体排放、污染排放、空气质量、垃圾管理、经济持续性。

第九章为上海参与国际合作和民间外交路径。首先，加强上海参与全球人文交流与民间外交建设。具体包括：安全底线思维；对非传统安全的顶层设计和制度建设；借助进博会、国际艺术节、世界城市日等国际城市交往平台，促进大都市友好交往、吸引国际人士参与民间外交、积极开发上海市和长三角区域民间组织资源，主动承接部分友城交往活动；积极利用网络媒体宣传抗疫经验等建议措施。其次，明确自身在城市科技创新网络中的定位。通过地方政府、高校、研发中心、高新技术产业之间的密切合作，提升高科技能力。再次，发展卓越全球城市。一是，战略重心应由国际友城向跨国城市联盟转移；二是，建立务实、弹性的体制机制，提升城市外交质量；三是，建设开放的、权威的、专业数据库和量化研究，减少参与、创建跨国城市联盟及国内外开展合作的信息获取成本，提升匹配度；四是，借助承办世界城市日的机遇，大力提高上海的城市形象和城市可持续发展指数。复次，积极参与全球城市联盟。上海城市外交重点可以由国际友城向多边城市合作以及跨国城市联盟逐步转移；把上海发展全球城市联盟战略和城市联盟建设与国家赋予上海的任务战略相结合，明确上海参与和创建跨国城市联盟服务国家发展战略的定位；上海应当营造城市国际组织在沪发展环境，发挥多方合作的杠杆作用，争取各方面支持，将此作为国际城市联盟建设的关键步骤；上海应当进一步加强城市联盟构建中多元主体的参与；上海应当更为重视和更多借鉴世界其他全球城市的经验，突出上海作为卓越全球城市的话语权和发展理念领导力；上海应该发挥“世界城市日”等已有品牌作用，以上海建设世界城市日永久主场为契机。最后，从三个角度入手创设全球性科技组织。一是充分凭借和发挥上海的资源优势，提高战略定位；二是明确上海创设全球科技性组织的定位和性质；三是加强对上海创设全球科技性组织的综合服务和保障。

综上所述，本书旨在系统性分析非国家行为体，特别是跨国城市联盟在促进城市对外交往活力过程中的角色和作用。为此，本书研究了民间外交、城市外交以及跨国城市联盟出现和全球治理中城市的角色，对民间外交、城市外交及城市联盟理论和实践进行了梳理与分析，并在城市外交理论研究基础上把主要城市联盟分为三类：一是关注全球事务的城市联盟；二是关注国家关系与城市合作的城市联盟；三是关注民众的城市联盟。

就理论价值而言，目前全球性城市理论建构的根基多源于西方国家的实践，相对忽视了发展中国家的特殊情况，比如跨国城市联盟中发展中国家城市的数量依然相对有限且影响力较弱。本书基于全球权力格局东升西降的现实，特别集中于分析发展中国家日益崛起中的全球性城市如何借助民间外交、城市合作、跨国城市联盟等来提升自身在全球网络治理中的制度性权力、机制创新力和话语权，为中国城市外交战略研究提供新的路径和创新维度。就现实意义而言，20 世纪 90 年代以来，跨国城市联盟成为次国家层面参与全球网络性治理的重要路径。跨国城市联盟的出现标志着次国家层面在全球层面的治理权威逐步得以肯定，治理权威领域由等级性分布向平面化和网状化转变。在扶贫、救灾、公共卫生、教育、环境保护、气候变化等领域，跨国城市联盟通过资源聚集、信息交流、最优实践分享、技术创新和规范扩散等成为各种发展项目的重要实现者。随着经济地位的提升，中国参与全球议题构建的机会显著增多，国际社会对中国在全球治理上的责任与影响力也越来越期待。目前，上海已经加入了十个跨国城市联盟，成为中国加入国际城市网络化组织最多的城市。但同发达国家城市相比，中国城市在跨国城市联盟中的影响仍较为有限，其活动能力和国际视野都有待加强。

随着上海的城市发展，上海在国际和区域合作、制度设计与建设方面的角色和作用越来越明显和重要。未来，上海的城市竞争力不仅包括创造财富、提高收入能力，而且还包括城市对外交往活力，而通过参与不同类型的跨国城市联盟正是提高上海对外交往活力乃至城市国际竞争力的重要途径。基于跨国城市联盟的城市对外交往活力提升到对于上海打造“2040卓越的全球城市”具有重要的推动作用，通过各类网络平台，不仅有助于上海聚集更多的经济技术和最优实践资源，还有利于中国通过模式引领和城市方案贡献来提升上海在国际平台中的议题设定权、制度建构力和话语引导力。

历史上，上海见证、参与了中外交往中的许多重要事件。进入 21 世纪以来，上海在国际经济、金融、贸易、航运和科技创新中心建设中，强化全球资源配置功能、科技创新策源功能、高端产业引领功能和开放枢纽门户功能，充分发挥其全球城市网络的重要节点作用，为中国引领全球城市交往和全球治理发挥了日益重要的作用。特别是上海作为中国国际化程度最高的城市，正以更积极、更负责任的姿态，参与甚至创建跨国城市联盟。为此，上海作为中国国际化程度最高的城市，应当建设符合中国特色的城市评价体系，在融入和引领跨国城市联盟的过程中进行制度创新，创造更好的国际城市合作环境，推动上海成为“一带一路”建设桥头堡、全球城市建设的枢纽门户、世界城市合作治理的领头羊。

城市外交和城市联盟：上海全球城市建设路径研究

理论篇

习近平总书记指出，“国之交在于民相亲，民相亲在于心相通”，“人民友好是促进世界和平与发展的基础力量，是实现合作共赢的基本前提，相互信任、平等相待是开展合作、实现互利互惠的先决条件”[1]。在全球化发展的背景下，民间外交与城市外交日益成为引人注目的研究对象。在当代国际关系中，官方外交在国家外交中起主导作用，民间外交和城市外交等处于辅助性位置，积极开展灵活的民间和城市外交能有效配合官方外交，并增进人民之间的理解和信任，进而建立超越现实政治经济利益的人民友谊，具有更为长远的作用。随着经济全球化和社会信息化的发展，民间外交成为国际舞台上的一道新风景线。各国政府越来越重视民间外交，利用民间外交解决政府不能或不便解决的外交问题。

一直以来，民间外交概念缺乏一个被普遍接受的明确定义。本书认为，与官方外交相比，民间外交具有补充政府外交、促进官方合作的作用。民间外交主体在不具有国家外交正式资格的同时，往往又享有政府的支持。在全球治理的过程中，民间外交的主体是人，其目的是改善民意基础，促进国民理解，塑造良好互动与认知。同时，民间外交的功能作用和权威性由于其官方外交的补充角色而有所限制。因此，民间外交主体同时拥有人民性与有限性的双重特点。民间外交在构建互信沟通力、制度吸引力、文化感染力和道德领导力方面所起的协同作用同样重要。

在全球化背景下，城市外交成为应对全球挑战以及拓展全球治理空间的重要维度，城市外交有双边、多边、联盟等多种形式，在全球治理中起到推动资源汇集、技术创新、最优实践推广及规范扩散的重要作用。城市通过合作以更好地应对金融危机、气候变化、环境污染、流行病、移民等全球性挑战。城市通过自愿、互利和协商的机构合作，跨越国界建立一个组织结构和治理平台网络，即跨国城市联盟，以促进相关信息、知识、技术等的交流，从而加强城市一级在全球多问题治理中的资源调动能力和制度影响。

[1] 王超：《架起中国与各国人民之间连心桥》，《人民日报》2019年12月27日。

全球城市理论最早可以追溯到19世纪末期，在漫长的发展过程中既有全球城市理论及研究经历了持久的理论梳理与范式变迁。目前的城市研究面临着三个方面的研究范式转向，分别是：网络化、主动性和功能性。发达国家城市发展的实践是现有的城市研究理论的主要基础，对发展中城市的关注则有所匮乏。作为城市外交的重要类型，本书研究的跨国城市联盟日益成为地区和城际间资源汇集、技术创新、最优实践推广以及规范扩散的重要平台。发达国家和部分发展中国家的重要城市将参与各类跨国城市联盟作为拓展自身经济利益、制度性权力和城市外交的重要实践。

第一章

民间外交理论和实践

民间外交是包含城市外交、第二轨外交、第三轨外交等多种形式在内的“非官方（中央政府）的、非赢利性的、有组织的一切涉外活动”。通过交流增强互信，从而建立超越现实政治经济利益的人民友谊，这是民间外交这一基于人类文明的共同理念和普适价值同时具有强大生命力之交往的鲜明特征。民间外交为国家间关系和国际合作奠定了坚实而稳固基础。民间外交主体既具有人民性也存在有限性。伴随着全球化的发展全球民间外交在文化多元的信息化时代同样呈现出了一些不同以往的新形式、新特点。随着中国改革开放的不断扩展与深入，中国国内经济快速发展，社会不断进步，与此同时中国也在政治、经济、文化、科技、环境等各个领域不断加深与外部世界的联系。在这一过程中，中国社会各界在国家对外交往活动中扮演不可或缺的角色，多元化与网络化成为中国民间外交未来的发展方向。[1]随着多元化和网络化的发展，当前国际行为主体日益多元化，民间社会的影响力逐渐扩大。党的十九大在把握世界发展大势的基础上，在国际关系层面提出了推动构建人类命运共

[1] 张志洲：《民间外交涵义的学理分析》，《国际观察》2008 年第 5 期，第 23—28 页。

同体的重要方针。[1]在落实党的十九大外交工作部署中，民间的力量可以成为政府之外的重要资源。[2]

第一节

民间外交的内涵

名定而实辨，明确民间外交的含义是更好地理解这一外交行为及其所发挥的作用的基础。尽管民间外交的实践具有悠久的历史，但民间外交研究起步较晚，仍有许多基本问题亟待回答，而如何定义民间外交便是重要的基本问题之一。目前，民间外交仍缺乏一个被学界普遍接受的定义。笔者认为，既然研究者尚未在民间外交定义的具体表述上达成共识，那么我们首先需要做的是明确民间外交的研究范畴，只有这样，经验研究才能开展，我们也才能在经验研究的基础上，更加准确地定义民间外交。

民间外交的研究范畴难以确定，主要是出于以下三方面原因。第一，各国研究者采用的表述方法十分多元化，其指代的对象既有重合又不尽相同，这给学术对话造成了一定的障碍。例如，在中文文献中，既有“民间外交”的提法，也有“人民外交”的提法[3]，而英文文献的表述则包括“people-to-people diplomacy”“citizen diplomacy”“civil diplomacy”“non-official diplomacy”“multi-track diplomacy”等。[4]第二，相关研究领域的

[1]《习近平：坚定不移走和平发展道路坚定不移促进世界和平与发展》，http://news.xinhuanet.com/world/2013-3/19-115083820-z.htm。

[2]党的十九大要求“加强同各国政党和政治组织的交流合作，推进人大、政协、军队、地方、人民团体等的对外交往”。其中民间外交主体也是重要组成部分。

[3]刘建平：《中国的民间外交：历史反思与学术规范》，《国际观察》2008年第5期，第25—31页。

[4]参见张胜军：《新世纪中国民间外交研究：问题、理论和意义》，《国际观察》2008年第5期，第14页；Tan，See Seng，2005，“Non-Official Diplomacy in Southeast Asia：‘Civil Society’ or ‘Civil Service’?”，*Contemporary Southeast Asia* 27(3)；Marshall，James，1949，“International Affairs：Citizen Diplomacy”，*The American Political Science Review* 43(1)。

范畴不断发生变化，这使得确定民间外交与其他非政府外交行为之间的关系、边界变得更加困难。例如，传统观点认为，公共外交是指“政府向外国公众提供信息并施加影响的行为”，政府是公共外交行为的主体。在这一意义上，民间外交成为独立于传统政府间外交和公共外交的第三种外交形式。[1]然而，近年来公共外交的研究范畴出现明显延伸。“新公共外交”学派的学者不仅承认非国家行为体在公共外交中的主体地位，还将研究的重点转向非国家行为体与国家的合作，以及非国家行为体在增强信息可信性上的作用。[2]这使得公共外交和民间外交的边界变得模糊，两个研究领域又出现交叉重叠。第三，相关概念在不同地区的应用有所不同，其所指代的外交行为存在差异。以“第二轨外交”为例，该概念由威廉·戴维森（William Davison）与约瑟夫·蒙特维尔（Joseph Montville）于20世纪80年代初提出，泛指第一轨外交（即由政府官员开展的外交活动）以外的一切国际交往活动，具有非官方（non-official）、非程式化（non-structured）、思想开放（open-minded）、利他主义（altruistic）的特点。[3]根据戴维森与蒙特维尔的定义，第二轨外交指的是非政府行为体的一切国际活动，这几乎涵盖了民间外交的所有内容。[4]达利亚·达萨·凯（Dalia Dassa Kaye）将第二轨外交限定为“以问题解决为重点的非官方政策对话，参与者具有某种接近决策圈的渠道”[5]。他进一步指出，不同地区的第二轨外交机制

---

[1] 韩光明：《公共外交与民间外交的特点分析》，《公共外交季刊》2013年春季号（总第13期），第65页；张玲、张万洪：《“一带一路”倡议中的民间外交——基于缅甸田野调查的反思》，《上海对外经贸大学学报》2017年第24卷第3期，第30页。

[2] McDowell, Mark, 2008, “Public Diplomacy at the Crossroads: Definitions and Challenges in an Open Source Era”, *Fletcher Forum of World Affairs* 32; Lee, Geun, and Kadir Ayhan, 2015, “Why Do We Need Non-State Actors in Public Diplomacy?: Theoretical Discussion of Relational, Networked and Collaborative Public Diplomacy”, *Journal of International and Area Studies* 22(1).

[3] Davidson, William D., and Joseph V.Montville, 1981, “Foreign Policy According to Freud”, *Foreign Policy*, 45.

[4] 张胜军：《新世纪中国民间外交研究：问题、理论和意义》，第14页。

[5] Kaye, Dalia Dassa, 2007, *Talking to the Enemy: Track Two Diplomacy in the Middle East and South Asia*, The Hague: Rand Corporation, p.7.

在涉及的议题、享受的官方支持以及对政策制定的影响力等方面，均存在明显差异。[1]而在东南亚地区，“第二轨外交”则特指以学术团体为主体的地区合作形式；以非政府组织（non-governmental organizations）或社会运动为主体的地区合作形式，则被称为“第三轨外交”。[2]与其他地区相比，东南亚的第二轨外交具有更强的官方色彩，会议及相关活动由智库等学术机构组织召开，官员多以私人身份参加。

结合以上讨论，笔者认为，界定民间外交的研究范畴可以从两个方向入手。第一，需要区分民间外交和非国家行为体的一般性的国际交流活动。正如有学者指出的，所谓“外交”，必须体现“国家的作用”，即体现国家意志或有国家参与的成分，例如有国家的政策指导或资金支持等。[3]因此，民间外交不同于个人或社会团体一般性的国际往来，它具有明确的补充政府外交、促进政府间合作的意图和作用。[4]第二，需要明确民间外交的参与主体。对于这一问题，已有研究明确指出，民间外交的主体不具有“国家外交正式资格”[5]，但往往又享有政府支持。根据原中国人民对外友好协会副秘书长韩光明的界定，民间外交的主体可以是有官方背景的人民团体、地方政府、社会组织、教育机构、新闻媒体和各种民间组织。[6]在此基础上，笔者进一步结合各地区的实际情况，将各地区的城市外交、第二轨外交、第三轨外交纳入民间外交的研究范围。

图 1.1 展示了不同研究领域的关系。首先，可以看到民间外交与“新公共外交”出现部分交叉重叠：一方面，两者均将非国家行为体视为外交行

[1] Kaye, Dalia Dassa, 2007, *Talking to the Enemy: Track Two Diplomacy in the Middle East and South Asia*, The Hague: Rand Corporation, pp.11—13.

[2] 另一个相关概念是“1.5 轨外交”，与二轨外交的差异非常细微。“1.5 轨外交”的会议及活动往往由政府举办，参与者与二轨外交没有根本性的不同。参见 Acharya, Amitav, 2011, “Engagement or Entrapment? Scholarship and Policymaking on Asian Regionalism”, *International Studies Review* 13(1):13。

[3] McDowell, Mark, 2008, “Public Diplomacy at the Crossroads: Definitions and Challenges in an Open Source Era.”

[4][5] 张胜军：《新世纪中国民间外交研究：问题、理论和意义》，第 15 页。

[6] 韩光明：《公共外交与民间外交的特点分析》，第 67 页。

为的主体或主体之一；另一方面，新公共外交的对象（即信息的受体）主要是外国民众，而民间外交的对象包括外国政府与民众。其次，城市外交、第二轨外交、第三轨外交是民间外交的三种主要形式，均涉及官方参与或授权的非正式外交行为。需要明确的是，世界各个地区均存在着大量市民社会组织，很多组织试图通过国际活动，挑战国家的现行外交政策，影响国家乃至区域组织的决策。笔者认为，类似的行为应纳入跨国社会运动（transnational social movements）的范畴，不属于第三轨外交。相反，一些市民社会组织得到国家或区域组织的承认，获准参与区域一体化进程，成为区域一体化进程的有益补充，才构成了真正意义上的第三轨外交。综上所述，笔者将民间外交的概念界定为：包含城市外交、第二轨外交、第三轨外交等多种形式在内的“非官方（中央政府）的、非营利性的、有组织的一切涉外活动”。

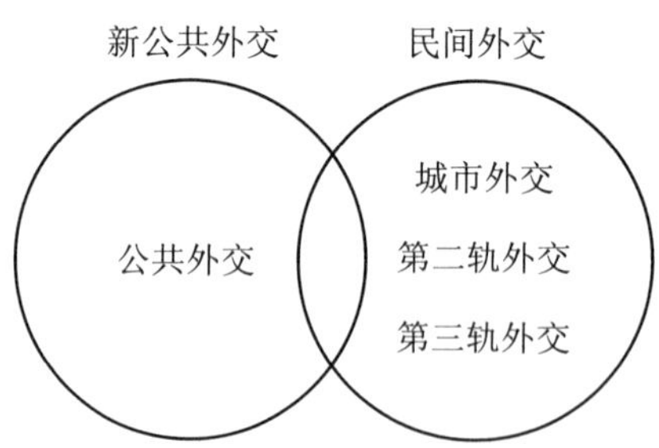

图 1.1　新公共外交和民间外交的研究范畴

第二节

民间外交主体的特点

行为体是全球治理的核心要素[1]，全球治理与民间外交主体密不可

[1] 蔡拓：《全球治理的中国视角与实践》，《中国社会科学》2004 年第 1 期，第 94—106 页。

分。[1]晚近以来，国家间组织、非政府组织、专业团体、跨国公司等在全球体系中迅速发展。全球治理的民间外交主体利益攸关方很多，涵盖了所有的非主权行为体。全球治理中的民间外交主体（企业、社会组织等）所起到的作用远比人们想象的要重要得多，它们在创制国际规范方面作出了很大贡献。[2]全球治理具有两个趋势：第一个趋势是主体更加多元化；第二个趋势是权威更加分散化。两个趋势都说明参与全球治理的主体发生变化。从最初的罗伯特·基欧汉和约瑟夫·奈的“复合相互依存”[3]到各种跨国社会运动、跨国倡议网络以及协奏式治理[4]，乃至超越国家中心主义的治理论[5]，相关论述都在讨论全球治理和相关主体的相互演进问题，特别是从国际法概念、国际治理的合法性以及跨国多利益攸关方的权威性等角度来看，民间外交主体在全球治理发展中不断发展演进。[6]

在全球治理中，国家的监控权已经部分让渡给社会组织、企业、公民个人等民间外交主体，所谓的全球治理权力中心部分也转移到民间外交的主体上。在民间外交参与全球治理方面，非国家与国家行为体之争反映出一定的南北差异。西方工业国家主张推动多利益攸关方进程，而发展中国家则倾向于联合国主导下的民间参与，既强调民间参与全球治理的积极性，也重视民间外交主体的有限性。在全球治理的谈判层面，主权国家的主体地位和“共同但有区别责任原则”不变，但是在全球治理的议程形成、履

[1] 全球治理委员会报告提出，全球治理是指个体、制度、公共部门与私营部门等管理共同事务并实现多途径整合的过程。参考 The Report of the Commission on Global Governance：Our Global Neighborhood，http://www.gdrc.org/u-gov/global-neighbourhood/。

[2] ［美］布鲁斯·拉西特、哈维·斯塔尔：《世界政治》（第五版），王玉珍等译，华夏出版社2001年版，第364页。

[3] ［美］罗伯特·基欧汉、约瑟夫·奈：《权力与相互依赖》（第三版），门洪华译，北京大学出版社2002年版，第2章。

[4] Hewson，Martin，and Timothy Sinclair，eds.，1999，*Approaches to Global Governance Theory*，Albany，NY：State Uiversity of New York Press.

[5] 《联合国大会决议62/288：我们希望的未来》，http://www.un.org/ga/search/view_doc.asp?symbol = A/RES/66/288&referer = http://sustainabledevelopment.un.org/futurewewant.html&Lang = C3。

[6] 翁士洪：《跨国行为体和没有政府的全球治理》，《学术月刊》2016年第2期，第88—96页。

行公约等层面，非国家行为体则扮演着推动全球治理的积极角色。在全球治理的诸多领域中，民间外交主体已经在演绎多重角色，发挥不同的作用。民间外交主体在全球治理中承担了以下三种角色。

一是公共产品服务提供者。在资源和价值方面，民间外交主体往往能够超越各国政府的优先级限制，深入基层，为人们提供多样化、个性化、周到、细致且普遍的公益产品和服务。另外，民间外交主体可以服务政府外交。民间外交主体通过媒体宣传、直接对话、个人游说等诸多倡议活动来推动舆论，形成全球治理场内场外的舆论，以此服务国家外交政策目标。[1]

二是全球治理秩序的促进者。在不少全球治理进程中，常常见到因为不同国家、不同部门之间的利益和见解存在矛盾和冲突，双方的误解和冲突不断加深，导致合作成本不断提升，甚至难以维续。而作为“世界的良心”的民间外交主体，常常可以超脱于权力政治的纠葛，从而更容易获得各方的理解和支持。不少西方学者认为，在全球治理面临危机的背景下，促进个人参与是提升全球治理效能的有效手段。[2]萨比纳·塔卡[3]提出，全球治理层面是多元化的，从个人、地方、国家、区域到全球层级。协调包括政府、非政府在内的各利益攸关方的行为是全球治理中的巨大挑战，而民间外交的主体则可以在交流、互动与网络构建中协助全球治理秩序构建。民间外交通过建构跨国价值观来构建应对全球治理响应的范式，定义全球治理行动，在全球治理进程中影响国家行动和国际谈判。政府则在不同的社会团体之间寻找妥协，创造一个各方都能接受的解决办法，并在国家层面建立全球治理政策和激励机制。通过机制的规范，引导各个社会团

[1] 著名国际非政府组织阿迦汗发展网络（AKDN）在吉尔吉斯斯坦设立了农村发展项目，为地区发展开设培训课程、提供高等院校英文教育和禁毒警示提示。CIVIL SOCIETY，http://www.akdn.org/what-we-do/civil-society。

[2] Thakur，Jamesh，Brian Job，Mónica Serrano，and Diana Tussi，2014，“The Next Phase in the Consolidation and Expansion of Global Governance”，*Global Governance* 4(14)：1—9.

[3] Tuca，Sabina，2015，“Global Governance vs. National Sovereignty in a Globalized World”，*Ces Working Papers* 7(1)：193—198.

体参与其中。当民间外交重新定义全球治理行动，当政府规范定义了全球治理的法律法规和政策，市场就在这样的社会范式和政策下来寻找成本最低的、最有效的治理实现机制，即通过“看不见的手”来参与、调节并对人和社会价值观以及社会范式的变化作出响应。在全球化发展的今天，民间力量、市场力量和政府力量之间相互交叉和重叠的部分越来越大，社会和政府、政府和经济，以及社会和经济之间，相互交叉和融合的趋势比以前更显著，这种社会与国家的相互融合与交融推动了全球治理的发展。[1]

三是全球治理的多利益攸关方。全球治理对各种行为体的包容性早已有之。[2]1992 年《里约环境与发展宣言》《联合国气候变化框架公约》中出现了“全球伙伴关系”“公众参与”和“土著居民”等“类全球治理”的重要概念。2012 年“里约 + 20”决议提出：“我们认识到参与可持续发展的行为和利益攸关方日益多样。”[3]《蒙特利尔议定书》最大的成功之处就在于强调了不同的利益攸关方之间的伙伴关系。最后，联合国《2030 年可持续发展议程》也特别强调了国际机构、地方当局、民间机构、私营部门、科学学术界等一同努力的伙伴关系模式。因此，对多利益攸关方的包容已经成为全球治理的核心理念之一。[4]

与此同时，在全球治理的过程中，民间外交主体体现出了人民性和有限性的双重特点。

从人民性的角度来看，民间外交的主体是人，目的是改善民意基础、促进相互理解、塑造良好认知。俞新天提出民间外交主体包括非官方的机构、组织和个人[5]，也有学者认为民间外交的主体是人民团体、地方政

[1] 如中国天瑞公司通过在法属波利尼西亚海洋产业园的投资，得以积极参与国际渔业治理（如联合国粮农组织、中西太平洋渔业委员会、南太共同体、岛国论坛渔业局、瑙鲁协定成员国）的议题和规则制定、相关对话协商机制，推动提升中国渔业在全球的话语权和全球海水养殖产业链的地位。根据笔者 2018 年 4 月对天瑞集团进行的访谈笔录。

[2] 参见《联合国气候变化框架公约》，http://www.unfccc.int。

[3][4] 参考 https://sustainabledevelopment.un.org/content/documents/94632030%20Agenda_Revised%20Chinese%20translation.pdf。

[5] 俞新天：《论新时代中国民间外交》，《国际问题研究》2017 年第 6 期，第 40—55 页。

府、社会组织、教育机构、新闻媒体和各种民间组织。[1]因此民间外交的主体具有人民性的特征，即民间外交以人民为主体，将人民作为工作对象。[2]民间外交的实施者涵盖了半官方机构、团体，以及企业、社会组织、研究机构、个人等各种主体，活动涉及经济、科技、文化、教育、福利等各个领域，形式灵活多样。人民性的特点使得民间外交注重通过民间的交流和沟通来增强人民之间的理解和信任，具有广泛的社会基础，也使得民间外交的交往对象、交流和沟通的主题、涉足的领域相比官方外交都更为广泛。主体的人民性推动了民间外交多层次、多维度的交流框架，是官方外交不可或缺的有益补充。人民性的特点可以推动民间组织面向社会大众，填补官方外交的一些短板。[3]

然而，民间外交是建立在民间交流的基础上，其主体主要来自无国际法主体资格的社会大众和企业，其作用的发挥具有有限性。作为政府外交的代偿角色，其功能、作用和权威性都有所限制，这突出表现在以下几个方面。

第一，民间外交主体参与国际社会事务时受到其国际法主体资格等问题的限制。一方面，民间外交主体通过参与国际会议、倡议、跨国组织联盟等方式参与全球事务，通过构建跨国价值观来影响全球事务，国家在这一过程中建构相应的国际制度和法律规范，相比之下，国际民间社会所倡导的跨国倡议等跨国价值观对当今国际社会的塑造能力还远不如国际制度与规范。民间力量更无法直接干预主权国家的具体政策，只能通过倡议、游说等途径来影响各国政策，即使是用示威、游行等激进手段，也只是对决策当局施加压力，如美国非政府组织通过游行等方式试图影响特朗普政府的全球气候政策。另一方面，以主权国家为中心的国际体系常把非国家

[1] 韩光明：《公共外交与民间外交的特点分析》，《公共外交季刊》2013 年春季号，第 67 页。
[2] 蔡拓、吕晓莉：《构建“和谐世界”的民间力量——关注中国民间外交的发展》，《学习与探索》2006 年第 6 期，第 59—64 页。
[3] 徐大超：《论民间外交的勃兴及其发展困境——兼论对中国外交的启示》，《当代世界》2009 年第 12 期，第 69—71 页。

行为体排除在外，强调主权国家是国际社会唯一独立的行为体，处理国家关系的原则大部分都是在自助体系下实现本质上的双边互惠互利。与政府间组织相比，民间外交主体无法直接参与和影响各种治理议题和议程设置，尽管可以通过提供信息、治理方案、参与联合国会议现场活动等影响全球治理，但是始终没有投票权，也不具有任何缔约方的资格。[1]

第二，民间外交主体要受到国家利益与价值观的影响。一是民间外交受到主权国家利益的制约以及国家内部利益集团的制约。在对外交往中民间外交主体需要服务或服从国家利益，当国家利益与全球利益存在一定的矛盾时，民间外交在全球治理中发挥的作用会受到限制。特朗普政府退出《巴黎协定》后，尽管美国、城市、企业、市民团体、非营利组织和各大学及研究机构组成了声势浩大的“我们仍在”（We Are Still In）的气候网络联盟，但他们对于推进《巴黎协定》落实的影响有限，也不能影响正在谈判中的《巴黎协定》实施规则。二是不同国家的民间外交主体具有不同价值观念，而且其价值观的塑造会受到主权国家的影响。如美国等西方国家推动以《多伦多宣言》为基础的理念，这些理念也是为以美国为首的西方国家价值观服务的。[2]

第三，民间外交的资金来源也缺乏稳定可持续的机制，因此也使得民间外交的主体推进可持续民间外交的能力差。根据笔者所进行的 2017 年社会组织国际化调研，以上海国际化大都市为中心的民间外交面临着缺乏资金的困难。上海学术团体和行业协会国际交流与合作数量较少、规模较小：仅有 35%的组织在上一年内接待过境外来访者，境外合作伙伴少：86%的社会组织没有境外合作伙伴。有境外合作伙伴的组织中，其境外合作活动主要位于北美洲、亚洲、欧洲，与经济不发达和地理位置较远的南美洲、非洲、大洋洲的合作活动较少。社会组织认为制约其国际化发展水平提升

[1] 参见 1961 年《维也纳外交关系公约》的相关规定，http://www.fmprc.gov.cn/web/ziliao_674904/t。

[2]《多伦多宣言》包括：超越自我的服务；尊重人权；保持视野；对公众负责；跨国合作；公众心灵的精神；负责和真实；非营利性；有全面的观点；维护自愿原则。

的因素，依据重要程度依次为：缺乏和国际机构的长期机制化交流（76%）、缺乏资金（64%）、缺乏国际化人才（43%）、语言能力（32%）。另据笔者参与的2018年社科类学会参与国际学术交流经费问卷统计，受访者参加的国际学术会议的经费，有36%为自筹，受访者均表示经费限制是参与国际学术交流的主要困难。因此受限的经费来源可能会对民间外交的水平质量构成影响。

第三节

民间外交在推动软实力建设中的协同角色

"软实力"是一国综合国力和国际竞争力的重要组成部分，主要包括文化的感染力，对外政策、意识形态和政治价值观的吸引力等，是一国提升国际影响力和强化其制度性权力的重要根基。党的十八大以来，以习近平同志为核心的党中央鲜明提出了构建人类命运共同体的崭新命题和时代使命，为推进全球治理体系新变革贡献了中国方案，特别是大力提升软实力建设已成为中国发展战略和对外政策的重要内容，其中软实力构成主要体现为互信沟通力、制度吸引力、文化感染力和道义引领力。习近平总书记指出："民间外交是增进人民友谊、促进国家关系发展的基础性工作，是国家总体外交的重要组成部分。""在新世纪新阶段，民间外交的任务更加繁重、作用更加突出、舞台更加广阔。党和国家将一如既往地支持民间外交事业发展。"习近平总书记指出，民间外交是"推进文明交流互鉴最深厚的力量"。为充分发挥其积极作用，"民间外交要开拓创新，多领域、多渠道、多层次开展对外友好交流"。[1]在服务于国家软实力建设战略进程中，民间外交的协同作用更应得到重视。

[1] 王超：《架起中国与各国人民之间连心桥（人民要论）》，《人民日报》2019年12月27日。

一是在强化互信沟通力方面，民间外交有利于带动国内国外两种资源，通过丰富多样的交流平台来实现资源的共享共赢共建，从而增进国家间的彼此信任。习近平主席指出："人民友好是促进世界和平与发展的基础力量，是实现合作共赢的基本前提，相互信任、平等相待是开展合作、实现互利互惠的先决条件。"[1] 发展和加强民间外交活动必然要求搭建各类国内外对外交往平台，拓展各类对外交往渠道，通过国家间民众交往带动国与国之间的"民心相通"，真正推动国家间的互信建设。目前近 14 亿人民是中国民间外交的最大优势、最大资源。把蕴藏在全国各族人民、社会组织、高校智库、民间团体、企业和行业协会中的这些资源挖掘出来，全面、科学地进行统筹和规划并充分调动各类行为体的积极性，不仅可以解决民间外交的智力和人、财、物的保障支持问题，还可以为推动中国与他国基于互信沟通力的软实力建设提供源源不断的共享资源。

二是在构建制度性吸引力方面，可以通过民间外交来宣传和强调中国经济发展模式的优越性，从而为全球经济问题的解决提供中国方案和中国智慧。中国通过渐进式的经济改革走向社会主义市场经济，同时法治先行、完善国家制度建设、走渐进型的民主化道路是符合中国国情的一条可行路径。而且这种经济发展模式也是中国软实力成功的重要源泉。近年来，中国经济发展进入新常态，增速虽有所放缓，但 2016 年中国经济增长对世界经济增长的贡献率仍达 33.2%，成为世界经济增长的第一引擎。[2]随着发达国家经济不断面临衰退的风险和危机，中国的经济发展模式对世界各国的吸引力越来越大。在这一过程中，不断"走出去"的中国企业和社会组织等可以通过民间外交的形式来展示中国经济发展模式，并为当地经济发展提供借鉴，从而推进中国软实力建设中的制度性吸引力。

三是在提升文化感染力方面，可以通过民间外交来推进基于中国传统文化的民间交流，通过发展和弘扬中国传统文化来拓实软实力构建中的文

[1] 王超：《架起中国与各国人民之间连心桥》，《人民日报》2019 年 12 月 27 日。

[2] 郭同欣：《中国对世界经济增长的贡献率不断提高》，《人民日报》2017 年 1 月 13 日。

化影响力。国家文化是一国软实力的根基所在，中国文化自古就认为世界应是一个和谐整体，中国人民历来崇尚“和而不同”“天人合一”“以和为贵”的理念，以和谐精神促进中外文化融合，留下了不少对外文化交流的千古佳话。举世闻名的“丝绸之路”是一条贸易之路、文化之路、和平之路，铭刻下中国古人追求同各国人民友好交流、互利合作的历史足迹。目前在推进“一带一路”建设中，像孔子学院等基于传统文化交流的民间外交为中国软实力建设提供了更多的公共产品，在提升文化感染力的过程中推进了民心相交和共识凝聚。

四是通过民间外交推进中国软实力建设中的道义引领力。在外交中应该立足“以人为本、外交为民”的思想，通过聚焦发展问题和民本问题释放民间外交新的空间，突出对外医疗援助、环境合作、扶贫救灾、基础设施、社区规划等“民”的核心，从而发挥中国软实力建设中人类共有的人道主义精神。比如灾难外交和援助外交等正是塑造国家形象和影响全球舆论的新的外交方式，并为中国软实力建设增添新的内容，进一步彰显中国的大国责任感和担当力。通过灾难事件中的民间救援外交来建立以信任、互助、合作以及行动为基础的纽带，在帮助受灾国家渡过难关的同时，能够在国际范围内树立中国良好的国际形象和国际责任意识，并体现国际道义上的引领力。

综上所述，民间外交可以界定为“包含城市外交、第二轨外交、第三轨外交等多种形式在内的‘非官方（中央政府）的、非营利性的、有组织的一切涉外活动’”。从主体来看，作为全球治理的多利益攸关方，民间外交主体能够作为国家及政府行为体的补充，提供公共产品，促进全球治理秩序的形成；但同时也面临着法律地位不明确、受国家利益及价值观影响、资金来源不稳定等问题。从作用来看，民间外交在提升软实力方面也扮演着重要的角色，并有助于在传统外交领域之外，提升一国的互信沟通力、制度性吸引力、文化感染力以及道义引领力。作为民间外交的重要组成部分，城市外交近年来也展现出巨大的活力，因此应当在民间外交理论基础上，对城市外交理论加以单独的梳理。

第二章

城市外交理论梳理

城市同样是国际政治行为体中的重要一员。目前的城市研究从网络化、主动性和功能性三个方面实现了研究范式的转向，但是其理论主要是基于发达国家城市发展的实践，缺少对于发展中城市的关注。作为国际政治当中的重要行为体，城市外交同样被广泛关注与研究。国外对城市外交的界定主要强调城市外交是城市作为非国家行为体追求自身利益而进行的对外交往活动。在中国，城市外交则被理解为国家总体外交的一部分。国家总体外交既为城市外交创造发展机遇，同时也为城市外交设定了不可逾越的限制。目前全球有多个机构基于城市研究先后建立起了覆盖全球或某一地区的综合性城市评价体系，这些评价体系因为其指标全面、数据翔实、评价客观而被广泛引用和参考，为城市的规划和管理提供了重要的数据参考。

第一节

既有全球城市理论梳理及研究范式变迁

全球城市理论最早可以追溯到 19 世纪末期。早在 1889 年，德国学者哥瑟（Goethe）就曾使用“世界城市”一词来描述当时的罗马和巴黎。1915年，英国现代城市研究和区域规划的理论先驱帕特里克·盖迪斯（Patrick Geddes）在《进化中的城市》中更为明确地界定了世界城市的概念。[1]但这一理论直到20世纪80年代随着全球化进程的加速才得到系统性发展并被正式纳入城市与空间的主流研究范畴之中。其中重要代表人物约翰·弗里德曼（John Friedmann）在《环境和变化》杂志上发表了《世界城市假说》一文，继续和延伸了他20世纪60年代空间结构理论的思想，指出世界城市的实质是关于新的国际劳动分工的空间组织理论，它将城市化过程与世界经济力量直接联系起来，并基于此研究了世界城市的等级层次结构。[2]萨斯基娅·萨森（Saskia Sassen）于1991年在弗里德曼等人“世界城市”研究的基础上，提出“全球城市”（global city）的概念，并对全球城市理论和战略进行系统化建构。[3]近年来，全球城市研究范式发生了一系列的转变，可以概括为三个方面。

第一，地方空间向流动空间的转型，集中体现为从等级视角向网络视角的转变（以关系视角替代结构视角推动理论研究范式的转型）。具体而言，首先，弗里德曼提出的“世界城市等级”假说受到曼纽尔·卡斯特尔斯（Manuel Castells）提出的“流动空间”理论和“网络”观念的挑战。[4]等级意味着隶属、支配、自上而下的控制，以及组成单元间的相互竞争；而“流动空间”意味着技术、社会和空间之间互动的复合体，网络则意味着组成单元间的平等、共享、合作。“流动空间”理论将人们的注意力从政治边界限定的、地方主导的“地方空间”向网络空间转变，城市化过程越

[1] 谢守红、宁越敏：《世界城市研究综述》，《地理科学进展》2004年第5期，第56—66页。邓静、孟庆民：《新城市发展理论评述》，《城市发展研究》2001年第1期，第2—8页。

[2] Friedmann, J., 1986, “The World City Hypothesis”, *Development and Change* 17:69—83.

[3] Sassen, S., 1996, “Identity in the global city: Economic and cultural encasements”, in P.Yaeger ed., *The Geography of Identity*, Ann Arbor: University of Michigan Press, p.481. Sassen S., 1994, *Cities in a World Economy*, London: Pine Forge Press. Sassen S., 1991, *The Global City: New York, London, Tokyo*, Princeton: Princeton University Press.

[4] Castells, Manuel, 2000, *The Information Age: Economy, Society and Culture. Volume I. The Rise of the Network Society, 2 ed*, Malden, Oxford, Carlton: Blackwell Publishing, pp.562—568.

来越多地受到网络化的流动空间的塑造。卡斯特尔斯在其《信息社会》一书中指出，当代世界城市网络理论适应全球化经济时代城市间关系演变的需求，以关系视角替代结构视角推动理论研究范式的转型，以“中心流动理论”替代“中心地方理论”来解释世界城市的形成机制。[1]戴维·巴顿（David F.Batten）基于对信息技术革命和世界城市发展关系的研究也提出，世界城市不是一个地点而是一个过程，一个把生产中心、消费中心、服务中心以及这些中心所在的地方社会融入某个整体网络中的过程。[2]作为一种历史趋势，信息时代的全球支配性功能和过程是以网络组织起来的。在卡斯特尔斯的信息空间和网络社会理论的基础上，2005 年以来彼得·泰勒（Peter Taylor）及其团队全球化与世界城市研究网络（Globalization and World City，GaWC）[3] 提出了“互锁网络模型”（interlocking network model）。与一般的双层网络不同，“互锁网络”由三层组成，包括网络层（全球经济）、节点层（城市）和次节点层（企业），高端生产者服务企业通过遍布各城的办公网络向全球客户提供无缝连接的服务。[4]

第二，从侧重地缘经济流动的被动性研究视角（全球城市作为各类物质流的被动接受枢纽）转为关注全球城市的自主治理及网络功能的主动性研究视角（全球城市作为具有认知能力的主动性行为体）。全球城市理论的代表人物萨森根据生产性服务业来鉴别世界城市，她把全球城市定义为高度发达的金融和商业服务，即能为跨国公司全球经济运作和管理提供良好

[1] Castells, Manuel, 1989, *The Information City: Information, Technology, Economic, Restructuring and the Urban-regional Process*, Cambridge: Basil Blackwell. Castells, Manuel, 1996, *The Rise of the Network Society*, Oxford: Blackwell.

[2] Batten, D.F., 1993, “Network Cities Versus Central Place Cities: Building a Cosmocreative Constellation”, in A.E. Anderson et al. eds., *The Cosmo-creative Society*, Heidelberg: Springer, pp.137—150.

[3] GaWC 的使命是为世界/全球城市研究提供关系型数据作为分析基础，其研究目标是推动城市间关系的研究从等级向网络的转变，其主要资金来源是世界各国各种研究基金会的项目资助。GaWC 目前已经成为全世界城市间关系研究的核心，吸引着全球感兴趣的学者的参与。GaWC 小组还有专门的网站定期发表相关研究成果（http://www.lboro.ac.uk/gawc/）。

[4] Taylor, P.J., 1997, “Hierarchical Tendencies amongst World Cities: A Global Research Proposal”, *Cities* 14(6):323—332.

服务和通信设施的地点。全球城市具有四个基本特征：（1）高度集中化的世界经济控制中心；（2）金融和特殊服务业的主要所在地；（3）包括创新生产在内的主导产业的生产场所；（4）作为产品和创新的市场。不同于弗里德曼从宏观的角度来研究世界城市的发展，萨森更倾向于从微观的角度即企业区位选择的角度来对全球城市做具体的实证研究，特别是各类指标体系分析。然而萨森对全球城市的研究局限在于将其视为物质流（商贸流、金融流、技术流、人才流）的被动接受者，忽视了全球城市的身份构建性。[1]自2010年以来，索菲·布特里格（Sofie Bouteligier）在其研究中开始强调城市的社会性、认知性和规范性，赋之以规范权力、认知力、学习力等社会属性，将跨国城市网络理解为一种能动的且不断构建共同集体身份认知的行动网络，并指出认知学习性和规范领导性是城市网络运行的根本动力所在。[2]在此逻辑下，越来越多的城市学者开始关注全球城市的自主治理模式以及大型城市在全球危机事件治理、地方气候行动(低碳倡议)以及跨国城市网络功能性上的分析。[3]另外随着后现代主义城市理论的兴起，以

[1] Sassen, S., 1999, "Whose City is it? Globalization and Formation of New Claims", in J.Holston ed., *Cities and Citizenship*, Durham, NC: Duke University Press, pp.177—194.

[2] Bouteligier, Sofie, 2009, "Does Networked Globalization Need Networked Governance?", Paper presented at the 50th Annual Convention of the International Studies Association, New York City, USA, February.

[3] 学者诺亚·托利(Noah J.Toly)、米歇尔·贝兹尔(Michele Betsill)、哈利特·巴尔克利(Harriet Bulkeley)、索菲·布特里格、马克·阿门(Mark Amen)、克劳斯·泽格伯斯(Klaus Segbers)等人在城市与全球治理、城市气候行动以及跨国城市网络研究上作出了诸多贡献。最新出版的书籍有 Amen, Mark, Noah J.Toly, Patricia L.McCarnery, and Klaus Segbers, eds., 2011, *Cities and Global Governance: New Sites for International Relations*, Famham and Burlington: Ashgate Publishing Limited; Bouteligier, Sofie, 2012, *Global Cities and Networks for Global Environmental Governance: Spaces of Innovation, Places of Leadership*, New York: Routledge 等。诺亚·托利主持了"城市与全球治理"(Cities and Global Governance)研究丛书，主要研究领域有城市在国际关系中的权力、城市与全球环境治理(城市与气候变化)、城市与灾害管理、国际管理机制的冲突与城市角色、城市外交政策、跨国行为体在塑造地方治理形态中的角色等。如 Archer, Kevin, and Kris Bezdecny, 2014, *The Transformation of Governance in a Globalizing World Order: City-Regions Unbound?*, New York: Routledge; Johnson, Craig A., Noah J.Toly, and Heike Schroeder, eds., 2014, *The Urban Climate Challenge: Rethinking the Role of Cities in the Global Climate Regime*, New York: Routledge。

艾伦·J.斯科特(Allen J.Scott)、迈克·戴维斯(Mike Davis)、迈克尔·J.迪尔(Michael J.Dear)等为代表的洛杉矶学派从政治、历史、文化和社会批评主义角度出发,认为城市化是一个完全的全球化的社会过程。全球城市则是全球经济、社会、文化和生态系统的一个重要节点,并有自身的个性认知。除了经济因素以外,文化和意识形态在洛杉矶的发展中起着异乎寻常的作用,并在全球范围内得到广泛的传播。[1]

第三,城市外交研究日益成为全球城市理论对于城市行为角色研究和城市在全球治理中的功能研究的集中聚合点。近年来,S.H.扎尔格哈尼(S.H. Zarghani)等人指出,以城市(特别是大型全球城市)为代表的次国家行为体变得更加开放并成为国际体系中的积极行动者[2],在应对金融危机、气候变化、环境、流行病、移民等全球性问题的努力中,城市具有参与外交事务的强烈意愿;与此同时,国内权力下放使得城市拥有了处理涉外事务的自主权,具备了进行城市外交的实际能力。城市外交的授权性提升已经成为一种发展趋势,自下而上的实验主义治理模式日益成熟。[3]如 2008 年,欧洲理事会的地方与地区机构代表大会在此基础上进一步提升了城市外交的地位,指出城市可以被视作共享民主、法治和人权等价值观的国际社会成员。欧盟层面的多层治理模式把自由裁量权下放至更低层级,进一步保障了权力的多级分配,推进了参与性治理的形成。城市行为体已从单纯的国家内部的"政策接纳者"变为超越国家层面的"政策参与者"和"政策制定者"。在这一背景下,当代外交理论研究正经历着深刻的范式转变,外交形式在传统的双边外交、

[1] 洛杉矶学派主要是对美国加州大学洛杉矶分校、南加州大学几位地理学家学术观点与系统思想的统称。

[2] Zarghani, S.H., M.J. Ranjkesh, and M.Eskandaran, 2014, "City Diplomacy, Analysis of the Role of Cities as the New Actor in International Relations", *Urban-Regional Studies and Research Journal* 5.

[3] 实验主义治理是有别于多边主义治理模式中的新型多元主义治理模式,强调治理的网络弹性、知识创新性和实验回归性。实验主义全球治理的特点有:(1)在非等级性政策决定过程中,利益相关者参与治理的公开性;(2)被广泛同意的公共问题募集和理解开放目标框架的建立;(3)较低层施动者基于当地或情景化知识的政策实施;(4)持续的反馈、报告和监督;(5)惯例,包括同行评议(修改法案或实践)。

多边外交的基础上增加了多形外交(polylateral diplomacy)，其核心特征是国家与非国家行为体之间的互动日益频繁。城市由于兼具国家行为体和非国家行为体的双重特征，成为多形外交实践的纽带。[1]如米歇尔·阿库托(Michèle Acuto)的《全球城市，治理，外交：城市联系》阐述了全球城市作为全球化中枢及外交事务行为体所发挥的作用日益重要，通过城市气候领导联盟(Cities Climate Leadership Group，C40)的案例研究论证了全球城市在全球治理中的潜力，认为国际关系领域中的城市研究具有重要意义。[2]

虽然全球城市研究从网络化、主动性和功能性三个方面实现了研究范式的重要转向，但是目前全球城市理论体系的建立主要是基于发达国家城市发展实践，缺少对于发展中城市的关注。自2008年金融危机以来，随着世界权力体系的变迁和地缘经济版图的演进，增长中心开始从西方转向东方，亚洲将成为世界经济增长最快的地区。在这个过程中，在世界经济增长最快的地区会迅速出现一批具有实力的全球城市，从而使全球城市格局发生新的调整，即新兴发展大国中的崛起性城市相比于发达国家的全球城市拥有更为强劲的增长动力。牛津经济研究院在最新发布的《世界750座大城市未来的机遇与市场》报告中指出，到2030年全球50个最大城市经济体中国将占17个，24座中国城市将跻身全球经济50强，其中按国内生产总值(GDP)总量，上海、天津、北京、广州、深圳分列第二、三、四、六、七名。[3]这些崛起中的全球城市依托区域发展，与周边腹地形成交流与合作，通过资本、信息、人才的流动与周边地区构建强大的内在联系。到2040年左右，中国的经济总量可能会超过美国成为世界最大的经济体，中国城市在全球经济中的作用和地位也会得到极大的增强。以上海、香港—深圳、北京—天津、广州、重庆等为代表的一批中国城市与都市圈将伴随经济全球化脱颖而出，成为新

[1] 与传统外交强调处理主权性事务不同，城市外交更强调非主权事务，是传统外交的补充和发展。与民间外交相比，城市外交具有一定的官方性和较强的自主性。

[2] Acuto, Michèle, 2013, *Global Cities, Governance and Diplomacy: The Urban Link*, London: Routledge.

[3] Oxford Economics, 2017, *Global Cities 2030: Future Trends and Market Opportunities in the World's Largest 750 Cities*, http://www.oxfordeconomics.com/cities/report.

兴的全球城市。但在这一研究维度下，既有的西方全球城市理论及其指标体系未能有效解释在全球权力格局变迁背景下，如何理解发展中国家城市崛起为全球城市或者“准全球城市”的动态发展过程。特别是基于目前全球化过程中“南北异化”的复杂性，适用于“南方城市”的全球城市理论还有待进一步发展。

目前既有全球城市理论的共性是侧重于对全球城市及其资源流动和配置的“结构性”研究，这种结构性研究纬度主要体现在：首先，无论是约翰·弗里德曼提出的“世界城市等级”假说还是曼纽尔·卡斯特尔斯提出的“流动空间”理论，都是基于对既有全球城市（特别是发达国家全球城市）空间分布和权力结构的阐释，前者侧重于纵向等级结构，而后者侧重于横向网络结构。对于物质流（资金流、货运流、贸易流、人才流等）的分析也是在既有全球城市的结构性布局上进行的，如萨斯基亚·萨森强调全球城市是全球资本市场的交易中心、货币市场的交易中心、生产性服务的中心以及经营决策的中心。彼得·泰勒等学者从网络联通性角度探讨不同城市在全球经济中所处的地位，而网络联通性最强的城市正是众多全球性跨国公司布局其总部或地区总部的城市。泰勒领导的全球化与世界城市研究网络在丰富城市网络类型的基础上，将侧重于单个城市的网络性分析拓展到城市群的多元网络分析，把世界城市定义为“提供全球服务的中心”，而世界城市网络则被认为是“全球性厂商所提供事业与金融服务相互联结的网络架构”[1]。其次，既有全球城市理论多从结构性权力分布来分析既有全球城市体系的等级性。在分析跨国城市网络的内部等级性方面，伊曼纽尔·沃勒斯坦（Immanuel Wallerstein）的世界体系理论对世界城市学派产生了很大的影响。世界体系论把国际体系定义为一个整体性的资本主义世界经济体系，分析了这个体系内部的劳动分工、不等价交换以及由

[1] Taylor, P.J., 2005, “New Political Geographies: Global Civil Society and Global Governance Through World City Networks”, *Political Geography* 24(3): 703—730. Taylor, P.J., 2005, “Leading World Cities: Empirical Evaluations of Urban Nodes in Multiple Networks”, *Urban Studies* 42(9): 1593—1608.

此形成的“中心—半边缘—边缘”结构。[1]基于此，弗里德曼等学者把关注点放在“新的国际劳动分工”的空间组织上。他认为世界体系决定了城市性质的结构，即新的国际劳工分工决定世界城市体系具有等级性。[2]尼尔·布伦纳（Neil Brenner）总结道，很多网络中蕴含着不平等的关系并且有着自身的权力等级结构，这种非均质的等级结构一方面由行为者的不同能力以及互动模式决定，另一方面是由任务、资源以及分配不同决定的。[3]毋庸置疑，发达国家中的城市在网络资源的占有和分配方面具有很大的优势。[4]

目前在人文社会科学普遍经历“空间转向”的过程中，全球城市的研究应当进行“时间转向”，侧重从“过程纬度”深入分析城市发展中时间的社会性及其对城市空间的建构作用。社会性过程理论强调关系性是社会活动的本质要素，过程即运动中的关系，展示了复杂关系的流动变化。过程既是关系运动的载体和场所，也是产生和发展关系的根本动力。因此“过程纬度”更加强调社会性建构作用，为结构之间的变迁提供一种动力机制，为进化过程提供了活力性诠释。[5]目前的主流全球城市理论集中体现为围绕“结构性”研究纬度进行探析，但是随着全球城市格局的变迁，特别是发展中国家城市的不断崛起，需要从“过程性”研究纬度重新审视全球城

---

[1] Wallerstein，Immanuel，1976，*The Modern World-System：Capitalist Agriculture and the Origins of the European World-Economy in the Sixteenth Century*，New York：Academic Press，pp.229—233.

[2] 世界经济被定义为跨国资本组织和控制下相互关联的市场和生产单元，那么世界城市则是这种控制的物化体现（material manifestation）。Friedmann，John，and Goetz Wolff，1982，“World City Formation：An Agenda for Research and Action”，*International Journal of Urban and Regional Research* 6(3)：309—344。

[3] Brenner，Neil，2009，“A Thousand Leaves：Notes on the Geographies of Uneven Spatial Development”，in R.Keil and R.Mahon（eds.）*The New Political Economy of Scale*，Vancouver：University of British Columbia Press，pp.27—49.

[4] 李昕蕾：《跨国城市网络在全球气候治理中的体系反思：“南北分割”视域下的网络等级性》，《太平洋学报》2015 年第 7 期，第 38—49 页。

[5] “结构性”纬度没有为这种进化提供动力，似乎一种文化在非历史、无动力的条件下就突然跃入了另外一种文化。

市构建和变迁的逻辑，这对于诠释和探析发展中国家“准全球城市”的发展崛起过程具有重要的理论意义和实践价值。

早在“全球城市”概念提出之前，西方有些学者就已经开始关注城市的发展周期问题。英国生物学家盖迪斯在20世纪初把进化论和生态学原理应用于城市研究中，在其1915年出版的《进化中的城市》一书中明确提出了城市的生命周期思想和城市进化的概念。系统动力学创始人福莱斯特（Forrester，1969）提出“都市动力学模式”，试图运用复杂性科学的研究方法来刻画城市的发展阶段。郑国和秦波（2009）提出借用波特（M.Porter）的国家发展阶段理论来刻画城市发展阶段，根据不同时期推动经济发展的关键因素，将城市划分为要素推动、投资推动、创新推动、财富推动四个阶段。传统城市进化论和都市动力学虽然尝试从过程角度来研究城市的演进，但是多侧重于单案例研究，未能将城市发展同全球城市体系的变迁相结合。在过程纬度下，有些学者也开始逐步讨论一种基于关系性互动的全球性城市发展理论。如在城市边界理论中，城市边界是指城市作为主体，在能够运用自身资源及其特质性能力谋求城市发展的势力空间界限中，强调城市边界是一个经济社会系统概念，而非地理空间概念。[1]城市的边界应当具有双重属性：一方面是由土地、劳动、资本等有形资源决定的规模边界，另一方面是由文化、知识等无形资源决定的能力边界。两者相互支撑，相互依存，后者决定着前者的界限，而前者外在体现着后者的大小；前者是同质性的，易于交易和模仿，满足边际收益递减、边际成本递增的基本经济规律，而后者是异质性的，难以交易和模仿，满足边际收益递增、边际成本递减的新经济规律。在大多数情况下，能够形成城市核心能力、维持城市持续竞争优势的关键不是土地、劳动、资本等传统要素，而是知识、技术、社会资本、机制和管理等无形资源。[2]对

[1] 刘兴政：《城市边界——关于城市发展一个新的理论解释框架》，《现代城市研究》2007年第8期，第60—65页。

[2] Penrose，E T. 1959，*The Theory of the Firm*，Oxford University Press，pp.15—18.

于后者的强调又体现为学习城市理论[1]，即强调城市在全球城市体系中的创新和促进创新的能力。[2]所有的合作者都有一部分将学习和知识传播视为发展中心的明确任务。他们决定培养全球性的竞争力、知识密集型的产业和服务活动，将他们的工作建立在当地学习、创新与应变的能力基础上。集聚于相同区位的企业和知识机构更有可能共享文化和理解，这更能促进社会相互作用和学习的过程。随着全球化的深化，基于学习的创新型经济在全球兴起，创新与城市功能发展的耦合互动愈发紧密，全球城市竞争力与城市创新能力高度正相关。诺亚·托利（Noah Toly）进一步指出在这一社会性网络中，城市可以作为具有认知和学习能力的行为体，通过网络中的交流机制来汲取自己所需的知识和资源，从而提升城市层面在全球治理中的行为能力。[3]

第二节

城市外交和城市联盟的理论和概念

根据吉登斯（Giddens）对城市外交的定义，城市外交是"以地方政府为主体，在一国宪政框架下进行的旨在促进国家和地方多元化对外交往活动"[4]。"城市外交"具有悠久的研究历程。在该术语正式出现前，美国学者阿尔及尔已在 20 世纪 70 年代开始研究城市对国际体系演进的影响以及

[1] Larsen Kurt, 1999, "Learning Cities: The New Recipe in Regional Development", *OECD Observer* 217/218. Keeble, David, and Frank Wilkinson, 1999, "Colletive Learning and Knowledge Development in the Evolution of Regional Clusters of High Technology SMEs in Europe", *Regional Studies* 33(4):295—303.

[2] 邓静、孟庆民：《新城市发展理论评述》，《城市发展研究》2001 年第 1 期，第 2—8 页。

[3] Toly, Noah J., 2008, "Transnational Municipal Networks in Climate Politics: From Global Governance to Global Politics", *Globalizations* 5(3):341—356.

[4] [英] 安东尼·吉登斯：《失控的世界》，周云红译，江西人民出版社 2001 年版。

城市在国家对外政策中的作用。他以美国俄亥俄州的哥伦布市（Columbus）为例，十分详细地探讨了城市及其居民的国际联系，认为国际关系研究需要重视以城市作为分析层次以及将城市看作重要的国际关系行为体。[1]在此后的研究中，阿尔及尔还分析了联合国体系与城市在全球治理中的作用。[2]从 20 世纪 80 年代开始，一些外国学者开始关注地方政府和城市的外交角色并提出相关理论，比如“两枝世界”理论、“平行外交”理论、“多层外交”理论等；与此同时，中国学者也开始强调次国家行为体的外交意义，认为包括城市在内的次国家行为体日益承担更多的外交使命。[3]1994 年出版的《市政厅走向海外：地方政治的外交政策》一书首次提出了“城市政府外交政策”（municipal foreign policy）概念，从城市政治的角度出发讨论了城市与外交的互动关系。[4]尽管学界意识到了包括城市在内的次国家行为体的外交角色，但真正明确提出城市外交却是 21 世纪以来的事。

“城市外交”一词，最早是“全球本土化论坛”在 2003 年发布的一份关于“全球本土化”（glocalization）的报告中首先使用的概念。所谓全球本土化，是指在技术、信息和经济全球化与地方现实之间存在着紧密的连接，城市就是一种自下而上的全球化治理体系枢纽，是全球本土化的外交工具。[5]后来，世界城市和地方政府联合组织（UCLG）下属的城市外交、和平构建和人权委员会在 2005 年给出了一个城市外交的定义。这一定义广

---

[1] Alger, Chadwick F., 1977, “Cities as Arenas for Participatory Learning in Global Citizenship”, *The Korean Journal of International Studies* 7(3): 7—42. Alger, Chadwick F., 1979, “The Impact of Cities on International Systems”, in Krishna Kumar, eds., *Bonds Without Bondage: Explorations in Transcultural Cooperation*, Honolulu: University of Hawaii Press.

[2] Alger, Chadwick F., 2014, *The UN System and Cities in Global Governance*, New York: Springer.

[3] 赵可金、陈维：《城市外交：探寻全球都市的外交角色》，《外交评论》2013 年第 6 期。

[4] Hobbs, Heidi H., 1994, *City Hall Goes Abroad: The Foreign Policy of Local Politics*, London: Sage.

[5] Glocal Forum, 2003, “Glocalization: Research Study and Policy Recommendations”, CERFE/Glocal Forum/Think Tank on Glocalization, Rome, 2003. 转引自赵可金、陈维：《城市外交：探寻全球都市的外交角色》，《外交评论》2013 年第 6 期。

为人知。在报告中，世界城市与地方政府联合组织认为，城市外交是地方政府及其附属机构用于促进社会团结、冲突预防和社会重建的工具，旨在构建一种稳定的安全环境，各方能够在和平、发展与繁荣的气氛中生活和工作。[1]此界定着眼于国际政治中的冲突与战争，强调城市间的合作，带有明显的高级政治的意味，和主流的对城市外交的理解不同。2008 年马拉加地方和区域当局议会第 14 次会议采用世界城市和地方政府联合组织对城市外交的定义，认为城市外交是当地政府和社会团体促进社会凝聚、预防冲突和战后重建的工具，以创建一个稳定的环境为目的，让市民能够共同生活在和平、民主及繁荣中。[2]同年，欧洲理事会的地方与地区机构代表大会基本采纳了这一定义，并赋予城市外交新的内涵，强调作为一种自然发展的产物，城市可以被视作共享民主、法治和人权等价值观的国际社会成员，并在建议报告中提出，城市外交应被定义为“在冲突区域，某一市政当局为获得一个或者众多区外市政当局支持所开展的各种活动”[3]。显然，对城市外交的此种界定是一种狭义的看法，它符合外交的经典定义“和平处理国际关系的活动”，只不过将行为体扩展到了“城市”和“地方政府”。[4]欧洲地区委员会也曾给出类似的定义。[5]从最为传统的外交概念出发来理解城市外交，另一种城市外交的定义是地方政府实施的有助于冲突预防、和平构建及战后重建的所有行动。[6]也有学者强调，城市外交

[1][6] Musch, Arne, et al., eds., 2008, *City Diplomacy: The Role of Local Governments in Conflict Prevention, Peace-building, and Post-conflict Reconstruction*, Hague: VNG International.

[2] The Congress of local and regional authorities, 2008, “City Diplomacy Recommendation 234”, 14th SESSION, Malaga, http://www.docin.com/p-602910748.html(访问日期:2014 年 11 月 20 日)。

[3] Musch, A., and O. Van Veldhuizen, 2008, “City Diplomacy Explanatory Memorandum”, Congress of Local and Regional Authorities of the Council of Europe CPL (14) 12 REP, Strassbourg, p.2. 转引自赵可金、陈维：《城市外交：探寻全球都市的外交角色》，《外交评论》2013 年第 6 期。

[4] 赵可金、陈维：《城市外交：探寻全球都市的外交角色》，《外交评论》2013 年第 6 期。

[5] The Committee of the Regions, 2009, “Opinion of the Committee of the Regions on City-Diplomacy”, *Official Journal of the European Union* 52:1—5.

越来越多地是指城市参与维和行动这一现象。[1]显然，这些定义强调了城市作为行为体能够参与属于传统外交范畴之内的事务。除狭义的城市外交定义外，荷兰国际关系研究所的学者提出了一种广义的城市外交定义。[2]他们认为，城市外交是城市或地方政府为了代表城市或地区和代表该地区的利益，在国际政治舞台上发展与其他行为体的关系的制度和过程。在他们看来，城市外交活动涵盖了安全、发展、经济、文化、网络和代表等领域。[3]目前这一界定被学界特别是中国学界广泛接受。[4]

国外对城市外交的界定强调城市外交是城市作为非国家行为体追求自身利益而进行对外交往的主动行为。在经济、社会、文化等"低级政治"方面，城市正在承接主权国家下放的更多权力，自主地开展国际交往。遵循这种观念，一些国外学者将城市外交定义为：一般意义上的城市或地方政府组织为代表自身及其对彼此的利益，在国际政治舞台与其他行为体建立关系的制度和过程。[5]该类学者将城市外交定义为一种专业的、实用的、不断改变现今外交过程的外交活动，认为城市外交代表着城市的最大利益。[6]城市外交行为不仅发生在经济、社会及文化等传统领域，还能够在安全、发展及全球治理等领域发挥自身作用。对城市外交的界定也存在广义与狭义之分，狭义的城市外交只包括冲突预防、和平构建及战后重建等行为。

在中文语境下，理解城市外交最重要的先决条件是，任何城市所从事的城市外交活动必然是国家总体外交的一个组成部分，国家总体外交和主权规范既为城市外交的发展创造机遇，同时也给城市外交设定了不可逾越

---

[1] Musch, A., and O. Van Veldhuizen, 2008, "City Diplomacy Explanatory Memorandum", Congress of Local and Regional Authorities of the Council of Europe CPL (14) 12 REP, Strassbourg.

[2][4] 赵可金、陈维：《城市外交：探寻全球都市的外交角色》，《外交评论》2013年第6期。

[3][5] Pluijm, R.van der, and Jan Melissen, 2007, "City Diplomacy: The Expanding Role of Cities in International Politics", *Cligendael Diplomacy Papers* 10(6).

[6] 徐琨琳：《回顾国内外城市外交理论研究成果》，《才智》2008年第21期，第256—257页。

的限制。一些中国学者更强调城市外交的整体性，他们认为“城市外交是官方的、半官方的和民间的三者结合起来的外交。城市外交的参与者既包括市长（书记）、人民代表（政协委员）、各种市政委员会成员、公务员、顾问等官方色彩明显的人士，也包括人民友好团体、教育、体育、文化等民间机构的人员”。中国人民对外友好协会前会长陈昊苏曾提出：“城市外交在总体外交的各个组成部分中占有独特的位置。它是一种半官方外交，相对于纯民间外交而言，它带有官方色彩；而相对于由中央政府推行的官方外交而言，它又带有接近民间的非官方色彩。”[1] 陈昊苏会长实际是将城市作为连接国家和公民的桥梁，认为城市外交既有国家外交的成分，又兼有民间外交的部分。另外还有学者认为，城市外交是国家总体外交的一个组成部分，但是又有城市地方特色，在性质上属于半官方外交。城市外交具有从属性、中介性等特点。[2]显然，这种整体性观点仅仅强调城市外交的半官方性和服务地方的特点，并没有详细解释城市外交的机制和过程。[3]相比之下，亦有部分中国学者更强调城市外交的地方性，并提出地方外交的概念，认为应基于对外交的广义定义，将地方政府在中央政府政策指导下所从事的对外交往活动视为中国外交的一部分，即“地方外交”。[4]例如部分学者认为，必须牢牢把握“城市”和“外交”的双重特性，明确城市的界限和外交的界限，在“城市”特点和“外交”特性两者之间寻求支撑点，才能真正明晰城市外交的准确内涵。作为一种特殊的外

[1] 熊炜、王婕：《城市外交：理论争辩与实践特点》，《公共外交季刊》2013 年第 1 期，第 14—19 页。

[2] 龚铁鹰：《国际关系视野中的城市——地位、功能及政治走向》，《世界经济与政治》2004 年第 8 期，第 37—42 页。

[3] 赵可金、陈维：《城市外交：探寻全球都市的外交角色》，《外交评论》2013 年第 6 期。

[4] 陈志敏：《中国的地方外交》，《国际观察》2010 年第 1 期，第 18—19 页；苏长和：《国内—国际相互转型的政治经济学——兼论中国国内变迁与国际体系的关系（1978—2007）》，《世界经济与政治》2007 年第 11 期，第 6—13 页；苏长和：《国际化与地方的全球联系——中国地方的国际化研究（1978—2008 年）》，《世界经济与政治》2008 年第 11 期，第 24—32 页；苏长和：《中国地方政府与次区域合作：动力、行为及机制》，《世界经济与政治》2010 年第 5 期，第 4—24 页；转引自赵可金、陈维：《城市外交：探寻全球都市的外交角色》，《外交评论》2013 年第 6 期。

交形态，城市外交是在中央政府的授权和指导下，某一具有合法身份和代表能力的城市当局及其附属机构，为执行一国对外政策和谋求城市安全、繁荣和价值等利益，与其他国家的官方和非官方机构围绕非主权事务所开展的制度化的沟通活动。[1]

城市外交的理论研究与实践为城市联盟的兴起与发展提供基础。近年来，全球城市研究范式发生了一系列的转变，这集中体现为以下两个方面：一是全球城市自身发展的流动空间及功能网络性研究，二是基于全球城市国际联合以及城市外交发展的跨国城市联盟研究，代表性联盟如城市气候领导联盟、国际地方政府环境行动理事会（ICLEI）、气候联盟（Climate Alliance）、亚洲清洁空气倡议网络（Clean Air Initiative for Asian Cities）和能源城市（Energie-cités）等。前者的发展为后者的研究演进提供了重要的理论性根基和物质性基础；而后者的实践和理论创新反过来又能促进全球城市理论和实践的进一步发展。

目前学术界对于跨国城市联盟的界定尚在争论中，主流研究可分为网络空间资源性学派、网络社会性学派和兼顾派。第一，从空间属性来定义跨国城市联盟，意味着将其理解为信息流、金融流、观念流等相互连接在一起的空间节点，即强调一种空间位置的重要性以及资源获取的便利性，为全球在地化行动提供一个平台。2005 年以来，全球化与世界城市研究小组提出了“互锁网络模型”。与一般的双层网络不同，互锁网络由三层组成，包括网络层（全球经济）、节点层（城市）和次节点层（企业），高端生产者服务企业通过遍布各城的办公网络向全球客户提供无缝连接的服务。从城市地缘节点角度出发，一些学者指出跨国公司带动的资金流、物资流、交通流以及新科技连接所推动的知识流和信息流（尤其是电信技术和网络技术）都汇聚在以城市为中心的地缘节点之上。不仅发达国家中的城市被铰接入全球经济回路中，越来越多的发展中国家城市也融入网络之中，增加了全球多层治理中的延展性和网络弹性。第二，从社会属性来定义跨国

[1] 赵可金、陈维：《城市外交：探寻全球都市的外交角色》，《外交评论》2013 年第 6 期。

城市联盟，意味着将其理解为全球多层治理中的行为者，即赋予城市以规范权力、认知力、学习力等社会属性。在地方政府形成的跨国网络中，各城市针对彼此共同的问题，在网络中进行信息、知识和最优实践的交流。出于对网络社会属性的强调，社会网络理论学者提出全球化社会本质上是一个由网络构建的具有全新意义的信息社会。网络建构了我们社会的新形态，而网络化逻辑的扩散实质地改变了生产、经验、权力与文化过程中的操作和结果。基于此，跨国城市联盟便成为这种网络社会属性的重要载体。对于该理论的进一步阐释指出，在社会性网络中，城市可以作为具有认知和学习能力的行为体，通过网络中的交流机制来汲取自己所需的知识和资源，进一步增强城市的行为能力。第三，从一种中间道路出发，部分学者指出目前跨国城市联盟研究要日益兼顾城市的空间资源属性以及社会属性，这两种属性从本质而言是相互依存的：前者强调城市行为体的资源容量，但空间资源的利用程度有赖于城市行为体能动性的提升；后者强调城市的社会行动力，当然这种社会性行动能力也有赖于资源容量的支撑。作为次国家层面重要经济、政治和文化节点的城市，其能动性和相互依存性在全球化过程中不断强化。无疑，跨国城市联盟成为了城市能力和地方执行力的“倍增器”，有助于城市行为体更好地应对具有挑战性的全球性议题（如气候变化、跨界污染、跨国水资源治理等）。

总之，城市外交与城市联盟理论研究在学界是一个热点。首先，全球城市的研究已经从地方空间向流动空间转型，集中体现为从等级视角向网络视角的转变，世界城市等级假说日益受到流动空间理论和网络观念的挑战。基于对信息技术革命和世界城市发展关系的研究也证明，世界城市不是一个地点而是一个过程，一个把生产中心、消费中心、服务中心以及从这些中心的地方社会融入某个整体网络中的过程。作为一种历史趋势，信息时代的全球支配性功能和过程是以网络组织起来的。其次，城市外交研究日益成为全球城市理论对于城市行为角色研究和城市在全球治理中的功能研究的集中聚合点。近年来，对于次国家行为体的研究指出以城市（特别是大型全球城市）为代表的次国家行为体变得更加开放并成为国际体系中的积极行动者，在应对金融危机、气候变化、环境、流行病、移民等全球性问题的努力中，城市不仅具有参与外交事务的强烈意愿；与此同时，国内权力下放使得城市拥有了处理涉外事务的自主权，具备了进行城市外交的实际能力。城市外交的授权性提升已经成为一种发展趋势，自下而上的实验主义治理模式日益成熟。跨国城市联盟的形成得益于全球城市的迅速扩展以及互动增加，城市外交研究为跨国城市联盟研究奠定了重要基础。考尔德（Calder）认为，全球城市是全球事务互动的微缩，作为全球经济、文化中心、政策中心和技术信息复合体发挥日益重要的作用，具有了全球性活动能力，特别是各城市在特定跨界性政策议题上的合作（如气候变化、绿色能源、可持续发展等）推动了这一联盟的形成。[1]目前学术界对于跨国城市联盟的主流研究可分为网络空间资源性学派、网络社会性学派和兼顾派。

当今社会处在一个空前互联的时代，传播在全球城市交往中发挥着重要作用，世界各地的人民能够即时分享信息和想法，共同解决全球性挑战。作为国际社会的参与者，每个人都能成为“公民外交家”，有权利采取有意义的行动，产生积极影响。全球城市作为全球化时代日益强大的社会政治单元，有能力作为主要平台促进人们的互动，创造共同的理解。上海、香港、洛杉矶、伦敦等全球城市拥有先进完善的文化基础设施和充满活力的文化生活，以其丰富多样的文化特色，为城市增添魅力。[2]随着全球影响力的加深，多元化、网络化城市群体正日益成为民间外交未来的发展方向。

21 世纪以来，世界城市的脱颖而出是全球化赋予城市的进化使命。全球城市通过建设友好城市合作创新交流模式，拓宽合作领域。正式、综合、长期的友好关系或制度安排被称作友好城市关系。友好城市关系植根于相互理解，但也提供经济附带利益。从国际经验来看，全球 85%的经济密度、

---

[1] Calder, Kent E., and Mariko de Freytas, “Global Political Cities as Actors in Twenty-First Century International Affairs”, *SAIS Review of International Affairs* 29(1):79—97.

[2] 于宏源：《多元化和网络化：新时代民间外交发展研究》，《国际关系研究》2019 年第 5 期，第 3—18 页。

资源、要素、积聚和辐射都来自世界六大城市群。一个特大型城市的集聚功能和辐射功能，在整个区域发展特别是经济区域全球化发展当中发挥着重要作用。兴起的城市间经济网络开始主宰全球经济命脉，使若干世界性的节点城市成为在空间上超越国家的实体，并逐渐形成多极、多层次的世界城市网络体系。以东京的城市民间外交为例，城市多边外交发展了新型民间外交，其重点是“Urban 20（U20）市长峰会”，通过全球城市交流促进可持续发展，并分享社会融合经验。

天津于1973年和日本神户建立了中国第一对友好城市关系。从早期的国际友好城市到新兴的多边城市组织，中国城市外交呈现蓬勃发展的势头。特别是随着中国的快速崛起和城市化的不断深入，越来越多的中国城市确立了世界城市战略或国际城市战略，城市外交已成为支持这一战略的重要载体。[1]城市对外交往的活力是指城市经济、政治、文化和社会交往的深度和广度。因此，城市对外交往活力指标体系的一级指标考量城市在政治、经济、文化、社会四大领域的对外交往活动，二级指标是对城市在这四大领域的对外交往活动的具体衡量。中国内地城市对外交往活力指数[2]的东西差距相较于南北差距更为明显，在不同城市群之间呈现出中心突出、差距悬殊和各具特色的特点，综合排名前十位是上海、北京、香港、广州、深圳、重庆、杭州、成都、大连、天津。随着中国成为世界第二大经济体，经济全球化推进中国城市的全球网络化发展，城市影响力与日俱增，长三角城市和上海将引领带动“一带一路”的建设。城市作为国家行为体的代表之一，可以带领“一带一路”沿线支点城市和中心城市，在“一带一路”建设中发挥对外交流的具体推动作用，即国家与国家的交往、人民与人民的联系，以及企业之间的合作。例如，地处内陆的成都市提出“友城+”合作模式，助力建设西部国际门户枢纽和内陆开放高地，在全面对外开放

[1] 人民论坛理论研究中心：《友好城市：互鉴互助的开放发展之路》，《国家治理》第16期，第21—30页。

[2] 于宏源：《全球民间外交实践与新时代中国民间外交发展探析》，《当代世界》2019年第10期，第17—22页。

中不断增强国际交往的凝聚力和影响力，为中国内陆地区对外开放发挥了积极作用。

在全球转型之际，民间外交进入新时代，民间交往的日益加深不断重塑全球城市间关系。随着民间外交主体数量扩大、结构日益多元，加上对外需求与日俱增，城市成为了一个不可缺失的外交平台，并提出了当下改善城市治理和社会组织“走出去”的需求。全球 2/3 的人口生活在城市中，人们越来越难以忽视城市地区的需求。城市正在通过发展与其他城市、国家政府甚至国际组织的联系能力来应对这些需求。城市外交依然处于发展阶段，是正面挑战与机遇并存的关键时期。

就挑战而言，主要包括：传统体制内团体和机构仍是民间外交的主要主体，民间社会组织、民营企业以及高校和学术组织的潜力尚未得到充分发挥。民间外交中的城市合作整体上还局限于以文化交流和相互理解为原则的双边结对，应该转向能够在环境、卫生等多元化的具体目标上，与更多的城市进行网络化的联系，这比双边结对更加全面；并且民间外交机制还比较分散和碎片化，缺乏效率和灵活性，需要更加系统化、全面化；在面对如新冠疫情这样的全球性公共卫生危机挑战时，世界各国需要充分优化分配医疗、人力等公共资源，很多民间外交组织想要支援却没有渠道，也没有具体的援助程序。此外，大多数友好城市关系仍然是象征性的，多数情况下只是国家间的偶尔访问，有关城市之间积极和持续合作的信息也有限。许多城市建立这些关系只是为了扩大在世界各地的友谊，而没有实质、具体、持续的行动。需要分析国际标准从而比较绩效，以及国际联系对友好城市的反向作用，从而为国际合作制订国际化计划、建立有效治理结构。

随着时代的发展，城市几乎参与了国际政治的每一个阶段，无论是正式的还是非正式的，都相当重要。在此过程中，城市在发生变化，并将继续改变目前的外交进程。城市活力的提升、友好城市的建设与创新、城市群的发展与兴起，都体现了城市应该如何更好地利用地域资源、与其他国际城市加强互动，以及民间外交如何通过公民、社会组织和企业，有效促进城市建设融入全球议程。民间外交中的全球城市间的国际合作逐渐增加，城市国际活动日益专业化。城市合作中的民间外交越来越受到标准、预先设定的政策目标和评估的制约，城市外交活动呈现出从理想主义向实用主义转变的明显趋势，这与城市国际业务的专业化发展密切相关。城市外交的传统形式如城市结对项目等，在城市建设中被重新评估和调整，以适应现实和经济的需要。同时，尽管城市外交具有专业性和务实性，但它仍然注重短期效益，这在城市外交的安全和社会层面上尤为明显。此外，国际组织、国家和城市仍然必须找到有效的合作方式，以确保在利益和目标重叠的情况下发挥协同作用，并在它们之间存在明显差异时确保行动自由。这种新动力的出现，促使全球城市建设模式向更加多元化、网络化、全面化发展，从零碎的开展活动向建立机制、谋求持久发展转变，从单纯的经济发展、人文交流，向提供公共产品和有所贡献转变。

在中国“一带一路”建设中，城市的作用无疑是重要的。在发展经济合作中，通过加强国际合作和跨国协调以提升城市竞争力和应对城市治理难题更成为各国城市的重要政策选择。上海是丝绸之路经济带和21世纪海上丝绸之路的中心枢纽城市，是“一带一路”倡议下的创新中枢、经贸中枢、金融中枢、物流中枢和信息中枢，一边连接亚太经济圈，一边连接发达的欧洲经济圈。作为国际大都市，上海要进一步发挥城市外交功能，一是要抓住主办进博会的历史机遇，发挥上海的引领功能和枢纽作用，深化改革创新和互利共赢格局；利用好进博会带来的溢出效应和持续效应，通过民间外交持续推动上海的深化改革、创新发展和资源整合。二是要围绕历史文化传承，推进对外传播与民间外交，讲好中国故事和上海故事，增进文明交流互鉴。2019年11月2日，习近平主席在上海考察时指出，文化是城市的灵魂。城市历史文化遗存是前人智慧的积淀，是城市内涵、品质、特色的重要标志。要妥善处理好保护和发展的关系，保留城市历史文化记忆，让人们记得住历史、记得住乡愁，坚定文化自信，增强家国情怀。[1]

[1]《习近平在上海考察时强调　深入学习贯彻党的十九届四中全会精神　提高社会主义现代化国际大都市治理能力和水平》，新华社2019年11月3日，http://www.xinhuanet.com/politics/leaders/2019-11/03/c_1125187413.htm。

上海有中共一大会址、二大会址和四大会址纪念馆等丰富的红色文化资源。围绕着这些历史文化传承的保护与宣传，上海不仅可以为自身城市建设打下坚实的文化传承基础，同时可以使自身成为外国友人了解共产党和中国的一扇窗口，从而在促进中外交往方面扮演独特的“催化剂”角色。

发展新时代的民间外交是一个综合性的系统工程[1]，是不断深化拓展的中国改革开放与全球治理的世界潮流共同决定的。在借鉴吸收国际民间外交实践发展前沿经验的基础上，结合中国具体的国情实际，推动城市外交实践中主体和领域多元化以及结构网络化发展，对中国发展多层次、立体化的外交体系无疑是至关重要的。城市外交将成为中央政府层面国家外交的重要补充与支持，进一步发挥地方层级在对外交往中的作用与影响。

第三节

全球城市研究相关指标体系

城市是人类生活的重要载体，在现代人类文明中占据了中心位置，因而人类愈发注重对城市建设和发展的分析、评估和反思。晚近以来，全球多个机构先后建立起了覆盖全球或某一地区的综合性城市评价体系，其中有部分评价体系因指标覆盖全面、数据权威翔实、评价客观公允而被广泛参考和引用，为城市的规划者和管理者提供了重要参考。[2]当前，主流的全球城市评价体系可以按照其指标构成和关注领域分为两类。

一类是涵盖多个领域的综合性城市评价体系。此类城市评价体系的指

[1] 李进军：《中国特色民间外交：认识与建议》，《公共外交季刊》2013年第4期，第1—9页。

[2] 实际上，除了本书所列出的全球城市评价体系外，较具影响力的还包括：美国国家环保局等打造的可持续发展社区综合指标体系、世界银行提供的全球城市指标、美国巴克内尔大学等打造的全球城市竞争力指标体系等。详见上海国际问题研究院城市外交课题组：《城市对外交往活力指数研究报告》，2015年7月22日，http://www.siis.org.cn/uploadfile/2015/1022/20151022070459148.pdf。

标体系较为庞杂，往往包括数个“一级指标”和数十个“二级指标”，对经济、研发、文化交流、环境、宜居等多个方面进行考察，进而力求得出全面的城市评价结果。较具有代表性的有《外交政策》联合芝加哥城市委员会与科尔尼公司共同发布的“全球城市指数”、国际研究协会有限公司的“全球 150 城市指数”、日本森纪念财团发布的“全球城市实力指数”，以及联合国人居署开展的“城市指标项目”。

上述城市评价体系均具有领域全、指标细、城市多三个特点。具体来说，“全球城市指数”基于商业活动、人力资本、信息交换、文化经验以及政治参与这五个方面对全球 128 个城市进行了比较。[1]“全球 150 城市指数”基于生活方式与经济情况两个方面对全球 150 个城市进行了排名，其中“生活方式”考察生活品质与社会福利，而“经济情况”则关注收入水平、花费与税收。[2]“全球城市实力指数”从经济、研发、文化互动、宜居、环境、友好性这六个方面考察了 70 项指标，并且对全球 42 个城市进行了排名。[3]“城市指标项目”则对人口、街道、交通、健康教育等十个方面的 103 项指标进行了考察，基于此对全球 741 个城市进行比较。[4]

综合性城市评价体系往往赋予非经济类指标以更大的权重，特别重视环境保护、公共政策参与、人居环境等与民生相关的软性指标。“全球城市指数”赋予非经济类指标以 70%的权重，其中信息、文化和政治参与共占据 40%的权重；“全球 150 城市指数”关注的指标并非国民生产总值等传统意义上的经济指标，而是诸如收入水平、税收等民生类指标；“全球城市实

[1] Kearney, A.T., 2017, “Global Cities 2017: Leaders in a World of Disruptive Innovation”, May 15, 2017, https://www.atkearney.com/documents/10192/12610750/Global + Cities + 2017 + - + Leaders + in + a + World + of + Disruptive + Innovation.pdf/c00b71dd-18ab-4d6b-8ae6-526e380d6cc4.

[2] Associates for International Research, Inc., “AIRINC Global 150 Cities Index”, 2017, August 28, http://airshare.air-inc.com/airinc-global-150.

[3] The Mori Memorial Foundation and Institute for Urban Stategies, 2016, “Global Power City Index 2016”, October 15, http://mori-m-foundation.or.jp/pdf/GPCI2016_en.pdf.

[4] UN-Habitat, 2017, “UN-Habitat Urban Data”, August 28, http://urbandata.unhabitat.org.

力指数”虽然没有直接赋予各项指标以明确的权重，但经济指标对城市综合排名的影响不超过30%，相比之下，宜居、环境、友好性等指标的影响力明显大于经济。

另一类是主要关注单一领域的专门性城市评价体系。此类城市评价体系专注于分析和探讨诸如环境保护、可持续发展、科研创新能力与房价等某一具体领域。相比于综合性城市评价体系，此类城市评价体系的所设指标较少，虽然无法提供全局性分析，但其评价结果具有更强的针对性。较具代表性的有西门子和经济学人智库（EIU）联合发布的“亚洲绿色城市指数”、万事达信用卡公司（MasterCard）发布的“全球目的地城市指数”、莱坊国际（Knight Frank）提供的“主要全球城市指数”、欧洲工商管理学院（INSEAD）发布的“全球智力竞争指数”，以及凯谛思（Arcadis）发布的“可持续城市指数”。

上述城市评价体系对城市发展的单一领域进行了细致的探讨。具体而言，“亚洲绿色城市指数”对22座亚洲城市在交通、垃圾、水资源、卫生、二氧化碳排放等八个方面分别进行了评估；[1]“全球目的地城市指数”通过信用卡的消费记录得出了全球前20的目的地城市；[2]“主要全球城市指数”聚焦于全球城市的房价涨幅，对全球41个主要城市的房价涨幅进行了排名；[3]“全球智力竞争指数”从技能使用、全球知识创造等六个方面对19个指标进行了考察，对全球46座城市的科研竞争力进行了排名；[4]“可持续城市指数”从人的可持续、地球的可持续以及营收的可持续这三个

---

[1] Economist Intelligence Unit, 2011, “Asian Green City Index”, February 14, https://www.siemens.com/press/pool/de/events/2011/corporate/2011-02-asia/asian-gci-report-e.pdf.

[2] Mastercard, 2016, “Global Destination Cities Index 2016”, September 15, https://newsroom.mastercard.com/wp-content/uploads/2016/09/FINAL-Global-Destination-Cities-Index-Report.pdf.

[3] Knight Frank, 2017, “Prime Global Cities Index”, April 10, https://kfcontent.blob.core.windows.net/research/323/documents/en/q1-2017-4641.pdf.

[4] The Business Shool for the World, 2017, “The Global Talent Competitiveness Index: Talent and Technology 2017”, January 16, http://www.gtci2017.com/documents/GTCI_2017_web_r3.pdf.

方面对全球 100 座城市的可持续发展水平进行了评估，为衡量这些城市的可持续发展能力提供了重要参考。[1]

需要指出的是，不少专门性城市评价体系对城市发展的可持续性给予了格外关注。“亚洲绿色城市指数”和“可持续城市指数”都聚焦于城市的可持续发展，其中前者更侧重环境保护与环境可持续发展，而后者还涵盖了城市居民与城市经济发展的可持续。当前，以降低污染物排放、使用清洁能源、人的平等发展以及商业的健康持久获利为核心的可持续发展愈发受到重视，因此针对可持续发展而设计的专门性城市评价体系在未来将更具价值。

目前城市相关指数主要集中于城市可持续发展和竞争力发展等方面。其中比较具有代表性的有以下五个指标体系。

世界银行的“全球城市指标”：“全球城市指标”（Global City Indicators）项目由世界银行城市局牵头，全球城市指标机构（GCIF）负责执行。该指标包括城市服务（City Services）和生活质量（Quality of Life）两大类别，涵盖了城市管理领域共 20 项主题，对各项城市服务和生活质量因素进行衡量。城市服务包括由城市政府和其他实体提供的服务，具体涵盖了教育、财政、娱乐、行政能力、能源、交通等 13 项主题。生活质量包括促进总体生活质量提高的关键因素，但政府对这些因素的直接控制很少，具体涵盖了公众参与、经济、住房、文化、环境、社会公平、技术与创新等七项主题。有关这些主题的城市表现由一系列指标来衡量。指标筛选程序非常严格，以确保其清晰、明确、简单、便于理解的特点。

联合国人居署的“城市指标项目”与“城市发展指数”：联合国人居署的“城市指标项目”（Urban Indicators Programme）主要用来监测与评价全球城市“人居议程”和“千年发展目标”的实施进展状况。该项目开发了包括“城市发展指数”（City Development Index）在内的数个城市发展水平

[1] Arcadis，2017，“Sustainable Cities Index 2016：Putting People at the Heart of City Sustainability”，March 1，https://www.arcadis.com/media/0/6/6/%7B06687980-3179-47AD-89FD-F6AFA76EBB73%7DSustainable%20Cities%20Index%202016%20Global%20Web.pdf.

评价指标，构建了全球多个城市参与的信息监测与收集网络，形成了功能较为强大的城市数据库系统。

英国“未来论坛”的“可持续城市指数”：“可持续城市指数”（Sustainable Cities Index）由英国非营利性环保组织“未来论坛”（Forum for the Future）于 2007 年建立。它考察了城市在社会、经济和环境各方面的表现，囊括了 13 项具体指标，对城市环境、生活品质以及未来保障这三方面进行了评价。从 2007 年起，可持续城市指数通过严谨的动态数据比较，每年跟踪英国 20 个最大的城市在可持续发展上取得的进步。该指数旨在通过展示排名突出城市的成就，鼓励良性竞争，同时也帮助这些城市和居住在其中的人们全面减少环境破坏，提高生活质量，走上可持续发展的道路，对未来的挑战做好准备。

全球城市竞争力指标体系：全球城市竞争力项目（GUCP）始于 2005 年，由美国巴克内尔大学、中国社会科学院城市与竞争力研究中心等全球多国研究机构学者组成的团队共同开展，已连续四次发表《全球城市竞争力报告》（双年度）。全球城市竞争力项目的最新研究报告《全球城市竞争力报告 2019—2020：跨入城市的世界 300 年变局》所采用的全球城市竞争力指标体系包括全球城市竞争力产出指标体系、全球城市竞争力要素指标体系和全球城市竞争力产业竞争力指标体系。

伦敦世界城市文化指数：《世界城市文化报告》所采用的定义分类和框架体系均基于联合国教科文组织 1986 年的文化统计框架。该报告选取目标城市的原则是基于该城市在全球经济和金融体系中所处的地位，并保证目标城市基本来自全球不同地区。目前共选取 12 个世界城市：德国柏林、土耳其伊斯坦布尔、印度孟买、中国上海、美国纽约、巴西圣保罗、南非约翰内斯堡、澳大利亚悉尼、英国伦敦、法国巴黎、新加坡新加坡城和日本东京。该报告中提出的文化统计框架主要由两部分构成：世界城市文化基础设施及产出、世界城市文化消费及参与。同时，报告又将这两个部分所涉及的指标重组为六大主题部分，以便进行横向比较和研究，这六个主题包括文化遗产、文化培养、表演艺术、电影与游戏、文化人才、文化交往活力和文化多样性。

从以上指标体系看，目前对城市的排名依据是多样化的，涵盖了可持续发展、全球治理、机会、宜居、创新、竞争力和幸福感等领域。这些指标并没有聚焦于城市对外交往的研究。其中较相关的研究是关于全球化和国际化都市的排名，例如这类排名集中于具有成为世界城市发展潜力的排名，如全球化竞争力指数、全球化城市指数等。这类指标大部分的排名对象是各国的体量和影响力较大的城市。指标把纽约、巴黎等国际大都市作为标杆，量化测量中国大都市与它们的差距，没有系统地针对中国城市国际化排名的指数。总之，对城市对外交往的研究仍属于新兴领域，总体上缺乏对城市对外交往的定量、科学、全面的比较性研究。

2015 年的统计数据显示，全球 50%以上的人口已经居住在城市，到 2030 年，近 60%的世界人口（约 50 亿人）将聚居在城镇地区。作为商业、文化、科技、生产力、社会发展的枢纽，城市在带给人们空前丰富的物质和精神财富的同时，也产生了前所未有的挑战。全球的城市面积仅占地球陆地面积的 2%，能源消耗却达到了 60%—80%，并产生了高达 75%的二氧化碳排放量。[1]快速的城市化还导致了人口膨胀、交通拥挤、环境污染、资源紧缺、贫富差距、文化冲突等日益严峻的城市问题。可持续的城市发展也因此成为 21 世纪全球社会面临的最紧迫挑战。与此同时，城市化的实践证明，通过提高效率和技术创新，在人口高度集聚的城市实施行之有效的管理也可以减少资源和能源消耗，实现城市健康有序的发展。2020 年新冠肺炎疫情背景下，全球城市面临全球化和逆全球化的两重选择困境，城市化和全球化在曲折中发展，然而公共卫生、环境灾害、气候变化、能源安全、粮食安全、恐怖主义等全球性问题日益突出。随着中国、印度等新兴发展中国家快速进入城市化时代，许多重要经济、社会和文化事务的协调与解决已从国家和区域层面深入到城市层面。与此同时，城市居民身份

[1] 《〈新城市议程〉问题文件》，联合国“人居三”会议网站，https://www.habitat3.org/the-new-urban-agenda/issue-papers（访问日期：2016 年 2 月 20 日）。

日益多元，利益格局日趋复杂，导致传统的城市解决方法已经难以为继，急需产生以城市联盟等为代表的联合协商和协调机制。

21 世纪以来，城市外交实践随着全球化的发展不断推进，城市联盟也常见于国际社会诸多领域与事务中。城市外交逐渐成为一种独立的外交形态，世界城市组织与全球城市的兴起成为这一阶段城市外交最突出的表现。全球城市联盟作为世界城市组织的主要形式，可分为：关注全球事务的城市联盟、关注国家关系与城市合作的城市联盟以及关注民众的城市联盟。同时，全球城市联盟发展过程中所呈现出的多元化现象同样引人关注。另外，城市的对外交往活力则是衡量城市对外交往能力与其在国际社会影响力的重要指标。本书认为城市对外交往的活力表现在城市经济、政治、文化和社会交往四个维度的深度和广度上。城市对外交往活力与城市发展程度有着密切的关系，同时中国各地城市对外交往活力各有特征。

19 世纪中叶，上海就已经成为远东地区的国际经贸中心、商业中心、金融中心。新中国成立以来，上海国际城市交往起步较早，早在 1973 年就与日本横滨结为了友好城市。

当前上海已参与五大国际城市网络，包括："一带一路"上海的角色与创新国际网络、上海国际友好市网络、上海世博会城市绿色创新网络、跨国公司上海总网络、教育和科技国际交流网络。积极参与世界城市网络的构建是上海提升国际影响力、国际地位，建设自身世界城市身份的重要举措。

其中，聚焦金融发展的"陆家嘴论坛"、探讨科技创新的"浦江创新论坛""世界人工智能大会"、为上海城市发展建言献策的"上海市市长国际企业家咨询会议"等已固定为每年举办的活动。同时，上海还有各类节庆活动和博览会，如中国上海国际艺术节、上海国际电影电视节、中国（上海）国际技术进出口交易会、中国国际工业博览会，以及中国国际进口博览会。这些大型国际活动的举办对于推动上海与全球其他城市开展合作交流发挥了重要作用。2010 年世博会在上海成功举办；2013 年 12 月第 68 届联合国大会通过决议，将每年的 10 月 31 日即上海世博会闭幕之日设为

“世界城市日”，并由上海市承办相关活动。上海通过举办“世界城市日上海论坛”等主题活动，搭建城市规划领域先进理念交流平台、前沿案例分享传播平台和国际城市合作平台，以更好地推动城市可持续发展。作为“世界城市日”的成果之一，《上海手册》将城市治理的最佳实践成果进行总结编撰，在全球范围内推介。

实践篇

2015年的统计数据显示，全球50%以上的人口已经居住在城市，到2030年，近60%的世界人口（约50亿人）将聚居在城镇地区。作为商业、文化、科技、生产力、社会发展的枢纽，城市在带给人们空前丰富的物质和精神财富的同时，也产生了前所未有的挑战。全球的城市面积仅占地球陆地面积的2%，能源消耗却达到了60%—80%，并产生了高达75%的二氧化碳排放量。[1]快速的城市化还导致了人口膨胀、交通拥挤、环境污染、资源紧缺、贫富差距、文化冲突等日益严峻的城市问题。可持续的城市发展也因此成为21世纪全球社会面临的最紧迫挑战。与此同时，城市化的实践证明，通过提高效率和技术创新，在人口高度集聚的城市实施行之有效的管理也可以减少资源和能源消耗，实现城市健康有序的发展。2020年新冠肺炎疫情背景下，全球城市面临全球化和逆全球化的两重选择困境，城市化和全球化在曲折中发展，然而公共卫生、环境灾害、气候变化、能源安全、粮食安全、恐怖主义等全球性问题日益突出。随着中国、印度等新兴发展中国家快速进入城市化时代，许多重要经济、社会和文化事务的协调与解决已从国家和区域层面深入到城市层面。与此同时，城市居民身份日益多元，利益格局日趋复杂，导致传统的城市解决方法已经难以为继，急需产生以城市联盟等为代表的联合协商和协调机制。

21世纪以来，城市外交实践随着全球化的发展不断推进，城市联盟也常见于国际社会诸多领域与事务中。城市外交逐渐成为一种独立的外交形态，世界城市组织与全球城市的兴起成为这一阶段城市外交最突出的表现。全球城市联盟作为世界城市组织的主要形式，可分为：关注全球事务的城市联盟、关注国家关系与城市合作的城市联盟以及关注民众的城市联盟。同时，全球城市联盟发展过程中所呈现出的多元化现象同样引人关注。另外，城市的对外交往活力则是衡量城市对外交往能力与其在国际社会影响力的重要指标。本书认为城市对外交往的活力表现在城市经济、政治、文

---

[1]《〈新城市议程〉问题文件》，联合国“人居三”会议网站，https://www.habitat3.org/the-new-urban-agenda/issue-papers（访问日期：2016年2月20日）。

化和社会交往四个维度的深度和广度上。城市对外交往活力与城市发展程度有着密切的关系，同时中国各地城市对外交往活力各有特征。

19世纪中叶，上海就已经成为远东地区的国际经贸中心、商业中心、金融中心。新中国成立以来，上海国际城市交往起步较早，早在1973年就与日本横滨结为了友好城市。

当前上海已参与五大国际城市网络，包括："一带一路"上海的角色与创新国际网络、上海国际友好城市网络、上海世博会城市绿色创新网络、跨国公司上海总网络、教育和科技国际交流网络。积极参与世界城市网络的构建是上海提升国际影响力、国际地位，建设自身世界城市身份的重要举措。

其中，聚焦金融发展的"陆家嘴论坛"、探讨科技创新的"浦江创新论坛""世界人工智能大会"、为上海城市发展建言献策的"上海市市长国际企业家咨询会议"等已固定为每年举办的活动。同时，上海还有各类节庆活动和博览会，如中国上海国际艺术节、上海国际电影电视节、中国（上海）国际技术进出口交易会、中国国际工业博览会，以及中国国际进口博览会。这些大型国际活动的举办对于推动上海与全球其他城市开展合作交流发挥了重要作用。2010年世博会在上海成功举办；2013年12月第68届联合国大会通过决议，将每年的10月31日即上海世博会闭幕之日设为"世界城市日"，并由上海市承办相关活动。上海通过举办"世界城市日上海论坛"等主题活动，搭建城市规划领域先进理念交流平台、前沿案例分享传播平台和国际城市合作平台，以更好地推动城市可持续发展。作为"世界城市日"的成果之一，《上海手册》将城市治理的最佳实践成果进行总结编撰，在全球范围内推介。

第三章

城市外交和城市联盟的实践

城市外交实践在世界各地早已有之，同时城市联盟实践在全球化过程中不断发展。全球化趋势下，经济、信息、人员往来的网络化、全球问题的凸显等因素都冲击了民族国家的主权边界，于是多层次的对外交往活动应运而起，国家主权不得不下放或上交。与此同时，全球化也提高了城市发挥经济、社会与文化要素扩散聚合的节点作用能力，放大了城市的国际利益。20 世纪以来，城市外交经历了民间外交到倡议外交再到城市外交的三阶段。城市外交的民间外交阶段发源于第一次世界大战后并兴盛于第二次世界大战以后，致力于通过广泛而深入的经济、社会、文化以及政治交流，增进友城人民间的相互了解和感情。城市外交的倡议外交阶段是在 20 世纪 80 年代之后，这一阶段的倡议外交致力于协调面向特定国家和地区在不同议题领域之间的国际活动，最终实现城市战略目标，另外也有城市与中央政府围绕对外政策进行组织机构管理的垂直协调。21 世纪以来，城市外交逐渐成为一种独立的外交形态，世界城市组织与全球城市的兴起成为这一阶段城市外交最突出的表现。中国的城市外交在这一阶段也从实践发展走向理论研究。在这些阶段中，城市与地方政府的主动性被不断发挥，城市越来越多地涉足“高级政治”议题。

虽然城市外交作为一个学术概念的提出不过是近年来兴起的现象，但世界各国的城市外交实践却早已有之。早在伯罗奔尼撒战争时期，雅典和斯巴达就已几乎具备全部的政治与行政权力，包括由其延伸出的外交权与军事权。中世纪欧洲出现的城市或城市联盟，如意大利的城市国家体系和汉莎同盟，也具有此类“主权式”的外交权力。但在 1648 年《威斯特伐利亚和约》签订后，民族国家逐渐成为国际体系中最重要（有时甚至是唯一重要）的行为体，城市渐渐淡出了以主权为基础的世界舞台。当前，虽然主权国家的权力边界已经受到了不同程度的侵蚀，但不容否认的是，其在国际体系中的主导地位还远未受到动摇。[1]

第二次世界大战以来，特别是 20 世纪 90 年代之后，地区政府开始越来越多地参与到对外交往中来，城市外交蓬勃发展。究其原因，在多种复杂因素的共同作用之外，全球化趋势的不断加强是对其影响深远的时代背景。经济、信息网络、人员往来的全球化，乃至全球问题的日益凸显，一方面冲击了民族国家的主权边界，使其在适应和应对全球化时代的新情况、新问题时，不是“对小问题显得太大，就是对大问题显得太小”，于是不得不推动多层次的对外交往活动，或下放或上交一部分主权权力；另一方面则提高了城市发挥经济、社会与文化要素扩散聚合的节点作用的能力，放大了它们的国际利益。作为跨国公司、非政府组织、民间社会团体及其信息网络（知识）的中心，城市承接了国家下放的一部分经济与社会文化权力，具备相较以往而言更强的能力与更大的动力来开展对外交往活动。[2]

以联合国为核心的城市交往是城市合作的重要舞台。1975 年 1 月 1 日，联合国大会批准成立了联合国人类居住基金（United Nations Habitat and Human Settlements Foundation，UNHHSF）。作为联合国环境规划署（UNEP）的下属机构，其任务是通过提供资本和技术援助来帮助同人居相关的国家项目。首届人居会议于 1976 年在温哥华召开，在会议上，各国代表们决定成立联合国人居委员会（United Nations Commission on Human Settle-

[1][2] 谷宁：《浅议海口市城市外交》，《新东方》2012 年第 6 期，第 44—49 页。

ments，即联合国人居署的前身）以及联合国人居中心（United Nations Centre for Human Settlements）。2002 年 1 月，联合国大会通过了 A/56/206 号决议，决议将联合国人居中心升级为联合国人居计划署（United Nations Human Settlements Programme，UN-Habitat）。温哥华人居会议第一次正式提出了人居环境问题，提出“为全体人类提供合适的住房”作为时代发展目标。这次会议标志着各国政府开始认识到对可持续的人居环境的需要和快速城市化的结果，尤其是在发展中世界。当时，国际社会几乎没有考虑城市化及其影响，但是，世界已经开始见证历史上最伟大和最快的城市移民，以及由医学进步导致的城市人口快速增长的影响。

第一届联合国人居大会被公认为是一个“生气勃勃、具有创造力”的历史事件，同时它还增强了全球对农村和城市地区的人类居住问题的认识并提出了解决问题的战略，从而树立了一块重要的里程碑。这次会议将人类居住问题上升到了国家政治层面，要求各国通过国际合作和努力确保人类住房问题的解决。国家间和政府间机构的合作被认为是解决人居问题的必要手段，这为人居组织向政府间的合作协调组织发展创造了条件。在联合国系统内，基于本次大会的议程和发布的原则，也形成了相对独立的人居专门组织。2006 年在土耳其伊斯坦布尔召开了第二届人类居住会议（“人居二”），会议通过了《伊斯坦布尔人居宣言》和《人居议程》。人居议程的两大主题是“人人享有适当的住房”和“日益城市化进程中人类居住问题的可持续发展”。人居议程得以通过，这是一个全球性的行动计划，规定各国政府有责任为所有人提供足够的住房，维护城市的可持续发展。人居是执行议程的关键所在，它用来评估议程在全球、地域、国家和地方的执行情况，并且监控全球性的趋向和形势。[1]值得注意的是，人居议程中的一些原则和目标也在四年后的联合国千年首脑会议上得到了体现。2016 年 9 月 17 日，联合国“人居三”大会把人居问题、城市权利问题提高到一个

[1] 于宏源、赵元佑：《“人居三”会议与中国城市治理的未来方向》，《上海城市管理》2016 年第 2 期，第 4—6 页。

新的高度。联合国人居署执行主任霍安·克洛斯（Joan Clos）也在会上发言指出，公民的城市权与其权利不同，是一项建立在所有其他权利发展基础之上的人权。各国政府、地方当局和国际机构应该把 21 世纪的城市挑战，作为其优先工作中的首要事项。根据联大 67/216 号决议，“人居三”的目标包括：确保新的对可持续城市发展的政治承诺、评估当前成就以及强调贫困问题和新兴的挑战。

20 世纪以来，随着跨国交流的深入，城市的外交角色逐步复苏，不仅作为一国外交政策的代理者执行中央政府授予的外交使命，而且越来越主动和频繁地独立拓展对外交往空间，有的甚至开始逾越主权的制约，与传统外交体系形成复杂的互动关系。根据城市在外交中扮演的角色不同，可以将城市外交的发展实践划分为三个阶段。[1]

第一节

民间外交阶段（1919—1980 年）

尽管城市从来没有停止跨国交往活动，但自现代外交制度确立以来，城市真正被允许参与外交事务却发源于第一次世界大战后的西欧国家，并兴盛于第二次世界大战以后。一战结束后，为了医治战争创伤，英国约克郡的凯里市和法国普瓦市结为世界上第一对“友好城市”，目的是以民间交往的形式，促进两国人民的感情交流，推动国家间关系的和睦。二战后，这一地方政府间的积极交往受到各国政府的鼓励，在一次法德市长会议上，德国率先提出建立友好城市，以弥合法德人民之间感情上的裂痕，消除法德之间历史悠久的相互敌视。自此之后，交通通信技术的改进和跨国公司海外业务的增长，为国际友好城市注入了强劲的活力，特别是自 20 世纪 70

[1] 赵可金、陈维：《城市外交：探寻全球都市的外交角色》，《外交评论》2013 年第 6 期。

年代以来，国际友好城市逐渐由情感型向更加重视经济社会利益的务实型方向转变，除了进行文化交流外，逐步向社会经济、地方治理、环境保护、打击跨国犯罪和恐怖主义等领域延伸。

作为全球化进程中地方和全球连接的重要纽带，国际友好城市是异国城市间加强商业和文化联系的一个上佳工具。它通过广泛而深入的经济、社会、文化和政治交流，极大地增进了友城人民间的相互了解和感情，促进了友城政治经济和社会文化的共同进步。从性质上来说，国际友好城市仅仅是一种民间外交，它虽然获得中央政府的许可和鼓励，却不能逾越中央政府的外交政策。它仅仅扮演沟通非官方交流的“民间使者”角色，更多停留在经济、社会、文化和环保等“低级政治”事务上，几乎毫不染指中央政府所明令禁止的政治、安全等“高级政治”事务，与官方外交是一种互补关系，而非竞争和替代的关系。

第二节

倡议外交阶段（1980—2001年）

通常情况下，政治和安全等“高级政治”事务被牢牢掌控在中央政府手中，尤其是对单一制国家而言，中央政府一般不允许地方政府介入政治性事务，即使偶尔被允许参与此类事务，地方政府也被要求必须严格执行中央政府政策，不得自行其是。相比之下，联邦制国家对地方政府的国际事务控制能力弱一些，尤其是那些行政首长经由选举产生的地方政府，经常在参与对外事务上与中央政府大唱反调。

20世纪80年代之后，美苏冷战刺激了和平主义运动在世界范围内的普遍崛起，城市和地方政府成为和平主义运动宣泄的重要窗口，推动城市外交步入倡议外交的新阶段。从20世纪80年代初开始到90年代初，各国的城市组织核军备竞赛的抗议活动，推动“无核区”建设，呼吁全面禁止核试验，彼此之间建立各种联系，打破冷战敌对氛围，推动跨国贸易投资合作，或者运用文化和认同手段加强在国际事务中的影响力。冷战结束后，此种抗议活动沿着两条路径向纵深发展：一是以欧洲国家为典型代表，地方政府纷纷确立独立的外交活动日程，协调面向特定国家和地区在经济、社会、文化、环保等不同议题领域之间的国际活动，以实现城市战略目标。在此期间，诸如“和平市长会议组织”（Mayors for Peace）、“国际城市和平使者协会”（International Association of Peace Messenger Cities）等行业性城市间国际组织建立，城市开始寻求对外政策的水平协调。二是以苏联和东欧地区国家为代表，城市开始寻求不同于中央政府的独立外交政策目标，对地缘性和功能性优先次序进行战略重整，并与中央政府围绕对外政策进行组织机构管理的垂直协调。一些地方政府甚至掀起了政治分离主义运动的高潮。

尽管如此，这些城市的跨国倡议活动还没有发展成为独立的外交形态。它们既不是中央政府授意的外交行为，也没有获得明确的法理支持和普遍接受的制度规范，只是为了倡议一种共同的价值原则和具体利益而对一国外交政策施加影响力，充其量只能算作城市外事，而非城市外交。不过，此种跨国倡议活动不同于民间外交，它与官方外交不是互补关系，而是一种竞争关系，通过寻求国际范围内的舆论支持、向中央政府施加压力、推动城市间的交流合作等手段，寻求一种不同于中央政府政策的政治影响力，已经产生了较大的外交影响力。

第三节

城市外交阶段（2001— ）

步入21世纪后，随着全球化进程的深入，以联合国多边城市组织建立为标志，越来越多的城市开始重视全球安全和发展问题，不仅积极参与中央政府的外交政策制定和国际谈判，而且纷纷在海外设立类似于驻外使领馆的办事处，积极参与多边城市组织。城市外交越来越成为一种独立的外交形态。

城市外交阶段的表现之一是多边城市组织的兴起。2001 年，“全球本土化论坛”（The Glocal Forum）成立。该组织强调全球化视野，重视城市在国际关系中的重要地位，认为各国大城市的市长们已经被赋予外交官的使命，他们占据着得天独厚的优势地位，能够动员资源和市民社会组织的善意和专业知识，更好地服务于化解冲突和分歧。该组织还发起了一系列项目，鼓励地方社区积极参与化解冲突，参与冲突后的社区重建以及维护和平与发展。另一个更具影响力的城市外交推动机构世界城市和地方政府联盟于 2004 年宣告成立，该组织由世界城市协会联合会、地方政府国际联盟和世界大都市协会合并组成，是目前最大的城市和地方政府组织，是开展城市外交，包括地方政府国际合作最有影响力的舞台。目前，该组织会员包括 140 个国家的 1 000 多个城市会员和 112 个全国性地方政府协会。世界城市和地方政府联盟在 2005 年建立了城市外交委员会，致力于界定地方政府在推动社会团结、冲突预防、冲突解决和冲突后重建方面的角色，简言之，推动城市致力于所谓的“和平构建”。该委员会在 2006 年 10 月佩鲁贾会议和 2007 年巴塞罗那会议两次预备会议之后，于 2008 年在荷兰海牙举办了第一届城市外交国际学术研讨会，首次明确了城市外交的概念及其内涵。外交不再被视作中央政府垄断的领地，城市和地方政府也可以运用外交在国际社会中捍卫特定的利益。于是，城市和地方政府第一次获得了正式的身份，被允许自定对外政策，与海外对应机构开展合作，建立世界性的游说网络，进而建立起国际关系网络。到 2010 年 11 月，为进一步增强城市外交的竞争力，世界城市和地方政府联盟将旗下管辖事务关联度非常高的分权合作委员会与城市外交、和平构建和人权委员会合并，新建立发展合作与城市外交委员会（The Committee on Development Cooperation and City Diplomacy）。该委员会的参与方一致同意制定一份战略计划，共同推动包括联合国千年发展目标在内的诸多外交政策议程。

城市外交阶段的表现之二是世界城市的兴起。纽约、伦敦、东京等全球性都市不仅实际上建立起遍及世界各个角落的关系网络，而且还掌控着全球城市经济和社会生活的游戏规则制定权，聚集了大量的国际组织、跨国公司、全球性媒体、非政府组织等机构的总部。其所构成的“全球公共领域”在几乎所有社会生活领域引领着时代潮流，对其他国家的经济、社会、文化乃至政治都产生了直接而深刻的影响。“城市间经济网络开始主宰全球经济命脉，使若干世界性的节点城市成为在空间上超越国家的实体，并逐渐形成多极、多层次的世界城市网络体系。”[1]世界城市在参与国际事务的广度和深度方面都有极大的提高，更多地参与“高级政治”议题，积极参与全球治理。在涉及反恐和防扩散等国家安全、世界经济复苏、全球气候变化、控制大规模传染病以及规范移民等众多外交事务中，世界各国城市都日益强调推动国际合作和跨国协调，以提升城市竞争力和应对城市治理难题。例如，在巴以冲突问题上，当欧洲国家未能与哈马斯政权实现合作时，一些加拿大城市却能参与到巴勒斯坦地区的市政项目中，帮助地区发展和能力建设，协助缔造和平。在应对全球气候变化问题上，伦敦前市长利文斯通倡议成立了 C40 城市气候领导联盟，发挥大城市在全球气候治理中的关键性领导作用。

就中国的情况而言，中国城市外交的实践事实上也是走在了理论的前面。迄今为止，不仅中国城市已与世界上其他国家的城市建立了共 2 209 对友好城市关系，而且中国城市也积极参与双边、多边的国家外交活动。城市参与国家外交既体现为城市有可能成为国家外交政策的实施者或参与者，也体现为城市作为国家外交活动的“主场”而发挥作用。城市外交工作既推动了地方经济、社会和文化的发展，也为国家总体外交作出了重要贡献。中国城市外交的发展与全球化的世界浪潮有着密切联系，同时也具有很多由自身发展水平决定的特点。改革开放以来，伴随着中国

[1] 顾朝林、张勤：《经济全球化与中国城市发展对策》，《特区与港澳经济》1999 年第 2 期，第 12—15 页。

经济社会发展水平的不断提高，城市化进程逐渐加快，城市地位获得显著增强，一批大城市甚至大城市群日益兴起。同时，中央将所谓“低级政治”范畴中的部分权力下放，从而奠定了一些有条件的城市对外交往的主客观基础。20 世纪 90 年代至今，中央更加重视“民间外交”“城市外交”与“公共外交”，谋求外交工作整体布局的多元化，给地方政府外事部门以更大的自主工作空间，促使其从简单的“迎来送往”式的工作模式，逐步转化成既配合中央整体外交布局又服务地方经济社会发展的多层次外事工作模式。

中国的城市外交逐步走向成熟。到 2013 年底，我国有 30 个省、自治区、直辖市（不包括台湾省及港、澳特别行政区）和 418 个城市，与五大洲 131 个国家的 452 个省（州、县、大区、道等）和 1 390 个城市建立了 2 030 对友好城市（省州）关系。同时，我国在 1992 年发起成立了中国国际友好城市联合会，1999 年中国人民对外友好协会以中国地方政府代表的身份加入世界城市和地方政府联盟的前身——地方政府国际联盟（IULA）。随后，上海、天津、广州、湖南等中国城市和地方政府作为创始会员加入世界城市和地方政府联盟。2011 年 1 月，胡锦涛主席访美期间，两国在《中美联合声明》中宣布建立中美省州长论坛，开创了城市外交新思路，搭建了加强两国地方交流合作的重要平台。城市公共外交的推进也加快了步伐，至 2013 年，上海市、天津市、广东省、温州市、西宁市、南京市、佛山市、扬州市、杭州市、惠州市等都成立了地方公共外交协会，广州市更于 2013 年 9 月成立了全国首家城市外交协会，城市外交日益成为中国外交学界关注的热点之一。[1]

关于城市外交存在的问题、挑战、优势，以及改进措施和途径研究，熊炜和王婕认为，在实践中，城市在进行对外交往活动中存在着诸多问题，如缺乏外交专业知识、资源和经验，在配合总体外交活动中力不从心，以及在国际社会上与其他行为体的互动会耗费城市大量的资源与财富，加重

[1] 赵可金、陈维：《城市外交：探寻全球都市的外交角色》，《外交评论》2013 年第 6 期。

城市财政负担，与市民更关注民生与福利需求不一致等。[1]赵可金认为，中国城市外交的核心问题在于如何从城市的角度更好地处理跨国关系。中国城市外交的关键问题是制度设计，需要培育城市精神、建立健全外交体制和运行机制。另外，中国城市外交应该将立法、明责、制略、建制、保障等几个方面作为工作重点。与西方国家相比，中国是城市外交的后来者，随着中国国际化程度的日益深入，城市外交正在成为中国大国外交战略的重要组成部分。由于外交是一种高度敏感的政治性事务，城市在参与外交事务的过程中，最重要的问题是遵守相应的外交规则、规范和惯例，在其现实性上表现为构建成熟的城市外交制度。[2]不同的城市有不同的模式和不同的经验，但也有共同的规律可循。城市外交要做好三点：第一，做好国际化大文章。城市当中蕴含着巨大的创造力，而国际化就是这个创造力之中非常重要的要素。第二，要抓住两个重点。一是要做好外交，不能与外交部发生矛盾，而且从城市外交的发展来讲，必须要主动对接国家战略；二是要“建网”，也就是构建城市网络。第三，有人管事，有钱办事，有章理事。[3]赵磊认为，在推动城市外交时，有四个要素要结合好：一是定位准确；二是与国家战略紧密结合，考虑国家需要；三是城市、企业间的相互配合；四是国际化视野和品牌建设。[4]杨勇认为，城市外交目前面临三方面挑战：制度性挑战、对中央外交的挑战、对地方政府自身的挑战。应对这些挑战的主要建议为：第一，城市对外交往的进一步发展，需要中央政府给予更多的支持，如实现适度的分权和授权，鼓励地方政府展开对外合作与交流，培养地方政府开展跨国、跨地区的合作的战略以及实施能力。第二，成立专门组织，推动和引导城市国际交往的发展；推动城市外交朝科学化、制度化方向发展；面向大众，丰富内容，创新形式，实现城市外

[1] 熊炜、王婕：《城市外交：理论争辩与实践特点》，《公共外交季刊》2013 年第 1 期，第 14—19 页。

[2] 赵可金：《中国城市外交的若干理论问题》，《国际展望》2016 年第 1 期，第 56—75 页。

[3][4] 赵启正、赵可金、熊炜等：《中国城市外交的实践》，《公共外交季刊》2014 年第 3 期，第 78—84 页。

交的可持续发展。[1]

综上，从发展过程来看，全球城市的对外交往可被划分为民间外交、倡议外交和城市外交三个主要阶段。这不但体现出全球化对于世界城市的深刻影响，也在一定程度上反映了权力由国家行为体向次国家行为体的逸散。总体而言，城市在全球问题兴起和全球治理紧迫性显著提升的时代背景下，将发挥更加重要的作用。

[1] 杨勇：《全球化时代的中国城市外交——以广州为个案的研究》，暨南大学 2007 年博士学位论文。

第四章

全球城市组织和城市联盟的案例比较

在20世纪以来的城市外交发展过程中，城市与地方政府的主动性被不断发挥，城市越来越多地涉足“高级政治”议题之中。世界城市的出现以及全球城市联盟的兴起更是这一现象的集中表现。目前，全球城市联盟涉及三大种类：关注全球事务的城市联盟、关注国家关系与城市合作的城市联盟，以及关注民众的城市联盟。通过关注安全与和平、气候与能源、历史与文化多样性等广域议题，通过基于城市联盟平台性和载体性的特征，注重推动城市、国家或地区之间的合作，致力于推动地区一体化，以及侧重于通过城市之间的经验交流，关注城市的可持续发展，提高本地自治和管理能力，提高当地民众生活水平等，城市联盟多元化已经成为现阶段世界城市组织的主要特征。

随着城市化进程的加快和城市在全球经济中的地位不断上升，国家仍是国际关系中最重要的行为体，但是城市外交也将不断地开辟它的发展空间，承接主权国家下放的更多权力，完备它的形式。在低级政治议题方面，城市外交将愈加显示其重要性。在城市外交进一步发展的进程中，类似地方政府国际联盟这样的国际组织的地位也将上升，进而为城市外交提供重要的协调与组织的国际舞台。[1]虽然中国面临的国内外形势日趋复杂，但是经济发展的大局没有改变，外交多元化的进程仍在继续，趋势不断加强。因此，更加重视城市对外交往、拓展城市外交领域、维护并扩大城市国际利益，将不仅有利于拓展城市经济与社会可持续发展的国际空间，也将有利于推动国际社会向更加多元化、多样化的方向迈进。[2]国际城市开展多层次的合作，已经建立了一系列对话和共同行动的平台，建立了部分世界城市参与的国际合作组织或联盟。例如，2004 年 5 月在法国巴黎成立的世界城市和地方政府联盟由世界城市协会联合会、地方政府国际联盟和世界大都市协会合并组成，是目前最大的世界城市和地方政府国际组织，已同联合国、世界银行等国际组织和机构建立了合作伙伴关系，上海也是其会员城市。又如，英国伦敦市从 20 世纪 80 年代开始积极参与全球气候治理，开创了城市参与国际气候治理的新模式，也增强了伦敦的对外活动空间。2005 年伦敦倡议成立 C40 城市气候领导联盟，在作为领导者带领全球城市应对气候变化的国际行动中提升了话语权。

本章侧重分析城市组织和跨国城市联盟，将当前全球的主要跨国城市联盟分为三类，即关注全球事务的城市联盟、关注国家关系与城市合作的城市联盟、关注民众的城市联盟，对这三类城市联盟进行分析与比较，并介绍相应的特例。关注全球事务的城市联盟致力于维护全球和平，解决全球共同面临的问题，促进全球可持续发展，关注人类的共同命运与未来；关注国家关系的城市联盟，侧重于彰显地区或国家的文化软实力，彰显其地区和民族特色，同时希冀通过城市间的交流，推动国家和地区的经贸、科教、文化、环保、旅游等行业或领域的合作与发展；关注民众的城市联盟，着眼于城市所承载的具体职能，如教育、医疗、环境卫生、基础设施等，致力于改善城市居民的生活品质、促进城市的可持续发展。

从数量上看，关注国家关系和地区合作的城市联盟数量最多，关注民

[1] 龚铁鹰：《国际关系视野中的城市——地位、功能及政治走向》，《世界经济与政治》2004 年第 8 期，第 37—42 页。

[2] 谷宁：《浅议海口市城市外交》，《新东方》2012 年第 6 期，第 44—49 页。

表 4.1　城市联盟分类一览表

城市联盟分类	典型城市联盟						
关注全球事务的城市联盟	和平市长会议	世界历史都市联盟	国际地方政府环境行动理事会	国际和平使者城市协会	世界能源伙伴城市组织	世界遗产城市联盟	国际太阳能城市倡议
	全球创意城市网络	国际反种族主义城市联盟	C40 城市气候领导联盟	世界城市首长气候变迁理事会	中国国际友好城市大会	气候联盟	世界科技城市联盟
关注国家关系与地区合作的城市联盟	国际法语国家市长协会	亚太城市峰会	岛屿观光政策论坛	欧洲能源城市协会	中国(厦门)国际友好城市市长论坛	世界城市和地方政府联盟	世界城市和区域电子政府协议组织
	世界旅游城市联合会	欧洲城市组织	欧洲城市安全论坛	地方城市发展欧洲网络	波罗的海城市联盟	欧洲地方和地区政府大会	欧洲社会经济城市和地区网络
	巴尔干城市网络	地中海城市网络	亚太城市间合作网络	亚太城市峰会	欧洲城市政府与地区政府理事会	欧洲周边海区会议	东亚地方政府会议
	非洲全球姐妹城市基金会	东部非洲地方政府协会	非洲食品安全城市网络	南美城市网络	南方城市联盟	非洲城市与地方政府联合组织	东部非洲地方政府论坛
	东北亚地区地方政府联合会	北九州清洁环境倡议	21 世纪亚洲主要都市网	亚太城市旅游振兴机构	东亚经济交流推进机构	东北亚机械产业城市联盟	欧洲反毒品城市联盟
关注民众的城市联盟	阿拉伯城市组织	国际都市发展协会	伊斯兰国家首都和城市组织	世界冬季城市市长会议	世界大都市协会	国际城市教育联盟	世界城市扶贫联盟
	城市联盟	国际灯光城市协会	世界城市峰会	全球城市发展基金	欧洲主要城市-IT用户组	欧洲城镇网络	城市和地区循环和可再生资源盟
	欧洲大都市地区与城市网络	欧洲地方民主联盟	欧洲新城镇和城市试点平台	亚洲市长论坛	拉美固体废物管理网络	拉美城市、都市和协会联盟	

众的次之，关注全球事务的最少。从宗旨来看，关注全球事务的城市联盟主要关注点为安全与和平、气候与能源、历史与文化多样性等，不代表特定城市、国家、地区的利益与发展。相比之下，关注国家关系与地区合作的城市联盟同样关注这些议题，不同的是，此类城市联盟更注重推动城市、国家或地区之间的合作，部分地区性城市联盟致力于推动地区一体化，其平台性和载体性最为突出，关注点通常落脚于国家和地区的合作。而关注民众的城市联盟则侧重于通过城市之间的经验交流，实现城市的可持续发展，提高当地自治和管理能力，以及当地民众的生活水平，其关注点回落到城市和生活在城市中的民众自身。

本章将对这三类城市联盟进行具体阐述，并对各类中的典型城市联盟进行简要介绍。

第一节

关注全球事务的城市联盟

21 世纪是城市的世纪。推动 21 世纪人类文明、经济和社会发展的动力毫无疑问来自城市。国家间交往的政治活动、商业、资本、货物和人文交流几乎都汇聚于城市，即便不是直接发生在城市，城市也为这些活动提供交通、通信等支持。从这个意义上来说，城市外交本身就是世界政治经济结构与进程的核心组成部分。关注世界政治经济结构与进程，关注人类文明、和平与发展，关注全球治理，包括全球气候、能源、核问题、跨国犯罪、恐怖主义等领域的城市联盟，均属于关注全球事务的城市联盟。例如，和平市长会议、世界历史都市联盟、国际地方环境行动理事会、国际和平使者城市协会、世界能源城市伙伴组织、世界遗产城市联盟、国际太阳能城市倡议、C40 城市气候领导联盟等。与关注国家关系的城市联盟和关注民众的城市联盟相比较，关注全球事务的城市联盟着眼点较为宏观，不以某一特定地区、国家或城市的利益为优先。

具体来看，关注全球事务的城市联盟又包括致力于促进外交和国际和平的城市联盟、致力于促进国际文化交流的城市联盟，以及致力于促进全球能源和环境治理议题合作的城市联盟。

一、促进外交和国际和平

外交和国际关系是全球事务中非常重要的一部分。城市联盟主要关注推进全球和平进程、反对种族歧视等方面，对促进国际交往和国际安全起到了不可替代的作用。

长期以来，核问题一直是国际社会的重点关注问题，无论是从朝鲜核问题还是从伊朗核问题，都可以看出核能的利用是一个敏感话题。为了解决核问题给世界安全带来的威胁，国际社会目前有《不扩散核武器条约》（1970 年 3 月 5 日生效）和《全面禁止核试验条约》（尚未生效），但这两个条约并没有解决国际上的核问题。为此，一些城市联盟也在努力消除核问题给国际社会的困扰。其中，和平市长会议（Mayors for Peace）和国际和平使者城市联合会（International Association of Peace Messenger Cities）都是典型代表。

1982 年 6 月 24 日，在纽约联合国总部举行的第二届联合国大会裁军特别会议上，日本广岛市市长荒木武史提出了一项新的“促进城市声援全面废除核武器方案”。这一提议为城市跨越国界提供了一条共同推动废除核武器的途径。随后，广岛和长崎市长呼吁世界各地的市长支持这一提议。和平市长会议由世界 162 个国家和地区的 7 469 个城市组成，目的是促进实现持久的世界和平，引起全世界公民的关切，通过所有同意“促进团结一致的方案”的城市之间的密切声援，彻底废除核武器，并努力解决饥饿和贫困等人类重大问题，以及难民困境、侵犯人权和环境恶化等问题。[1]和平

[1] 和平市长会议官方网站，http://www.mayorsforpeace.org/english/outlines/index.html。

市长会议通过城市间的密切合作，努力提高国际公众对取消核武器的认识，通过努力消除饥饿和贫穷，帮助实现真正和持久的世界和平。

20世纪80年代初开始到90年代初，各国城市组织抗议核军备竞赛的活动，推动“无核区”建设，呼吁全面禁止核试验，彼此建立联系，打破敌对氛围，推动跨国贸易投资合作，加强文化等在国际事务中的影响力。之后，以欧洲国家为典型代表，地方政府纷纷确立独立的外交活动日程，协调面向特定国家和地区在经济、社会、文化、环保等不同议题领域之间的国际活动，以实现城市战略目标。其间，国际和平使者城市联合会作为行业性国际组织，寻求城市对外政策的水平协调，目前已产生较大的外交影响力。国际和平使者城市联合会认为，建立该组织的目的是承认和鼓励城市在创造和平文化中的作用和责任。联合会认为，城市市政当局应当在其负责区域内建立和平文化方面发挥积极与创造性作用。[1]

除核问题外，国际社会长期存在种族歧视现象，为推动消除种族歧视现象，2004年联合国教科文组织倡议，建立城市网络，交流经验以改善反种族主义、歧视和排外主义政治。国际反种族主义城市联盟（International Coalition of Cities against Racism）便诞生于此。国际反种族主义城市联盟的最终目标是使那些致力于反种族主义的城市通过国际联盟而走到一起。[2]考虑到世界各地区的特殊性和优先考量的问题，产生了地区联盟及其自身的行动纲领。而欧洲反种族主义城市联盟向国际联盟迈出了第一步。联合国教科文组织在与纽伦堡市的密切合作中，于2004年组织了一次专家会议。纽伦堡为所在地区起到了表率作用。巴塞罗那、克拉科夫、巴黎、圣丹尼斯、斯德哥尔摩和纽伦堡的城市代表，非政府组织和城市网络的代表如国际城市教育协会，以及学术界，一起讨论了行动计划中所考虑的行动。《十点行动计划》包括了十个承诺，覆盖了城市当局能力所及的各个领

[1] 国际和平使者城市联合会官方网站，http://www.iapmc.org/。
[2] 包容和可持续城市国际联盟官方网站，http://en.unesco.org/themes/fostering-rights-inclusion/iccar。

域，如教育、住房和就业，以及文化和体育活动。[1]它特别提出了一些城市当局可能完成或形成的政策应用的实例。签约城市承诺将这些行动计划整合入它们的市政战略和政策，并承诺在执行中涵盖公民社会各方面的行动者。其终极目标是将反对种族歧视作为城市共同的诉求。

和平市长会议、反种族主义国际城市联盟和国际和平使者城市联合会等组织积极促进外交和国际和平，发挥着重要而独特的作用，并将在国际和平与安全事业上贡献更大的力量。

二、促进国际文化交流

当今世界是多元化的世界。许多国家都将目光对准历史悠久的本国文化，致力于将本国文化推介给世界。1987 年，日本著名古都京都市倡议发起世界历史都市联盟（The league of Historical Cities），加入该组织的城市都有着丰富的历史，其中不乏几千年的古都。它们长期联合在一起探讨与历史城市有关的特殊问题，同时也涉及城市发展及现代化过程中出现的新问题。

世界历史都市联盟希望通过各历史城市交流宝贵的经验和知识，探索城市应发挥的作用，在迈向 21 世纪的同时，促进人类幸福，丰富城市文化。世界历史都市联盟旨在促进人类和平事业不断发展，共同探讨在古城保护和发展方面所面临的课题，交换信息，促进历史都市的持续发展，开展古城间的交流与合作。联盟的目的是促进世界各地人民实现永恒的世界和平，超越国界，建立历史城市的共同基础，加深城市间的相互了解和联系。[2]

为了在全球化环境下倡导和维护文化多样性，联合国教科文组织于 2004 年推出全球创意城市网络（Creative Cities Network）项目，旨在实现

[1] 世界反种族主义城市联盟官方网站，http://www.eccar.info/en/10-point-action-plan。
[2] 世界历史城市联盟官方网站，https://www.lhc-s.org/。

成员城市之间对当地文化发展经验的认可和交流。全球创意城市网络根据不同城市的特点，将网络中的城市分为：文学之都、电影之都、音乐之都、民间手工艺之都、设计之都、媒体艺术之都、美食之都。[1]

以世界历史都市联盟和全球创意城市网络为代表的组织在促进国际交流和合作、公共外交等多领域发挥着重要的作用。在公共外交日益走上世界舞台中央的当代，这些组织将在新形势下展现更大的活力和能量。

三、促进全球能源、环境等治理议题合作

随着全球化和相互依赖观念的不断加深，与气候环境相关的城市联盟将越来越多。例如，美国地方政府主要是在一些区域性减排协作机制中表达自己的倡议；还有很多城市气候行动网络，这些组织为城市提供了政治自主权、财政资源和技术支持，使它们能够积极地降低温室气体排放的水平。此外，城市和地方机构能够在多层次的政治结构中发挥重要作用。作为气候治理中特殊形式的集体行动者，城市行为体需要在气候变化议题上展开广泛合作，否则一个地区的减排成果会因为其他地区的不作为而被抵消。城市参与全球气候治理势在必行。当前环境治理演变的结果是形成了横跨全球的知识网络和行动网络，与当地多层次的行动联合体相联系，它们每个都适应于特定地方的政治气氛和生态圈，被命名为“全球市民社会”，并越来越成为处理全球环境问题的核心。

《巴黎协定》强调：“社会、私营部门、金融机构、城市和其他次国家级主管部门努力处理和应对气候变化。”城市是重要的非国家行为体，非国家行为体积极参与全球气候治理进程，其影响力也越来越大，在某些领域甚至已经成为主导性力量。[2]世界大城市气候领导联盟（C40）就是一个致力于应对气候变化的国际城市联合组织，包括中国、美国、加拿大、英

[1] 全球创意城市网络官方网站，https://en.unesco.org/about-us/introducing-unesco。

[2] 于宏源：《自上而下的全球气候治理模式调整：动力、特点与趋势》，《国际关系研究》2020年第1期，第110—124、157—158页。

国、法国、德国、日本、韩国、澳大利亚等国城市成员。联盟于 2005 年由伦敦市前市长肯·利文斯顿提议成立，围绕着《克林顿气候倡议》（CCI）来实行减排计划，以 CCI 来推动 C40 城市的减排行动和可持续发展。2005 年 10 月，来自 18 个世界大城市的代表汇集在英国伦敦，共同商讨如何联合行动应对全球变暖和气候变化。各城市代表均意识到，需要采取联合行动并开展合作，以减少温室气体排放。参会各城市达成共识，承诺采取联合行动实现温室气体减排，C40 世界大城市气候领导联盟成立。伦敦市长高级顾问马克·瓦茨曾介绍，C40 组织会进行适应气候变化的案例研究，选择典型的部门、区域进行适应气候变化案例研究，提出具有可操作性的适应政策和措施。[1]世界上绝大部分能源消耗发生在城市中，城市对于导致气候变化负有很大的责任，全球大城市联手应对气候变化挑战，将会在缓解气候变化方面起到关键性作用。

一些城市的行政官员也逐渐参与到全球气候治理中来，并通过自身力量，促进城市合作，共同参与全球气候治理进程。世界城市首长气候变迁理事会（World Mayors Council on Climate Change）是一个致力于应对气候变化的地方政府领导人的联盟。他们主张加强地方政府作为政府利益攸关者，参与应对气候变化和全球可持续性的相关问题。2005 年 2 月《京都议定书》生效后不久，日本京都市长桝本赖兼于 2005 年 12 月创立了世界城市首长气候变迁理事会。目前，理事会有 80 多名成员，代表着一个致力于减少全球温室气体排放的地方政府的庞大网络，成员资格对市长和同等级别的政府官员开放，体现了世界各地地方政府的多样性。[2]理事会成员越来越多地参与地方政府的宣传工作，特别是在联合国关于气候变化和生物多样性的谈判期间。理事会一直是地方政府气候路线图的合作伙伴。2009 年，墨西哥城市长马塞洛·埃布拉德成为新主席。在他和副主席的领导下，波恩市长尤尔根·尼姆普奇，世界城市首长气候变迁理事会举办了三次重大

[1] 世界大城市气候领导联盟官方网站，https://www.c40.org/。
[2] 世界城市首长气候变迁理事会官方网站，http://www.worldmayorcouncil.org。

活动：2010 年和 2011 年在波恩举行的市长改制论坛，以及在墨西哥城举行的世界城市首长气候变迁峰会。这两个里程碑事件强化了世界城市首长气候变迁理事会在全球气候变化方面的政治推动作用。

当前，以城市联盟为主的非国家行为体迅速发展壮大，形成了国际地方环境行动理事会（International Council for Local Environmental Initiatives, ICLEI）这一全球最大的城市网络。ICLEI 的项目和活动不只局限于环境保护方面，更关注可持续发展涵盖的广泛主题。基于此，ICLEI 理事会于 2003 年正式拓宽了组织的内涵，更名为“ICLEI—倡导地方政府可持续发展国际理事会”。该理事会致力于支持城市实现可持续、高韧性、资源高效、生物多样性和低碳；建立智慧基础设施并发展包容绿色的城市经济，以建设健康、幸福的社区为最终目标。[1]作为城市网络，ICLEI 通过组织国际会议和学习网络等方式提供了一个城市和地方政府相联系的平台，促进成员间的经验分享和洽谈合作，也会根据某些特定城市、自治区和区域的特殊需求来量身制定一些项目和活动。作为可持续发展的倡导者，ICLEI 是地方政府在有关可持续发展和气候变化上主要的国际协商和会议的代言人，并且鼓励来自全世界的地方领导人来共同促进可持续发展。在建立应付这些挑战的地方能力的同时，ICLEI 也通过它的三个国际性运动，为成员城市提供了应付区域的和全球的环境挑战的政策支持。由 ICLEI 在 1992 年发起的“21 世纪地方议程”（LA21）运动，通过着手针对获得包含广泛参与的可持续发展计划进程，寻求产生实质性结果和切实成效，提高地方的性能标准。据估计，在全世界范围内有 3 000 多个社区参与了“21 世纪地方议程”。2000 年 6 月，21 世纪全球城市会议发起了世界范围内关于地方政府的水治理合作运动，在帮助解决全球性水危机的同时，也给地方政府提供了一个支撑性框架，提出了他们独特的地方水管理关怀。区域性项目聚焦于不同的优先次序和需求上，包括环境预算、生态条件和环境管理系统。

关注全球事务的城市联盟的诸多实践表明，全球事务不再是国家的责

[1] 国际地方环境行动理事会官方网站，https://www.iclei.org/。

任，城市作为重要的非国家行为体不断加强自身在全球事务中的地位，在促进世界和平、文化交流和环境治理等方面不断发挥作用。城市以合作和联盟的形式承担国家在全球治理中的责任，同时也是国家全球治理政策的重要执行者。

第二节

关注国家关系与地区合作的城市联盟

城市是几乎所有国家的外交决策中心所在地。且不说城市作为外交行为体参与外交，仅因为一国首都是其外交精英、高端舆论和思想的聚集地，城市，特别是首都城市的知识生产能力和智力支撑是国家外交决策的重要基础。放眼全球，世界各国的中心城市无不是其国家文化与文明的符号与象征，城市外交本身不仅是跨国界、跨时空和跨文明的交流互鉴活动，同时也彰显着民族文化自觉。与其他两类城市联盟相比较，关注国家关系的城市联盟，侧重于彰显地区或国家的文化软实力以及地区和民族特色，同时希冀通过城市间的交流，推动国家和地区的经贸、科教、文化、环保、旅游等行业或领域的合作与发展。可以说，此类城市联盟发挥的作用是国家或地区间交往的重要补充，它以某一或某些国家与地区的利益为考量，是三类城市联盟中最具官方色彩的。例如中国（厦门）国际友好城市市长论坛、世界城市和地方政府联盟、世界城市和区域电子政府协议组织、世界旅游城市联合会等。

国际法语国家市长协会（Association Internationale des Maires Francophones，AIMF）是一个由 49 个国家 200 多个城市的当地政府组成的联盟，负责各法语成员国及政府之间的政治关系和合作。该协会汇集并建立了以法语为官方语言的首都和城市的市长和领导人之间的联系。其宗旨是通过为讲法语的城市提供一个国际论坛来促进实现项目、实践和知识交流。根据其官方网站所宣传的原则，该协会的目标是促进集体的优越管理、支持经验的交流、财政支持发展计划。国际法语国家市长协会支持了超过 700 个项目，涉及的领域有水资源与卫生、可持续发展、经济发展、健康、教育、文化遗产的保护，以及社区的现代化和服务培训。

世界城市和地方政府联盟（United Cities and Local Governments，UCLG）成立于 2004 年 5 月，秘书处设在西班牙巴塞罗那，是目前最大的世界城市和地方政府国际组织。UCLG 代表了全世界一半以上的人口，会员包括 112 个国家的地方政府协会和来自 95 个国家的超过 1 000 个城市。[1]世界城市和地方政府联盟章程提出让地方政府发出团结一致的声音，通过地方政府间和国际社会的合作发扬组织的价值观、目标和利益；提高全球地方政府的管理效力；推动会员间的团结与合作；提高地方政府在国际社会，特别是在联合国和联合国机构中有效的政治地位；提供关于全球地方政府的重要信息；成为全球学习、交流和能力建设的发起者；支持地方政府协会的成立和运作；在良好管理、可持续性、社会融入的原则上，促进经济、社会、文化、职业、环境的发展和公共服务；提倡种族和性别平等，和各种形式的歧视作斗争；成为强大且有影响力的组织，反映地方管理领域的多样性；推动全球地方政府和地方政府协会间开展国际合作、结对以及伙伴关系；提出方案和动议。

UCLG 组织参与游说和宣传，提高地方政府在国际社会中的作用和地位，对国际政策制定产生影响；制定和宣传地方政府和国际重要事务的政策和立场；与联合国、联合国各机构及其他相关国际组织开展合作；建立国际交流与合作平台，加强地方政府和地方政府协会的能力；维持地方政府会员的强大网络，开发服务和全球产品以满足它们的需要和需求；成为全球地方政府管理、地方政府、国际团结和经验交流的主要信息来源；通过出版物、研讨会和新的信息技术，在全世界宣传关于地方政府现状和发展的信息组织大会和其他活动。

[1] 世界城市和地方政府联盟官方网站，https://www.uclg.org/。

UCLG 的努力将地方政府的议程提到了联合国体系的最高层。UCLG 在地方管理领域成为国际社会的主要组织；促进来自不同发展规模和文化背景的会员之间的合作关系；加大宣传，将地方政府的观点纳入国际事务议程；通过秘书处的发展来提高 UCLG 这一世界组织的运作能力。

2007 年，广州代表亚太区当选 UCLG 联合主席城市，成为国内第一个担任国际组织领导职位的城市，开创了中国城市参与国际活动的新模式。2010 年、2013 年广州连任两届联合主席城市，进一步巩固了其代表中国城市在 UCLG 的核心领导地位。2014 年又当选为世界大都会协会首任联合主席，争取到亚太地区联络办公室落户广州。凭借 UCLG 与世界大都会协会联合主席的影响力，广州的对外交流空间迅速扩大至 136 个国家的 1 000 多个城市会员，同时在参与制定和实施相关国际组织规则方面获得了更为直接而强大的话语权。时任国务委员杨洁篪曾指出："此举标志着广州欣欣向荣、蓬勃发展的地方外事工作再一次登上了新的台阶。UCLG 已经成为广州外事工作领先于其他城市的一块金字招牌。"广州于 2011 年与 UCLG、世界大都市协会合作创设广州奖。广州奖是首个以中国城市名创设的城市创新领域国际大奖，是广州多年来开展城市多边外交的独创性成果。UCLG 主席、伊斯坦布尔市市长托普巴什先生将此奖誉为"UCLG 的诺贝尔奖"。广州奖每两年举行一次评奖活动，2012 年首届广州奖吸引全球 153 个城市 255 个项目申请参评、149 个城市的代表参会，2014 年第二届广州奖吸引全球 177 个城市 259 个项目报名参评、600 多名国内外嘉宾参会。广州奖打造了一个全球城市治理的高端平台，过去中国城市到国外去拿奖被认为很了不起，现在世界先进城市到广州参评广州奖，体现了中国的崛起和中国城市在全球治理中地位及作用。另外在广州奖框架下，2013 年成立广州国际城市创新研究会，2014 年在 UCLG 执行局会议上成立城市创新专业委员会，进一步提升广州参与全球治理的能力。全球城市发展基金是由 UCLG 发起的，是地方和地方政府授权的国际联盟，作为城市、地方、区域和大城市政府及其协会的全球网络，捍卫和扩大地方和区域政府的声音，让地方政府发出团结一致的声音，通过地方政府间和国际社会的合作，发扬组织的价值观、目标和利益。[1]设计经营策略和解决方案，组织适当的条件为城市土地提供资金，并实施可持续和综合的地方经济发展；组织利益相关者的融合，创造一种融资和次国家经济发展的共享文化，并以合作和创新的目的为所有行为者借用这种文化；为促进有关地方财政和经济发展的政治和体制辩论作出贡献，以便促进在地方规模上执行国际承诺的解决办法。全球城市发展基金也是国际创新融资领导小组、社会与团结经济领导小组、联合国可持续证券交易所（SSE）工作队、地方政府和地方政府全球工作队等利益相关者平台的活跃成员。在过去的两年里，全球城市发展基金已经动员或与超过 110 个国家的 1 300 多个城市和地区合作，250 家私营公司和大部分技术和金融合作伙伴在当地发展。全球城市发展基金的目标是通过建立和参与平台和主题论坛，或建立专门的网络和实践社区，促进多方利益相关者的动员、接触和合作。

就地缘而言，东北亚地区人口众多，经济发展潜力大，尤其是中日韩三国有着共同的文化背景。可以说，在存在各种不稳定因素的东北亚地区，需要一个能够促进交流合作和共同发展的城市联盟。东北亚地区地方政府联合会（The Association of North East Asia Regional Governments）是在 1996 年 9 月由中国、日本、韩国、俄罗斯等位于东北亚地区的四个国家 29 个省级地方政府的领导在韩国庆尚北道携手发起成立的国际组织，总部设立在浦项。其目的是本着平等互惠的原则，通过相互交流与合作，实现该地区的共同发展乃至世界和平。自从联合会通过《联合会宪章》以来，在经济通商、教育文化、环境、防灾、边疆合作、科学技术、海洋与渔业、旅游、矿产开发调整、能源气候变化、妇女儿童等各领域进行着积极广泛的交流与合作。自 2016 年 9 月在俄罗斯伊尔库茨克州举办第十一次全体会议以来，联合会的规模已经扩大到六个国家 77 个会员地方政府，涵盖总人口 6.65 亿，此外拥有五个观察员地方政府，与三个国际区域合作组织［欧洲区域大会（Assembly of European Regions，AER）、R20 国际区域气候行动

[1] 全球城市发展基金官方网站，https://www.uclg.org/en/organisation/about。

组织、ICLEI〕和地方专门研究所保持着密切的合作伙伴关系，正在发展成为代表东北亚的地方外交合作体。东北亚地区地方政府联合会通过地方政府间形成的交流与合作网络，建立相互理解与信任的关系，以促进东北亚地区共同发展，并为世界和平作出贡献。

科技的进步有助于完善城市的服务功能，因此一些利用科技交流合作促进城市发展的城市联盟逐渐出现。世界科技城市联盟（World Technoplis Association，WTA）致力于“通过科技城市间的交流与合作促进各地区的发展，通过科技进步促进人类的共同繁荣和幸福”，也是世界上第一个以地方政府为主体组成的国际性组织，对于促进国际间的科技交流和合作，共同推动科技经济发展与城市的全面进步具有重要意义。WTA 的目标是：通过科技城市间的交流与合作促进各地区的发展；推进世界科技城市间的互惠合作与交流，共享繁荣；通过科技进步，为促进人类的幸福繁荣而奋斗。世界科技城市联盟成员由拥有在某种程度上与高科技发展相关的研究园、工业园、大学或企业的地方政府组成。联盟成员类型分正式联盟成员（地方市级政府）和准联盟成员（正式联盟成员所在区域内的从事高机关报科技领域的研究所、大学、企业等实体单位）。联盟大会是世界科技城市联盟的最高决策机构，由世界科技城市联盟成员城市市长或市长指派的代表组成。目前，世界科技城市联盟成员已达 47 个，其中正式成员（地方市级政府）42 个，普通成员（大学研究机构）五个。中国已有九个城市是 WTA 正式成员（分别是大陆地区的合肥、咸阳、南京、广州、珠海、西安、南昌、长春，以及台湾地区的新竹）。世界科技城市联盟主要工作任务为：建立国际信息网络，共享经验与信息；通过会员城市间的共同合作促进科研事业的发展；培养中小型企业及风险企业并为中小型企业提供协助；举办科技大市场，促进科技成果转让；为建立、发展研究园区进行协调；举办电子贸易博览会；推动对联盟成员国繁荣发展有利的其他项目。

世界科技城市联盟科技大市场是世界科技城市联盟的主要活动之一。自世界科技城市联盟成立以来，每两年举办一次。其目的为通过科技交流，推动尖端科技转让，提高会员城市的科技水平和竞争力，促进会员城市的繁荣和发展。第一届和第二届世界科技城市联盟科技大市场分别于1999年11月和2001年11月在韩国大田市举办。世界科技城市联盟和联合国教科文组织自2005年以来，通过促进科技创新，在可持续发展的共同目标下开展合作项目。联合国教科文组织—世界科技城市联盟合作项目的主要活动有：通过国内外培训讲习班进行能力建设；在印度尼西亚、斯里兰卡、蒙古、哥斯达黎加和巴基斯坦等发展中国家开展STPs发展的技术援助和试点项目。为了加强创新、科技转移和STPs发展领域的多边交流与合作，世界科技城市联盟与ISESCO、IASP、ASPA、INSME等开展了多项合作项目。2012年，“可持续科学技术园区发展领先期刊”（WTA）出版了《世界技术城市评论》（WTR），这是一份多学科同行评审期刊，主要处理可持续STPs发展的政策发展和理论研究。

世界科技城市联盟对于促进国际间的科技交流和合作、共同推动科技经济发展与城市的全面进步具有重要意义。在知识型社会的时代，科学技术的发展直接促进了人类的福祉和繁荣。只有拥有尖端科技的国家的城市和企业才能在这个新时代担当主角。特别是在本土化和全球化的时代，区域竞争力对于国家竞争力至关重要。因此，地方政府采取多种发展战略，增强区域竞争力，充分发挥区域发展和创新的潜力，以技术城市促进区域经济增长和创新。以科技园区为基础的科技园区建设可以促进区域经济发展，增加创新能力。世界科技城市联盟旨在通过政府、科研院所、高校和高新技术产业的互动和紧密联系，提升创新能力，培育战略性产业，争取更大的区域和国家竞争力。通过推动新业务的开展和促进现有业务的增长，世界科技城市联盟在补充区域商业活动作为变革的催化剂方面也发挥着重要作用。全球网络在技术合作中相互合作，互相竞争，技术帝国在知识型社会时代增强竞争力。建立合作伙伴关系和促进技术性企业之间的知识和技术交流对于提高全球竞争力非常有用。特别是世界科技城市的成功经验，可以通过地方政府、高校、研发中心、高新技术产业之间的密切合作，提升高科技能力。

传统的外交理论认为，民间外交只有在官方外交无法进行时，才能发挥作用，然而，随着城市化的发展，城市逐渐成为重要的民间外交主体，成为国家交往与地区合作的重要参与者。通过城市在国家交往与地区合作上的实践，可以看出城市联盟已经成为国家交往与地区合作中的重要参与者，也成为官方外交之外的重要参与者，城市间的合作成为促进地区交往与经济发展的重要力量。

第三节

关注民众的城市联盟

从世界外交史的发展趋势看，18—19 世纪是王朝外交时代，20 世纪是国家外交的时代，而 21 世纪则是人民外交的时代。据联合国预测，截至 2050 年，占世界 2/3 的人口，即 60 亿左右的人口将居住在城市。与传统外交形式相比，城市外交亦官亦民，在全球化时代能够更好地实现“外交为民”。关注民众的城市联盟，着眼于城市所承载的具体职能，如教育、医疗、环境卫生、基础设施等，致力于改善城市居民的生活品质，致力于促进城市的可持续发展。例如，国际都市发展协会、亚太城市峰会、亚太城市间合作网络、亚洲市长论坛、世界城市反贫困联盟、北九州清洁环境倡议和世界城市峰会等。关注民众的城市联盟是三类城市联盟中着眼点最小的一类，其关注的对象是城市民众，范围则是某一或某些特定的城市，活动的目的性和针对性较强。

2010 年上海世博会提出了“城市让生活更美好”的口号，城市在提升民众生活水平方面有着重要作用，但城市管理者需要不断提高城市治理水平，以满足民众的各种需求。国际都市发展协会（International Urban Development Association，INTA）就是一个全球性的会员协会，聚集政府和非政府人员以及城市从业者，分享城市综合发展的知识、开发经验和实践过程。INTA 扮演着国际各都市之间经验交流网络，以及都市永续发展政策论坛的双重角色。[1]作为一个非营利组织，INTA 可以在政治视野之外运作，以确定长期战略，保持和提高一个地区的经济竞争力和生活质量。INTA 促进决策者和从业者之间的点对点交流，允许直接传递经验和技术。最著名的活动是 INTA 对等咨询服务，它让成员自愿参与一个会员城市的项目，分享它们在类似项目管理方面的适当经验。自 1987 年以来，INTA 已经涉足全球 40 多个国家近 100 个城市项目。INTA 的成员通过国际和地区交流，在城市问题上共同提出解决方案；INTA 的国际秘书处负责协调网络及其国际活动：年度世界城市发展大会、会议和研讨会、世界城市发展委员会、远景圆桌会议、考察访问和同行咨询小组（其中一些成员向另一些成员提供特性城市项目的咨询服务）。

近年来，全球经济产出和增长的重要份额集中在亚太地区的大城市，亚太地区拥有世界一半以上的人口，是全球经济的主要贡献者，与世界其他地区进行广泛的贸易和合作。该地区高度活跃，发展迅速，城市化进程加快。因此，为了不断提升经济发展水平和民众生活水平，亚太地区的城市不断加强合作，产生了亚太城市峰会（Asia Pacific Cities Summit，APCS）、亚太城市间合作网络（CITYNET）和亚洲市长论坛（Asian Mayors Forum，AMF）等城市联盟，共同解决亚太地区城市在发展上的问题。

亚太城市峰会由澳大利亚布里斯班市发起，会议秘书处设在布里斯班市。会议每两年举办一次，由澳大利亚和澳大利亚以外的城市轮流举办。APCS 是一个非政治论坛，旨在促进城市与当地其他城市的国际对话，建立战略伙伴关系和经济机遇。其中，“亚太地区”包括亚太地区的“弧形”——北亚、南亚、东亚、西亚、中亚、东南亚、大洋洲和美洲。在地图上，这个地区从西边的阿拉伯联合酋长国的阿布扎比延伸到东面的西雅图、华盛顿和圣迭戈，北面的中国上海和俄罗斯的符拉迪沃斯托克，南面的新西兰的因弗卡吉尔。APCS 的主要宗旨包括：与业务伙伴深化对话，共享学习和经济机遇，建立战略伙伴关系、促进城市繁荣；促进信息和想

[1] 国际都市发展协会官方网站，https://inta-aivn.org/en/。

法的交流，为未来的繁荣和地区可持续生活共享解决方案创造蓝图；支持该地区各级政府、私营和公共部门机构以及企业界发展战略和商业伙伴关系；为在亚太地区及其他地区寻求贸易和投资机会的城市和企业提供长期的经济成果；探索城市发展战略的新模式，加强城市服务社区的能力，为地区繁荣和提高生活质量作出贡献。[1]

亚太城市间合作网络是亚太地区致力于可持续发展的城市利益相关方的最大协会。亚太城市间合作网络于1987年成立，总部设在首尔，在联合国亚洲及太平洋经济社会委员会、联合国开发计划署和联合国人居署的支持下，亚太城市间合作网络已经发展到包括超过135个城市、非政府组织、私营公司和研究中心。[2]亚太城市间合作网络促进亚太地区联系与合作以提高城市发展的可持续性，组织各个成员交流知识，并保证建立更具可持续性和复原力的城市。通过能力建设、城市间的合作和实体项目，帮助成员应对气候变化，灾害，可持续发展目标和不断增长的基础设施需求。

亚洲市长论坛由伊朗德黑兰市市长莫罕穆得·巴格·加里巴夫于2007年发起成立，其总部永久设在伊朗首都德黑兰市。该论坛目前拥有67个会员城市，是一个旨在致力于弘扬亚洲传统文化和价值、促进亚洲城市间交流与合作的重要平台。[3]自论坛成立以来，论坛组织发展迅速，备受国际社会的关注。每次论坛大会的召开，都为推动城市间的沟通交流、传承亚洲文化、深入探讨热点难点问题、学习和借鉴先进城市发展经验提供了很好的机会，也为亚洲城市的合作发展开辟了更广阔的空间。

贫困问题一直是国际社会关注的重点问题之一。2019年7月11日，联合国开发署发布《2019年度全球多维贫困指数（MPI）》（*Global Multidimensional Poverty Index 2019*），报告显示，全球共有13亿人处于“多维贫困状态”，且各国之间与国家内部各地区之间的贫困程度存在巨大差异。报告共覆盖了101个国家，其中包括31个低收入国家，68个中等收入国家和两

[1] 亚太城市峰会官方网站，https://www.apcsummit.org/。

[2] 亚太城市间合作网络官方网站，https://citynet-ap.org/。

[3] 亚洲市长论坛官方网站，https://www.metropolis.org/partners/asian-mayors-forum。

个高收入国家。在消除贫困方面，一些城市试图通过合作来消除贫困问题。世界城市反贫困联盟（WACAP）是一个由900多个城市组成的国际网络。1996年成立后，该联盟致力于共同应对发展挑战，并支持其成员城市动员个人、政府和社会各部门应对城市贫困的诸多挑战，并与其他城市分享成功和失败的经验，通过地方当局之间的伙伴关系和合作使其能够利用更多的资源和经验，同时促进来自不同部门伙伴的广泛参与发展。[1]世界城市反贫困联盟国际论坛和世博会将汇聚关键人物，为千年发展目标和联合国“2030可持续发展目标”构建解决方案，解决城市贫困的全球性挑战。世界城市反贫困联盟论坛将通过多种多样的演讲和会议，专门研究技术如何使我们的城市“智能、安全和可持续”。城市应该为公民提供充分发挥社会、经济和政治的机会，世界城市反贫困联盟意味着所有合作伙伴将共同推动这一进程。与市政领导人合作，世界城市反贫困联盟可以确保妇女、青少年和儿童安全地享受城市提供的许多机会。

城市环境与民众生活息息相关。清洁的空气和绿色的环境对城市形象和民众健康起着重要作用，因此，一些城市正在通过合作，努力改善城市环境。“北九州清洁环境倡议”于2000年9月在日本北九州市举行的第四届亚太环境与发展部长级会议（MCED）上首次通过。其首要任务是在联合国亚洲及太平洋经济社会委员会的指导下，在日本政府的主要资金支持下，在亚太地区改善城市环境方面取得切实进展。“北九州清洁环境倡议”旨在促进地方一级的城市环境行动，试图从北九州市和其他城市的做法中总结经验，以控制空气和水污染，最大限度地减少各种废物的产生。“北九州清洁环境倡议”一直在建设亚太地区地方政府改善城市环境的能力。通过示范项目、研讨会和研讨会、考察、网络会议和信息传播，开展广泛的活动，以确保环境改善的进展。[2]北九州倡议网络（Kitakyushu Initiative Network，KIN）作为常设论坛建立，加强了城市间的环境管理合作与交

[1] 世界城市反贫困联盟官方网站，https://www.europe.undp.org/content/geneva/en/home/partnerships_initiatives/the-world-alliance-of-cities-against-poverty--wacap--.html。

[2] 北九州清洁环境倡议官方网站，https://kitakyushu.iges.or.jp/。

流。加入 KIN 的城市的基本条件是：城市愿意改善环境，并希望与其他类似的城市分享经验。“北九州清洁环境倡议”向参与的地方政府提供以下帮助：协助制定和实施具有量化指标的综合和可持续的城市发展计划和战略；定期监测数量指标的执行情况和进展情况；促进参与地方政府之间的信息交流和经验交流；为技术转让提供一揽子计划，包括为良好做法和成功的市政/区域可持续发展模式提供平台；为地方当局的国际合作活动提供内部和外部资金支持的联系；促进参与地方政府环境管理人员的能力建设活动；促进城市间合作的环境教育计划；鼓励民营企业参与基础设施建设和环境质量改善项目。目前，“北九州清洁环境倡议”由来自亚太地区 18 个国家的 62 个城市组成。该项目自实施以来，通过示范项目促进了现实灵活的环境标准和目标的制定，通过研讨会和培训交流本地区有效的政策、财政和技术选择方面的信息，提高当地的能力，提高环保意识。KIN 的建立也扩大了本地区城市间的合作与信息交流。

城市的宜居性是民众生活的重要方面，且城市环境与宜居性密切相关。通常来说，良好的城市环境有利于提高城市的宜居性。因此一些城市也积极进行交流合作，努力提高城市的宜居性。世界城市峰会（World Cities Summit）是政府领导人和行业专家为解决城市生活和可持续发展、共享城市解决方案和建立新的伙伴关系的独家平台，来自公共部门和私营部门的综合城市解决方案价值链的高层决策者，以及来自国际组织和学术界的思想领袖是其代表和参与者。[1]由新加坡宜居城市中心和城市再发展局联合主办的峰会的主要亮点包括“李光耀世界城市”奖，以及年度世界城市峰会市长论坛。“李光耀世界城市”奖始于 2010 年，每两年颁发一次，由新加坡政府机构——新加坡可持续发展中心和新加坡城市再发展局共同组织颁发。奖项致力于表彰世界各地为建设宜居、繁荣和可持续发展城市作出杰出贡献的社区。评审过程注重经验的可复制性和项目绩效，鼓励在城市治理上的创新，以整体的思维思考解决现代城市可持续发展所遇到的困境，

[1] 世界城市峰会官方网站，https://www.worldcitiessummit.com.sg/。

在全球的推广成功经验。世界城市峰会为全球投资、伙伴关系和城市可持续发展提供商业机会，并允许与会者讨论最新的城市趋势，并分享创新的解决方案。世界城市峰会的发起者在有针对性的网络活动中与市长和城市领导人进行一对一的交流，并展示应对城市挑战的创新。

尽管关注的着眼点最小，但是关注民众的城市联盟的重要性却不可替代。随着城市化的发展，越来越多的人涌入城市，因此城市必须解决环境、就业、交通等民生问题。这类城市联盟，对于改善居民生活条件十分重要，特别是在经济增长较快的亚太地区。

综上，按照议题的不同，当前的全球城市组织及城市联盟大致可划分为“关注全球事务”“关注国家关系及地区合作”“关注民众”三个主要类型。从效用上看，关注全球事务的城市组织及城市联盟作为全球治理过程中的重要行为体，推动着全球政治、文化、能源、气候等不同领域问题的解决；关注国家关系及地区合作的城市组织及城市联盟，作为国家层面对外交往活动的补充，以更加灵活有效的方式推动了国际关系的发展与国际合作的深化；关注民众的城市组织及城市联盟，则将个体的“人”作为对象，将促进对民主、公平、正义等基本价值理念的实现。

第五章

城市对外交往活力指数的构建

城市的对外交往活力作为一种中观概念和中间变量连接着城市对外交往能力与其在国际社会实际对外交往影响力两大概念。与以往涉及城市外向性的指数大多注重城市的经济、产业结构、基础设施建设、教育、生活便利度、自然环境、公共交通等指标不同，城市对外交往活力指数更加侧重城市对国家总体外交的服务、公民与非政府组织参与公共外交持积极态度、搭建民间对外交往的平台渠道以加大民间对外交往力度的作用三方面。笔者认为城市对外交往的活力表现在城市经济、政治、文化和社会交往的深度、广度上。涵盖社会、文化、经济与政治四个维度的城市对外交往活力测量指标才具有良好效度和信度。由于人参与政治、社会、经济和文化活动及互动行为同样是城市对外交往活力的关键因素，因此，本书的二级指标着重考察体现人参与政治、社会、经济和文化活动及互动行为的国际性指标。通过研究 2015—2018 年中国 49 个主要城市的对外交往活力情况，笔者认为城市对外交往活力与城市发展程度有着密切的关系，同时全国各地城市对外交往活力各有特征。

第一节

城市对外交往活力的概念

与城市国际化程度、竞争力程度等基础性、结构性变量相比，城市对外交往侧重于交往互动的进程；与城市外交这一带有具体政治目的的战略举措相比，城市对外交往更为多元，体现了城市在一般情况下与世界其他地区发生联系的实际情况。同时，与城市外交聚焦政治领域不同，城市对外交往还应该聚焦于经济、文化、社会等方面，体现其多维度的特征。因此，城市的对外交往活力是连接城市对外交往能力与其在国际社会实际对外交往影响力的中观概念和中间变量。以往涉及城市外向性的指数大多注重城市的经济、产业结构、基础设施建设、教育、生活便利度、自然环境、公共交通等指标。这些因素是提高城市对外吸引力、增加城市交往体量和容量的要素，但不是城市具有交往能力的必要条件。在后发国家中，城市对外交往活力可能滞后于或领先于城市本身的现状。同样，城市对外交往活力既是城市一系列活动最后产生的效应，也是城市对外交往产生的结果。中国城市正在全球城市网络中不断升级和延伸自己的功能。与已经发展成熟的国际大都市相比，中国城市对国际社会的影响还在不断演进中。在本书中，我们对城市对外交往的理解如下。

第一，城市外交服务于国家总体外交。其核心目标在于维护国家利益、提升国家软实力、推广国家核心价值观。同时，城市外交也是探索特大型国际城市治理规律的重要抓手。城市外交牵涉方方面面，既与城市的市政建设和经济发展等硬实力相关，又与城市文化、市民素质、社会活力等软实力相关。城市外交根本上是一个城市内部治理的外向辐射。例如，作为中国经济发展中心、国际化程度最高的特大城市之一，上海的发展已经到了创新转型的重要节点。以往强调经济增长和基础设施建设的发展模式难以持续，而新的增长点和发展模式则需要城市将更多的资源和力量投资于城市软实力的发展。在此背景下，上海发展城市外交可谓恰逢其时。对内，开展城市外交体现了处于全面改革背景下的上海锐意进取、积极改革的姿态；对外，城市外交可以体现上海城市精神，争取国际舆论，为上海乃至中国未来的转型打造良好的国际舆论话语体系。

第二，中国城市在国际和区域合作、制度设计与建设方面的角色和作用越来越明显和重要。一方面，城市外交要求政府改变“政府无所不能”“外交是政府的事情”等传统观念，对公民参与公共外交持积极态度，为公民参与公共外交提供指导和平台，加快培养一批具备外交能力的国际活动人员，推动国际非政府组织的建立和发展。另一方面，城市外交建设要求民众改变“国事与己无关”的观念，培养与他国和他国人民交往需要的各种能力，理性、有序、专业地参与维护国家利益的活动。

第三，城市外交要求搭建民间对外交往的平台、拓展民间对外交往渠道及形式，加大民间对外交往力度。一方面，充分实现外交资源共享，多管齐下，形成合力，例如，鼓励各种行业协会、学会、妇联、青联、学联等走上国际舞台，使它们大胆活跃地参与国际对话，积极参与各种国际问题的讨论与解决。另一方面，需支持促进社会组织在国际上开展活动，展示良好形象，扩大国际影响力。作为现代化大都市的重要组成部分，社会组织体现了“城市—社会活力”和整体市民的精神道德品质，而一个城市的国际化水平也体现在其是否拥有一批具有全球影响力的社会组织上。提高扎根于社会组织的国际化水平和涉外交往能力已经成为提升整体城市国际化水平的重要一环。

党的十九大以来，中国外交部举办多项活动，致力于提升中国公共外交和民间外交水平。外交部分别为 11 个省区市举办全球推介活动，以共建“一带一路”为平台，为各地方对外合作铺路架桥。坚持“办好一个会，搞活一座城”，带动主场外交主办城市开放发展。开展外交外事知识“进党校”“进高校”“进企业”系列活动。完善全方位领事服务网络，上线“外交部 12308”手机 APP，大幅降低中国公民领事认证费用，筑牢海外中国平安体系，维护海外同胞的安全和正当权益。[1]

第二节

指标构建

城市是信息流通、货物运输、人员交往、资金流动的节点，作为非国家行为体在国家对外交往中日益发挥重要的作用。改革开放之后，中国城市与国际社会的交往不断加深。每个城市由于自身的地理区位、支柱产业、资源禀赋迥异，在与国际社会的交往中形成了不同的风格、层次和战略。我们认为，城市对外交往的活力表现在城市经济、政治、文化和社会交往的深度、广度上。国际传播是世界各国政府之间、人民之间的一种相互关系和相互影响。因此，国际传播的研究是由各国或各文化的政府和人民的传播努力所体现的一种政治、社会、经济和文化的关系和互动行为。[2]城市的对外交往是一种以城市为主体在世界各国人民之间进行国际传播的途径。城市的对外交往活力则尤其强调各城市之间的人民在政治、社会、经贸和文化方面互动的行为和能力。因此，本书的一级指标主要从这四大方面设定。活力是一个城市发展程度和城市精神的重要体现，然而，人参与政治、社会、经贸和文化活动及互动行为又是城市对外交往活力的关键因素。因此，本书的二级指标着重考察体现人参与政治、社会、经贸和文化活动及互动行为的国际性指标。考虑到数据的获得和可操作性，本书对指标的设计如下（参见表 5.1）。

---

[1] 《推进新时代中国特色大国外交的科学指南——深入学习〈习近平谈治国理政〉（第三卷）》，人民网 2020 年 8 月 18 日，http://theory.people.com.cn/n1/2020/0818/c40531-31825724.html。

[2] Mowlana，Hamid，1971，*International Communication：A Selected Bibliography*，Dubuque，IA：Kendall/Hunt.

表 5.1　城市对外交往活力指标构成

一级指标	二级指标
政治领域	外国政要来访人次 领事馆数量 国际组织数量 国际友城数量
社会领域	外籍人员居民数量 国际航班数量 国际会议(会展)数量 居民持有护照数量
经贸领域	进出口贸易额 外企数量 合资企业数量 涉外税收 对外直接投资
文化领域	国际艺术演出数量 市民外文水平 外国口味餐馆数量

一、城市在政治领域的对外交往活力

城市与国际组织、国家和地方政府在地方治理和其他国际事物中的互动日益频繁。城市政治交往的二级指标由外国政要来访人次、领事馆数量、国际组织数量和国际友城数量组成。

第一，外国政要来访人次。外国政要来访人次是衡量一所城市内在吸引力的因素之一。城市的对外交往程度与高层领导来访数量呈正相关趋势，并且政府高层的访问有利于提升城市的对外交往水平。

第二，领事馆数量。领事是一国政府经另一国政府同意或根据同另一个政府达成的协议派驻对方国家的特定城市，并在一定区域内执行领事职务的政府代表。领事馆是领事代表机关。领事关系从属国家外交关系，是外交关系的延伸。一个国家是否建立领事馆以及建立哪一种领事馆，通常根据该地点或地区的重要程度来决定。

第三，国际组织数量。由于社团管理相关法规及其配套基础设施等限制，中国国内国际非政府组织数量少且分布集中。国际组织在城市的落户需要当地政府在政策和习惯配套设施方面的支持。而同时，国际组织把其所在城市纳入了世界性国际组织网络，为所在城市提供与国际社会在环境、经济和其他领域交往的平台。

第四，国际友城数量。国际友城的数量往往反映出一座城市对外交往的意愿和能力，以及对其他城市的吸引力。友城交流为加速城市国际化提供了相关的资源和借鉴，为全面提升城市软实力提供了有利的契机，为开展国际合作提供了重要的途径，为城市各领域人员开展国际交流提供了便捷的渠道，在一定程度上满足了城市日益增长的对外交往需求。

二、 城市在社会领域的对外交往活力

社会交往与政府之间的官方交往对应，具有民间性和自发性的特征。社会是人类各种关系的综合，城市在社会领域的对外交往能力聚焦于城市社群与外界发生的社会关系。二级指标由外籍人员居民数量、国际航班数量、国际会议（会展）数量以及居民持有护照数量组成。

第一，外籍人员居民数量。居住在城市的外籍人员需要与当地的居民进行常规的各方面交往。外籍人员居民数量反映了城市的对外交往的层级。

第二，国际航班数量。国际航班数量一方面受城市地理位置的影响，另一方面反映城市在世界交通网络中的纽带作用。

第三，国际会议（会展）数量。国际会议和会展聚集国际专业人士、企业在城市中交流专业知识以及展示公司产品，体现各界人士与外界交流的信息和知识流量。

第四，居民持有护照数量。护照是出国的必需证件，用于比较不同城市居民出境的意愿和与外界的联系密切程度。

三、城市在经贸领域的对外交往活力

城市之间的交往活动不同于国际层面的交往，其所涉及的领域更加具体。一般而言，一座城市的外向程度基于其经济的外向性。该城市的进出口贸易额、涉外税收和对外直接投资三项数据从资金交流角度展示了该城市同外国的交往水平，而其对外国资本的吸引力直接体现在该地的外企数量和合资企业数量上。这些企业的绝对数量体现了城市在经贸领域外向性的程度，企业的年度或季度的增长率体现了城市在经贸领域对外交往的活力趋势。基本而言，一座城市在经贸领域的外向性水平同这些数据呈正相关的关系，而该城市在经贸领域的对外交往活力往往直接决定了其整体的对外交往水平。城市经贸领域交往活力二级指标由进出贸易额、外企数量、合资企业数量、涉外税收和对外直接投资等组成。

第一，进出口贸易额。进出口贸易，又称“国际贸易”，指跨越国境的货品和服务贸易，一般由进口贸易和出口贸易组成。

第二，外企数量。外企数量是生产力发展水平的集中反映。作为地方税收和地方对外经济工作的重要组成部分，地方城市涉外税收规模的扩大反映出地方利用外资水平的不断加强。

第三，独资企业数量。主要指外商投资企业，即企业的全部资本是由外国投资者投资的，企业的利润、风险和亏损也由外国投资者独立承担。

第四，涉外税收。指为了维护国家利益，对外商投资企业与外国个人所征收的税收。

第五，对外直接投资。指企业以跨国经营的方式所形成的国际间资本转移，体现的是特定地区资本“走出去”的程度。

四、城市在文化领域的对外交往活力

根据著名文化人类学家泰勒的定义，“文化是包括知识、信仰、艺术、道德、法律、习俗和任何作为一名社会成员而获得的能力和习惯在内的复杂整体”[1]。城市作为次国家主体，在文化领域的交往往往集中在物态文化层（衣食住行）和心态文化层（价值观、思维方式以及由此产生的文化艺术作品）。具有较强文化交往能力的城市大多呈现出文化的多元性、包容性的特性。衡量社会交往活力的二级指标由国际艺术演出数量、市民外文水平、外国口味餐馆数量构成。

第一，国际艺术演出数量。来自国外的艺术表演，包括演奏会、演唱会、话剧、舞剧等形式的演出。艺术表演的数量体现了城市在文化交往中的层级。

第二，市民外文水平。一个国家的语言是其文化的重要组成部分，也是与使用该语言的文化体进行交流的必要工具。市民的外文水平可以反映城市整体对外交流的能力。

第三，外国口味餐馆数量。对外文化交流还可在饮食文化中得到体现。在巴黎、纽约等大都市中几乎可以寻找到世界上大部分国家口味的餐馆。

第三节

数据来源和计算

考虑到数据的获得和可操作性，数据来源情况说明如下。

一、城市在外事领域的对外交往活力

城市与国际组织、国家和地方政府在地方治理和其他国际事务中的

[1] [英] 爱德华·泰勒：《原始文化：神话、哲学、宗教、语言、艺术和习俗发展之研究》，连树声译，广西师范大学出版社 2005 年版，第 17 页。

互动日益频繁。领事馆地点的设置一般采取“对等原则”，分别负责各自辖区事务。例如，西南地区重镇成都不仅是人口稠密地区的中心城市之一，更是中国长江水路运输、西南陆路运输枢纽，大量的人口聚集及便利的交通优势使得成都的外国领事馆数量较多。城市外事交往的二级指标中，领事馆数据来源是各城市政府外事办公室网站。外国政要来访人次是衡量一座城市内在吸引力的因素之一，相关领导人访问次数的数据来源是外交部网站和地方城市外事办公室网站。受到历史因素等影响，国际组织总部设在中国的极少，笔者根据与各主要城市外事办公室访谈取得间接数据。国际友好城市数量可以通过所在城市外事办公室或者中国国际友好城市联合会网站得到直接数据[1]，数据截止时间为 2018 年 1 月 1 日。

二、城市在社会领域的对外交往活力

社会交往与政府之间的官方交往相对应，是不带有政治色彩的民间交往。在衡量社会交往活力的二级指标中，外籍人员居民数量数据主要来自当地外事和华侨管理办公室官网；若没有相关直接数据，则以当地出入境公安局签发居住证的数量为凭证。国际航班数量根据当地大型机场的国际航线条数统计。国际会议数量主要参考国际会议发布系统，以及国际会议报告统计。国际会展数量主要根据当地大型会展场所单位公布的会展信息统计。城市居民持有护照数量的直接数据来源于当地公安局出入境管理部门，多数是由主流媒体公布的数据。

三、城市在经贸领域的对外交往活力

在融入全球化的过程中，城市内部和外部经济要素交互作用，加强了

[1] 中国国际友好城市联合会官方网站，http://www.cifca.org.cn/Web/index.aspx。

城市经济的外向性。城市经贸领域交往活力二级指标最重要的信息源是城市年鉴，比如《北京统计年鉴 2017》。

四、 城市在文化领域的对外交往活力

在文化领域具有较高对外交往活力的城市大多呈现出多元开放的特性。在衡量文化交往活力的二级指标中，国际艺术演出数量的数据大多来源于所调研城市的外事办公室网站。市民外文水平和外国口味餐馆数量两项数据来自工商局官方数据统计。其中，市民外文水平包含两项指标：一是当地语言类专门高等学校的数量，依照教育部门的数据进行统计；二是通过在工商局注册的语言培训机构的数据得到统计结果。两项指标结合得出市民外文水平数据。而通过工商局数据，搜索“西餐”“日本料理”“韩国料理”“东南亚菜”等关键字所得数据之和，则可得出城市外国口味餐馆数量数据。

在数据计算方面，笔者首先依每项指标对各城市按照数值递增顺序进行排序，并给予相应分数，数值越大，分数越高，单项总分为 100 分。排序针对的是不同城市在不同指标上的表现差距，所以分数按照排名递增均匀分布。比如，国际会展次数为 0 的城市共三个，排名均为一，得分为 $100 \div 46 = 2.38$，国际会展次数为 1 的城市共三个，排名均为四，得分为 $100 \div 46 \times 4 = 9.52$，以此类推。在此基础上，笔者按照各项指标的得分以权重相等的条件进行总分计算，再进行综合排名。各指标采取专家打分制来确定权重。由于考察项目种类繁多，为了使数值的范围统一，并消除量纲，必须对数据进行标准化处理，具体采用的方法是最小值—最大值标准化方法。该方法通过对数值进行线性变换，使得原数据在变换后落入［0，1］的区间，其计算公式为：

转换后数据 =（原数据 − 最小值）/（最大值 − 最小值）

$$X' = (X - \min) / (\max - \min)$$

第四节

2015—2018 年中国城市对外交往活力指数

笔者将中国 49 个主要城市的对外交往活力情况以指数形式呈现，并得出以下结论。

第一，城市对外交往活力与城市发展程度有着密切的关系。在所研究的城市中，如果将城市对外交往活力的分类与在中国目前俗称的“一线”“二线”“三线”城市做对比，可以发现城市对外交往活力高的城市往往集中于一线城市和二线中的发达城市，而城市对外交往活力低的城市主要集中于二线中的欠发达城市和三线城市。发展不仅仅是改善城市面貌和提高经济水平的核心推动力，更是调整市民思维方式、促使城市对外开放和对外交流的有效推动力。所以，城市的发展水平与城市对外交往活力密切相关。

第二，每个子区域中的城市对外交往活力指数呈现出中心突出、差异悬殊、独具特色的特征。首先，所谓的中心突出是指每个区域都存在一个对外交往活力中心，例如东北地区的大连、华南地区的广州、华东地区的上海、西北地区的西安等。这些城市往往在对外交往上具有明显的领先地位，是这一地区与外部世界交流的枢纽和窗口。其次，每个区域内不同城市之间的对外交往活力差距悬殊，例如，华北地区的北京与其临近的石家庄和太原之间的对外交流活力差距非常大，这与每个城市自身的发展程度有关，但中心城市在对外交往活力上的虹吸效应也值得关注。最后，每个城市的对外交往活力在不同方面各具特色，如福州在经济交流上并不发达，但在文化交流上却很活跃。

第三，城市对外交往活力东西差距较为明显，但南北差距不太明显。东西差距除了经济发展程度的原因，还可以从地理和环境两方面进行解释。一方面，西部城市地理上位于内陆，缺乏东部沿海城市那样便利的交通条件，故而与外部世界的沟通相比受更多阻碍；另一方面，就环境而言，西部地区环境普遍不及东部地区，导致许多外国机构和外国公民不愿进入此地区开展长期的业务与交流，限制了此地区对外交往的开展。

第四，要加强构建城市对外交往活力指标体系。指标体系的构建实质是用量化方式回答中国城市对外交往的内涵和衡量形式。不同城市的对外交往活力指数为这些城市是否需要提高和如何提高对外交往能力提供了软性的政策指导路径。依据指数进行的排名是中国城市对外交往地理空间的分布和地方特色的体现，为研究中国城市对外交往情况提供了基础性的研究支持。同一指标下城市排名的改变能够及时反映中国城市对外交往活力的变化。建立具有中国特色的城市对外交往活力指标体系有助于准确把握城市发展方向、确保目标实现，为未来城市的规划、建设和管理提供科学的依据和指导。

第五，对 49 个城市对外交往活力排名情况及地域分析的综述，具体情况如下。

一、 整体情况分析

笔者选取了中国 49 个城市作为研究对象，这 49 个城市和入选理由如表 5.2 所示：

笔者将中国城市对外交往活力按照不同城市在四个指标上的相近程度，分成如下几类。

第一类：北京、上海、香港。这一类属于中国当前的特大型城市，处于政治中心和经济中心地位。因此其既有的国际化程度和对外交往资源都较多，并且这些城市的居民无论是经济水平还是教育水平都排在全国前列，故而也有较强的意愿走出国门、了解世界。这一系列的主客观因素使北京和上海成为了中国当前最具对外交往活力的两大城市。

第二类：成都、西安、昆明、广州、杭州、重庆、武汉、天津、深圳、苏州、东莞。这一类城市大多属于城市交往活力中的二线城市，是在统计中除了北京、上海之外最具有对外交往活力的城市。这一类由三种城市组

表 5.2　49 个研究对象城市的选择和入选理由

城　市	入选理由	城　市	入选理由
北　京	首都/直辖市	乌鲁木齐	省会城市
重　庆	直辖市	西　安	省会城市
上　海	直辖市/沿海开放城市	西　宁	省会城市
天　津	直辖市/沿海开放城市	银　川	省会城市
长　春	省会城市	郑　州	省会城市
长　沙	省会城市	北　海	沿海开放城市
成　都	省会城市	大　连	沿海开放城市/计划单列市
福　州	省会城市/沿海开放城市	广　州	沿海开放城市
贵　阳	省会城市	连云港	沿海开放城市
哈尔滨	省会城市	南　通	沿海开放城市
海　口	省会城市	宁　波	沿海开放城市/计划单列市
杭　州	省会城市	秦皇岛	沿海开放城市
合　肥	省会城市	青　岛	沿海开放城市/计划单列市
呼和浩特	省会城市	汕　头	沿海开放城市
济　南	省会城市	威　海	沿海开放城市
昆　明	省会城市	温　州	沿海开放城市
拉　萨	省会城市	烟　台	沿海开放城市
兰　州	省会城市	湛　江	沿海开放城市
南　昌	省会城市	珠　海	沿海开放城市
南　京	省会城市	深　圳	计划单列市
南　宁	省会城市	厦　门	计划单列市
沈　阳	省会城市	香　港	特别行政区
石家庄	省会城市	苏　州	国内生产总值前十位
太　原	省会城市	东　莞	国内生产总值前十位
武　汉	省会城市		

成：一是如天津、重庆这一类直辖市。这些城市由于其重要的政治地位和近年来高速增长的经济，具备了较高的对外交往基础，具有了较高的对外交往活力。二是如成都、西安、昆明、广州、杭州、武汉等省会城市。需要注意的是，这些省会城市中既有东部沿海发达省份的省会，如广州、杭州等，也有中部地区和西部地区省份的省会，如成都、西安、昆明。这充分反映了中国城市对外交往活力的发展态势就如同中国经济发展一样，呈现出了从东部向中西部辐射的波浪式效应。伴随着近年来西部大开发和中国经济结构调整的加速，中国发展格局和全民科学文化素质和视野眼界开始全面的提升。同时，中国基础设施的大发展和全覆盖也使得中西部地区出现了一批具有较强对外交往活力的城市。三是如深圳这样的经济发展程度较高的非省会性城市。

第三类：宁波、青岛、哈尔滨、厦门、南京、大连、海口、长沙、南宁。这一类城市主要由东部沿海的非省会城市和一些中西部省会城市组成。这些城市近年来发展速度较快，但其发展程度与上面两类城市还有一定的差距，故而其对外交往活力属于中等区间。

第四类：烟台、长春、南昌、珠海、呼和浩特、温州、威海、沈阳、济南、太原、郑州、合肥、福州。这一类城市属于东部沿海的非省会城市和一部分北部和西部地区的省会城市。这一部分城市近年来都遇到了经济结构转型的瓶颈期，其对外交往基础较薄弱，故而无法开展较为活跃的城市对外交往。

第五类：银川、汕头、北海、拉萨、连云港、贵阳、石家庄、湛江、乌鲁木齐、贵阳、西宁、南通、兰州。这一类城市相对而言，对外交往活力较一般。分析这些城市的构成，可以发现主要集中在西部边陲、内陆和东部的欠发达地区。这些地区由于整体发展程度不够好，故而城市整体对外交往活力不足。

根据对 49 座城市对外交往活力指数的分析，其排名结果按照四类指标权重相等的计算方法得出。其对外交往活力综合排名及在社会、文化、经贸、外事四个领域对外交往活力排名如表 5.3 至表 5.7 所示。

表 5.3　2015 年、2016 年、2018 年中国 49 个城市对外交往活力指数综合排名

城市	2015 年		2016 年		2018 年	
	名次	分值	名次	分值	名次	分值
北京	1	93.18	1	91.18	2	95.12
上海	2	92.78	2	91.13	1	96.03
广州	3	76.54	4	70.99	4	78.46
重庆	4	74.22	6	56.55	6	69.50
杭州	5	73.23	8	56.08	10	67.01
武汉	6	69.19	12	47.09	16	59.07
天津	7	66.70	10	47.51	12	64.74
成都	8	65.43	7	56.26	5	71.20
厦门	9	60.17	14	41.62	7	68.71
深圳	10	59.50	5	60.40	9	67.69
青岛	11	58.32	18	33.06	11	65.53
西安	12	56.84	13	45.97	15	60.32
昆明	13	55.85	15	38.15	19	54.42
南京	14	54.42	16	38.07	13	61.45
大连	15	52.39	9	47.68	14	61.34
宁波	16	50.90	23	23.35	22	45.01
沈阳	17	49.42	17	33.32	20	48.75
哈尔滨	18	48.60	21	27.10	18	54.65
济南	19	46.30	26	19.56	26	39.23
福州	20	43.62	22	26.11	23	44.33
南宁	21	42.62	20	27.47	29	34.69
长春	22	42.17	32	12.45	24	41.04
长沙	23	42.16	27	19.27	17	54.99
海口	24	41.79	24	21.88	32	31.63
合肥	25	38.10	34	10.73	27	37.07

（续表）

城市	2015年		2016年		2018年	
	名次	分值	名次	分值	名次	分值
温州	26	35.74	25	20.44	33	30.73
烟台	27	35.39	30	12.68	30	32.54
南昌	28	34.23	46	2.51	35	30.05
呼和浩特	29	32.69	39	6.82	34	30.39
威海	30	31.62	35	8.55	36	27.78
郑州	31	31.56	31	12.47	28	35.49
太原	32	30.02	37	7.49	44	17.46
石家庄	33	28.24	38	7.01	38	27.44
拉萨	34	27.48	33	11.63	49	8.39
乌鲁木齐	35	27.12	29	15.43	41	22.90
珠海	36	26.50	28	17.84	25	39.80
贵阳	37	23.62	41	4.57	37	27.66
银川	38	23.03	49	0.91	40	23.36
南通	39	20.70	40	5.15	31	32.20
兰州	40	19.65	47	1.81	39	23.81
西宁	41	19.48	44	3.06	48	14.85
北海	42	19.39	42	3.51	43	20.75
汕头	43	18.91	36	8.26	42	22.00
湛江	44	18.02	43	3.41	45	15.42
连云港	45	16.69	45	2.60	46	14.97
秦皇岛	46	15.16	48	1.46	47	14.97
香港			3	75.56	3	79.59
苏州			11	47.18	8	68.59
东莞			19	32.45	21	45.58

表 5.4 2015 年、2016 年、2018 年中国 49 个城市对外交往活力指数社会领域排名

城 市	2015 年		2016 年		2018 年	
	名次	分值	名次	分值	名次	分值
北 京	1	93.48	3	83.47	2	94.65
上 海	2	78.26	1	88.58	1	97.06
广 州	3	73.91	2	83.53	3	91.27
重 庆	4	71.30	7	57.39	6	80.53
成 都	5	70.43	6	57.64	4	86.65
南 京	6	70.00	8	54.17	15	66.69
大 连	7	69.13	10	49.63	9	74.49
昆 明	8	67.39	14	43.93	14	71.22
武 汉	9	66.96	17	38.14	10	74.24
海 口	10	66.52	18	37.32	19	50.61
杭 州	11	66.09	5	58.46	5	84.61
天 津	12	59.13	15	43.44	16	66.00
青 岛	13	58.26	11	46.71	13	71.84
西 安	14	58.26	12	45.04	8	77.80
深 圳	15	55.22	9	52.38	11	73.43
沈 阳	16	55.22	19	32.01	29	39.02
郑 州	17	51.30	30	14.53	21	45.18
济 南	18	50.87	27	16.49	22	44.45
长 沙	19	50.43	24	24.24	17	64.69
宁 波	20	47.83	23	25.98	28	39.59
烟 台	21	46.96	34	10.40	37	28.37
哈尔滨	22	46.52	25	23.50	27	41.67
石家庄	23	43.04	38	7.53	34	32.37
太 原	24	43.04	40	7.10	41	17.92
长 春	25	43.04	29	15.59	25	41.96

（续表）

城 市	2015 年		2016 年		2018 年	
	名次	分值	名次	分值	名次	分值
厦 门	26	41.30	13	44.11	12	72.86
呼和浩特	27	40.43	37	8.10	43	16.24
合 肥	28	39.13	32	14.37	20	49.96
乌鲁木齐	29	38.26	28	16.01	31	37.10
南 宁	30	33.48	22	26.99	35	31.80
贵 阳	31	32.17	39	7.46	40	20.61
南 昌	32	32.17	42	4.35	38	25.27
威 海	33	30.43	36	9.80	23	42.53
银 川	34	28.26	47	1.06	33	33.43
兰 州	35	27.83	46	1.79	36	29.67
温 州	36	27.39	26	17.66	24	42.24
珠 海	37	26.09	31	14.40	32	33.71
连云港	38	24.35	41	5.87	44	14.33
西 宁	39	22.61	43	4.21	45	12.16
汕 头	40	21.74	35	10.21	47	11.27
秦皇岛	41	20.00	45	1.94	46	11.27
湛 江	42	18.26	44	3.07	48	11.10
福 州	43	17.83	21	29.90	26	41.80
拉 萨	44	16.52	33	12.93	49	5.59
北 海	45	13.91	49	0.52	42	17.63
南 通	46	6.52	48	0.59	39	22.65
香 港			4	82.65	7	79.92
苏 州			16	39.04	18	59.67
东 莞			20	31.57	30	37.18

表 5.5　2015 年、2016 年、2018 年中国 49 个城市对外交往活力指数文化领域排名

城　市	2015 年		2016 年		2018 年	
	名次	分值	名次	分值	名次	分值
北　京	1	98.55	2	95.24	1	97.28
上　海	2	93.48	3	92.66	2	96.60
重　庆	3	93.48	6	68.87	6	76.19
天　津	4	89.86	11	54.64	18	55.78
广　州	5	84.78	4	76.63	5	82.99
福　州	6	81.16	15	45.09	10	65.99
武　汉	7	76.81	10	56.48	12	63.95
深　圳	8	73.91	5	72.83	3	86.39
成　都	9	71.74	13	50.53	17	58.50
杭　州	10	69.57	12	51.80	9	66.67
西　安	11	67.39	8	66.22	13	63.95
沈　阳	12	66.67	17	34.57	14	61.90
昆　明	13	63.77	14	45.20	7	74.15
济　南	14	60.14	23	21.94	15	61.90
太　原	15	60.14	30	12.99	38	25.17
合　肥	16	59.42	29	12.99	28	40.14
郑　州	17	55.80	18	26.38	36	27.89
哈尔滨	18	50.72	16	42.00	16	59.18
烟　台	19	50.72	28	14.08	22	48.98
厦　门	20	49.28	24	21.71	20	54.42
温　州	21	49.28	25	21.57	37	26.53
威　海	22	47.10	41	4.72	41	16.33
长　春	23	44.93	32	12.27	34	31.29
呼和浩特	24	42.75	35	9.75	24	45.58
南　京	25	42.75	19	26.38	27	41.50

（续表）

城　市	2015 年		2016 年		2018 年	
	名次	分值	名次	分值	名次	分值
西　宁	26	39.86	39	5.89	25	45.58
大　连	27	39.13	7	68.58	8	69.39
南　昌	28	39.13	43	2.39	32	34.01
青　岛	29	39.13	22	22.21	23	46.26
汕　头	30	39.13	38	7.22	30	35.37
珠　海	31	36.96	26	20.44	19	55.10
拉　萨	32	34.06	21	23.32	46	7.48
贵　阳	33	32.61	36	9.12	26	42.86
银　川	34	31.88	46	1.31	33	31.97
海　口	35	29.71	20	24.88	31	34.01
宁　波	36	28.26	34	11.91	43	9.52
秦皇岛	37	27.54	44	1.83	40	19.05
长　沙	38	26.81	31	12.63	29	36.73
北　海	39	25.36	49	0.42	39	23.13
连云港	40	23.19	47	1.12	42	12.93
南　通	41	20.29	42	3.33	35	31.29
石家庄	42	18.12	40	5.19	45	8.16
湛　江	43	17.39	45	1.72	44	8.84
南　宁	44	15.94	37	8.00	47	4.76
乌鲁木齐	45	7.97	33	12.05	49	2.72
兰　州	46	6.52	48	1.07	48	4.08
香　港			1	97.96	4	86.39
苏　州			9	61.70	11	64.63
东　莞			27	17.71	21	49.66

表 5.6　2015 年、2016 年、2018 年中国 49 个城市对外交往活力指数经贸领域排名

城　市	2015 年		2016 年		2018 年	
	名次	分值	名次	分值	名次	分值
上　海	1	97.83	1	92.36	1	96.73
北　京	2	84.78	3	84.56	2	95.51
天　津	3	83.91	8	60.42	10	70.61
武　汉	4	82.61	11	50.11	28	37.96
青　岛	5	79.13	14	43.97	8	73.88
大　连	6	77.83	7	65.42	11	66.94
深　圳	7	77.39	2	87.36	6	77.14
广　州	8	76.52	5	66.35	9	70.61
宁　波	9	73.48	15	43.45	16	55.92
厦　门	10	69.13	10	51.02	4	82.45
重　庆	11	65.65	9	52.65	13	59.18
哈尔滨	12	64.35	26	18.99	19	53.47
南　京	13	62.61	12	47.08	7	74.29
温　州	14	59.57	17	40.37	34	30.61
成　都	15	57.39	18	40.28	17	55.10
西　安	16	53.91	20	32.13	27	38.37
乌鲁木齐	17	53.04	27	18.72	43	19.59
威　海	18	52.61	30	16.26	38	28.16
杭　州	19	51.74	13	46.45	24	45.31
南　通	20	51.74	29	16.49	23	46.12
南　宁	21	44.78	19	32.28	21	50.61
福　州	22	43.04	23	25.66	15	56.73
烟　台	23	42.17	32	14.19	29	37.55
长　沙	24	42.17	25	20.16	20	53.06
石家庄	25	40.87	36	6.87	25	40.41

（续表）

城市	2015年		2016年		2018年	
	名次	分值	名次	分值	名次	分值
昆明	26	39.57	22	27.46	30	34.69
长春	27	38.70	34	8.02	18	54.29
湛江	28	37.39	39	6.00	32	31.84
南昌	29	35.65	45	1.30	33	30.61
银川	30	33.04	48	0.49	45	19.18
呼和浩特	31	30.00	43	2.79	26	38.37
珠海	32	30.00	24	21.59	22	48.57
济南	33	28.26	31	15.79	36	28.57
汕头	34	27.39	28	16.67	35	29.80
沈阳	35	27.39	21	28.74	12	62.86
北海	36	26.96	33	12.79	37	28.16
兰州	37	25.65	47	0.90	42	20.41
海口	38	23.48	38	6.25	46	11.43
拉萨	39	23.04	41	3.67	49	2.04
合肥	40	18.26	37	6.78	40	25.71
秦皇岛	41	17.83	44	2.04	47	8.16
贵阳	42	15.65	46	1.05	39	26.94
连云港	43	12.17	42	3.47	44	19.18
太原	44	12.17	35	7.00	41	21.22
郑州	45	4.78	40	5.25	31	32.65
西宁	46	2.17	49	0.25	48	7.76
香港			4	68.57	5	77.96
苏州			16	41.19	3	84.08
东莞			6	66.16	14	59.18

表 5.7　2015 年、2016 年、2018 年中国 49 个城市对外交往活力指数外事领域排名

城市	2015 年		2016 年		2018 年	
	名次	分值	名次	分值	名次	分值
北　京	1	98.91	1	98.47	1	93.37
上　海	2	96.74	2	90.54	2	92.86
杭　州	3	88.59	4	66.08	5	67.86
广　州	4	66.30	5	61.79	7	65.82
成　都	5	64.67	3	73.43	4	77.55
南　宁	6	64.67	12	40.02	20	38.78
重　庆	7	59.78	7	48.98	10	60.71
昆　明	8	56.52	13	37.32	19	39.29
武　汉	9	56.52	10	42.73	13	58.67
厦　门	10	54.89	8	48.73	15	56.63
青　岛	11	48.37	18	23.90	12	59.69
西　安	12	48.37	11	41.23	14	58.16
海　口	13	44.02	21	22.13	30	29.08
济　南	14	42.93	20	22.77	35	24.49
沈　阳	15	42.93	14	36.98	23	33.16
长　沙	16	42.39	22	20.74	17	53.06
哈尔滨	17	40.22	19	23.85	6	66.84
南　京	18	38.04	17	29.57	16	53.57
宁　波	19	35.33	26	14.37	8	65.31
长　春	20	33.15	27	14.20	31	28.06
天　津	21	32.61	15	33.53	11	60.71
烟　台	22	31.52	29	11.80	38	20.41
温　州	23	29.89	36	4.74	39	19.39
珠　海	24	26.63	25	14.84	34	25.00
拉　萨	25	26.09	33	7.65	36	20.92

（续表）

城 市	2015 年		2016 年		2018 年	
	名次	分值	名次	分值	名次	分值
南 昌	26	26.09	41	2.39	27	31.12
合 肥	27	25.00	30	9.69	25	31.12
大 连	28	22.83	28	14.16	21	33.67
呼和浩特	29	22.83	34	6.87	26	31.12
深 圳	30	22.83	16	32.90	22	33.67
威 海	31	20.11	37	4.47	43	15.31
连云港	32	17.93	44	0.94	45	11.73
石家庄	33	17.93	31	8.31	40	19.39
北 海	34	17.39	47	0.34	44	12.24
兰 州	35	15.22	39	3.21	24	32.14
南 通	36	15.22	49	0.25	33	25.51
福 州	37	14.13	32	8.15	42	15.82
郑 州	38	14.13	35	5.54	28	31.12
西 宁	39	11.96	42	2.29	49	3.57
太 原	40	10.33	38	3.56	48	5.10
湛 江	41	9.78	40	2.87	47	6.63
贵 阳	42	8.70	43	1.78	29	29.59
秦皇岛	43	7.61	48	0.33	32	26.53
乌鲁木齐	44	7.61	24	15.12	37	20.92
汕 头	45	5.43	46	0.81	41	18.88
银 川	46	3.80	45	0.84	46	6.63
香 港			6	57.98	3	84.69
苏 州			9	45.50	9	62.24
东 莞			23	17.24	18	41.33

为了更进一步分析发展程度与城市交往活力的关系，笔者还建立了一个简单的二元回归模型，将被统计城市 2018 年的国民生产总值与其对外交往活力进行回归分析。根据分析可清晰看出，经济发展程度是决定对外交往活力的关键变量。

表 5.8　城市对外交往活力指数与经济发展程度

	总分	外事	经济	文化	社会
经济发展程度	0.847	0.615	0.758	0.75	0.752
R^2	0.718	0.378	0.575	0.562	0.566
共线性诊断	1	1	1	1	1

二、地域比较研究

除了对调查城市整体进行分类评估外，我们还将这些城市按照“东西”“南北”[1] 进行了大类区分，并对区域间和区域内不同城市的对外交往活力指数进行比较研究。

为了确保比较的效度，我们除了将东部和西部城市整体进行比较之外，还专门将两个地区的省会城市和直辖市进行比较。从中可以发现，东部地区的城市对外交往活力指数无论是整体指标还是具体的每个分指标，都优于西部城市。这在一定程度上也与中国当前东强西弱的发展格

[1] 东部城市：大连、哈尔滨、沈阳、长春、北京、天津、呼和浩特、太原、石家庄、秦皇岛、上海、杭州、南京、济南、福州、合肥、青岛、宁波、烟台、厦门、威海、北海；西部城市：武汉、长沙、郑州、南昌、重庆、昆明、成都、贵阳、拉萨、西安、乌鲁木齐、银川、兰州、西宁、南宁。

北部城市：大连、哈尔滨、沈阳、长春、北京、天津、呼和浩特、太原、石家庄、秦皇岛、西安、乌鲁木齐、银川、兰州、西宁、青岛、烟台、威海、济南、郑州；南部城市：上海、南京、杭州、宁波、厦门、合肥、温州、连云港、福州、南通、武汉、长沙、南昌、广州、海口、深圳、南宁、珠海、湛江、汕头、北海、重庆、昆明、成都、贵阳、香港。

局相一致，从而进一步反映了经济发展是决定城市对外交往活力的关键要素（见图5.1至图5.6）。

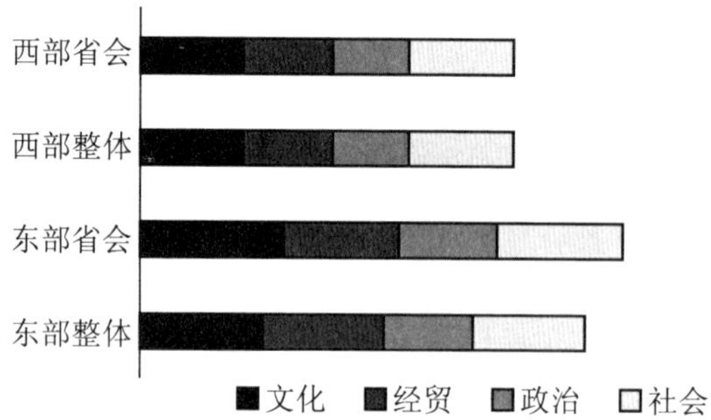

图5.1　2015年西部与东部城市对外交往活力指数比较

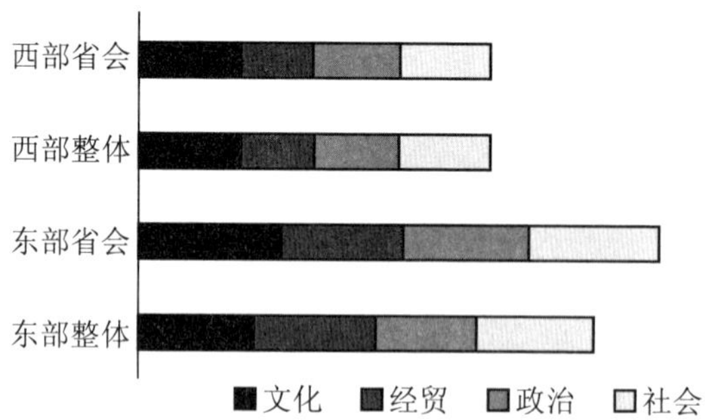

图5.2　2016年西部与东部城市对外交往活力指数比较

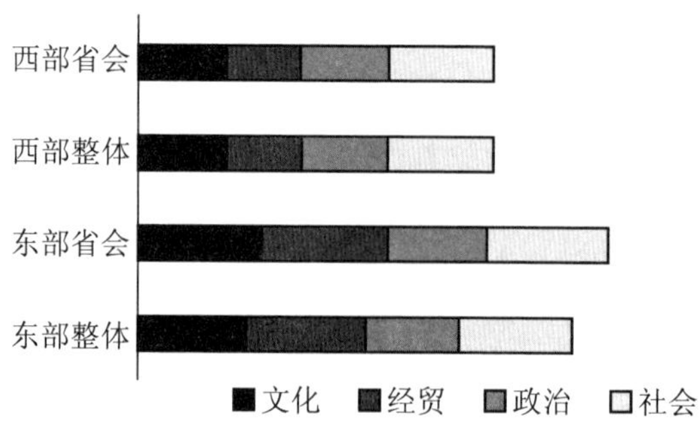

图5.3　2018年西部与东部城市对外交往活力指数比较

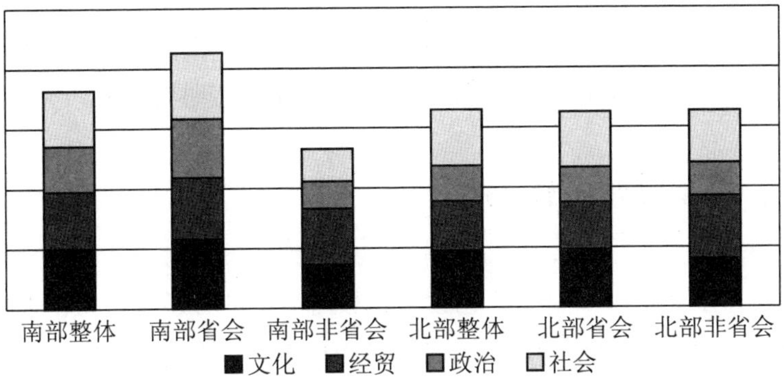

图 5.4 2015 年北部与南部城市对外交往活力指数比较

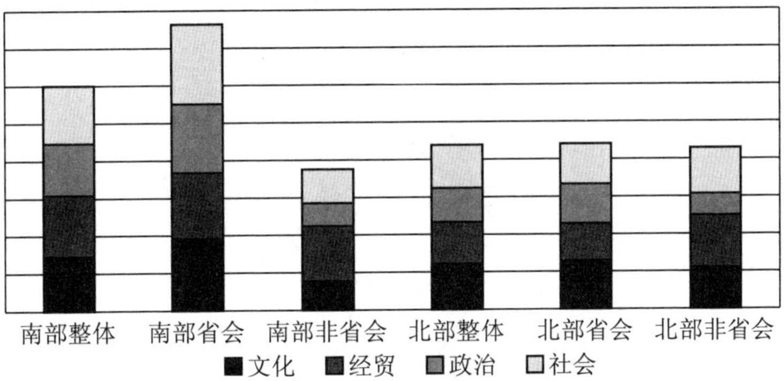

图 5.5 2016 年北部与南部城市对外交往活力指数比较

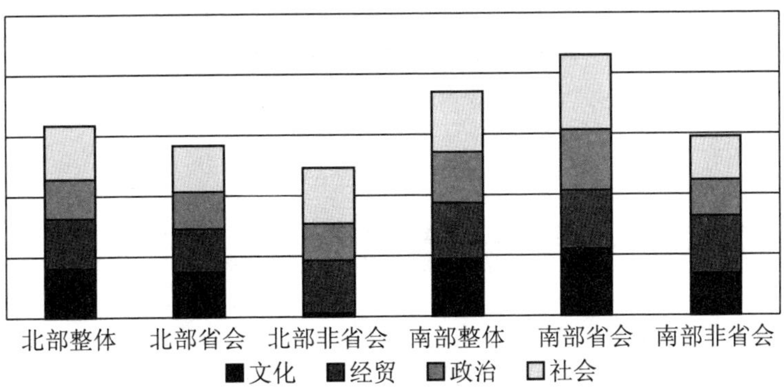

图 5.6 2018 年北部与南部城市对外交往活力指数比较

根据以上图示结果可以看出，相对而言，南方城市的对外交往活力指数略高于北方城市。但无论在城市整体比较，还是在直辖市/省会或者非直辖市非省会专门比较上，南方城市和北方城市都没有明显差距。

三、 区域内城市比较研究

在进行了“东西”“南北”跨区域比较之后，笔者还将东北、西北、华北、华南、华东、华中、西南[1]等区域内城市对外交往活力指数进行了比较。比较结果如图 5.7 至图 5.30 所示。

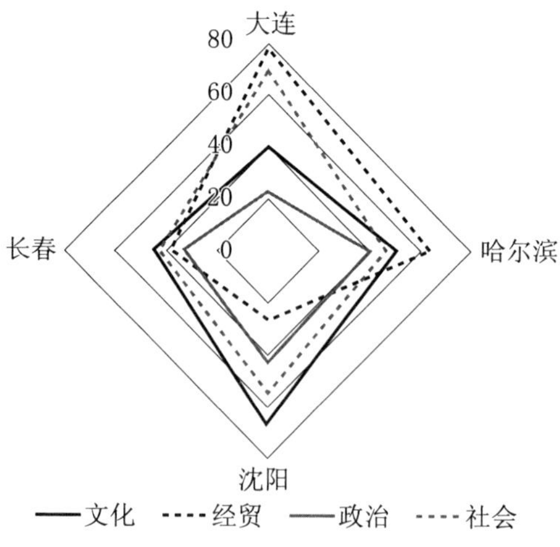

图 5.7 2015 年东北四座城市的城市对外交往活力指数

---

[1] 区域城市分布为：
东北：哈尔滨、长春、沈阳、大连；
华北：北京、天津、呼和浩特、太原、石家庄、秦皇岛；
华东：上海、南京、杭州、青岛、宁波、烟台、厦门、济南、合肥、威海、温州、连云港、福州、南通、苏州；
华中：武汉、长沙、郑州、南昌；
华南：广州、海口、深圳、南宁、珠海、湛江、汕头、北海、香港；
西南：重庆、昆明、成都、贵阳、拉萨；
西北：西安、乌鲁木齐、银川、兰州、西宁、东莞。

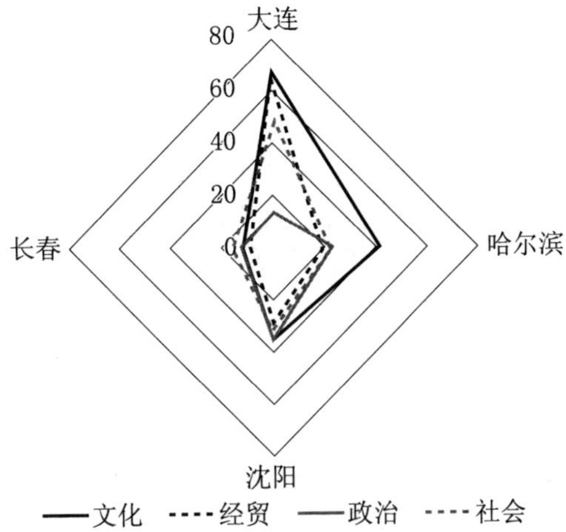

图 5.8　2016 年东北四座城市的城市对外交往活力指数

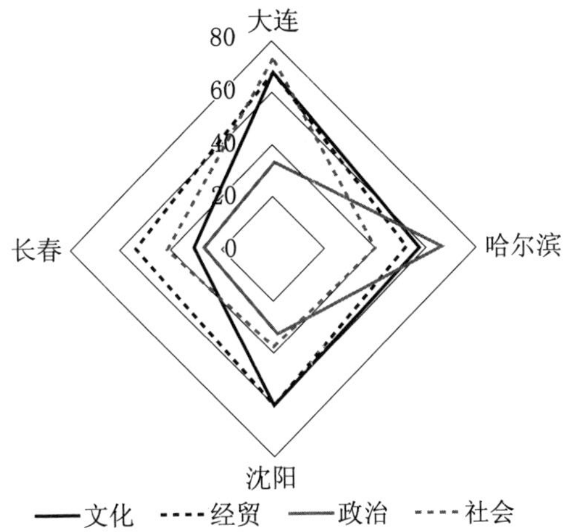

图 5.9　2018 年东北四座城市的城市对外交往活力指数

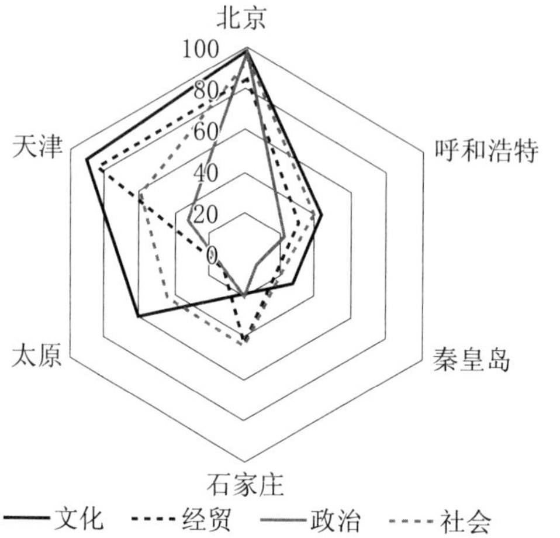

图 5.10　2015 年华北六座城市的城市对外交往活力指数

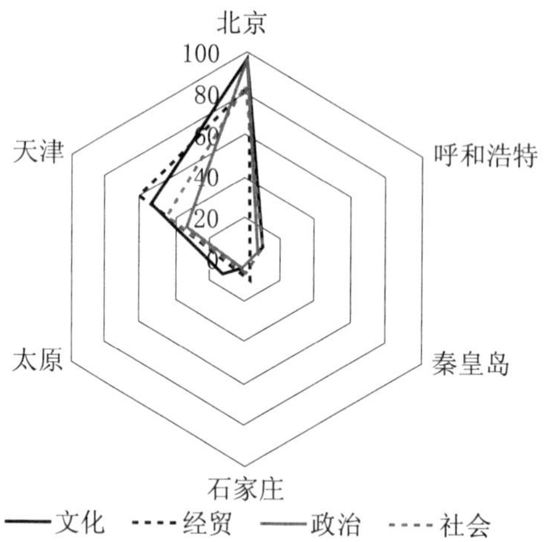

图 5.11　2016 年华北六座城市的城市对外交往活力指数

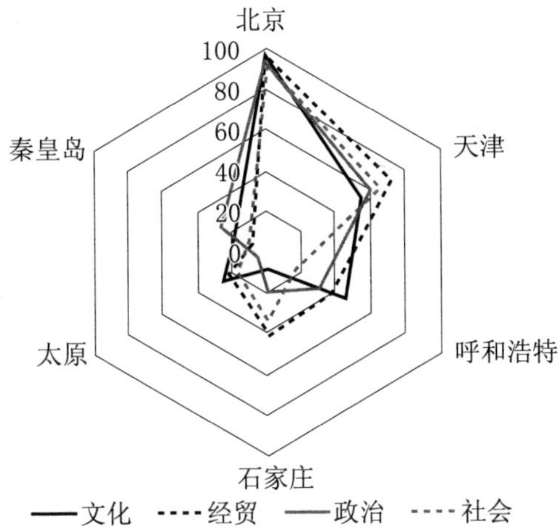

图 5.12　2018 年华北六座城市的城市对外交往活力指数

由于此次调研的华东城市共有 15 座，所以分为六座省会城市（直辖市）和九座非省会城市进行比较。

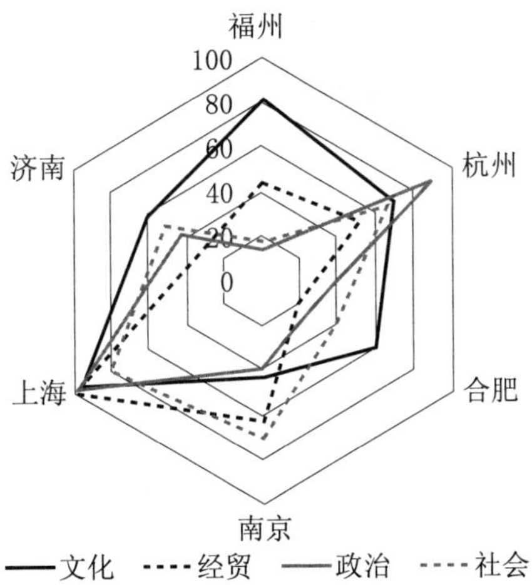

图 5.13　2015 年华东六座省会城市（直辖市）的城市对外交往活力指数

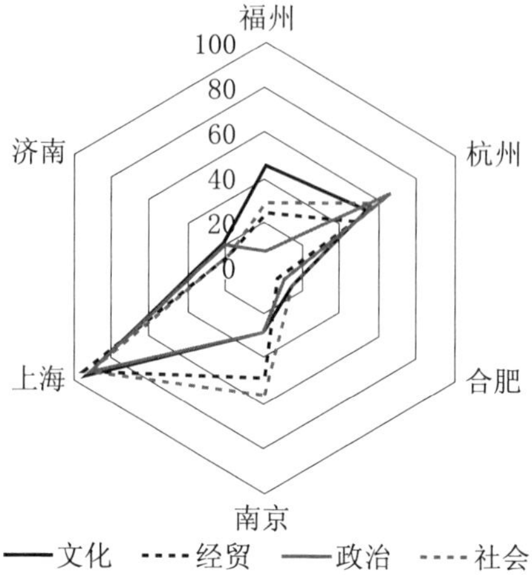

图 5.14　2016 年华东六座省会城市（直辖市）的城市对外交往活力指数

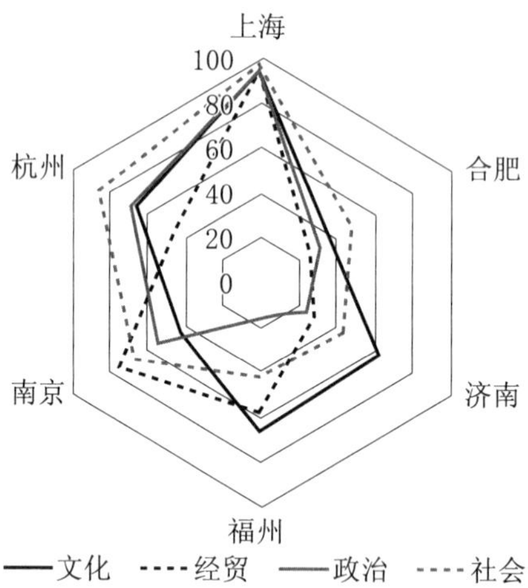

图 5.15　2018 年华东六座省会城市（直辖市）的城市对外交往活力指数

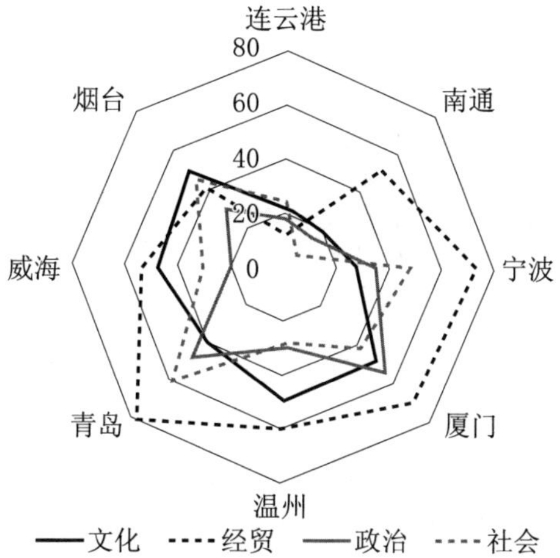

图 5.16　2015 年华东八座非省会城市的城市对外交往活力指数

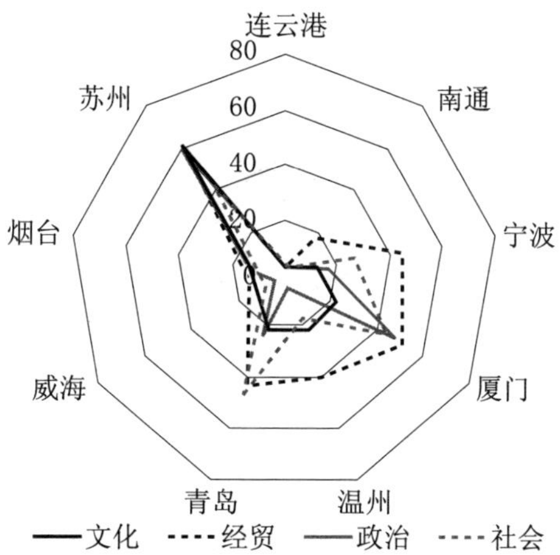

图 5.17　2016 年华东九座非省会城市的城市对外交往活力指数

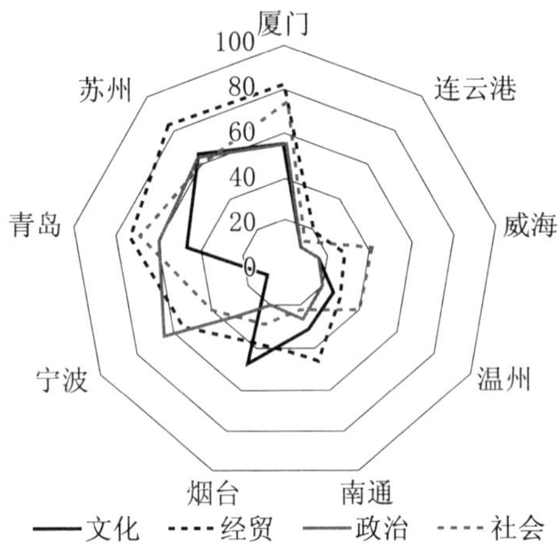

图 5.18　2018 年华东九座非省会城市的城市对外交往活力指数

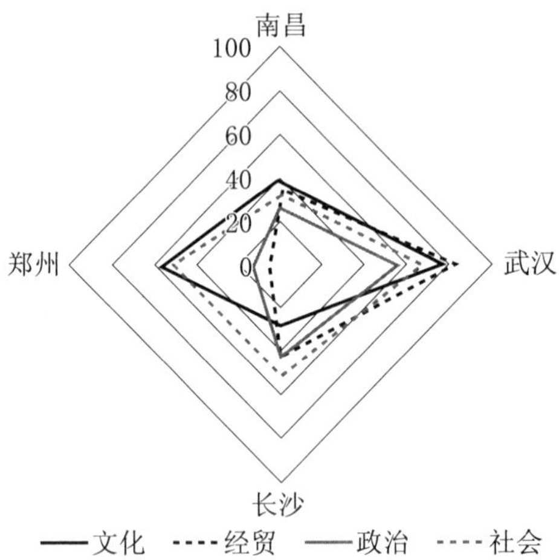

图 5.19　2015 年华中四座城市的城市对外交往活力指数

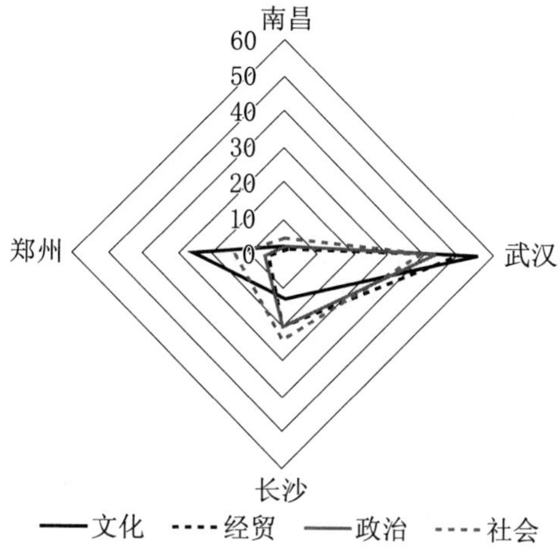

图 5.20　2016 年华中四座城市的城市对外交往活力指数

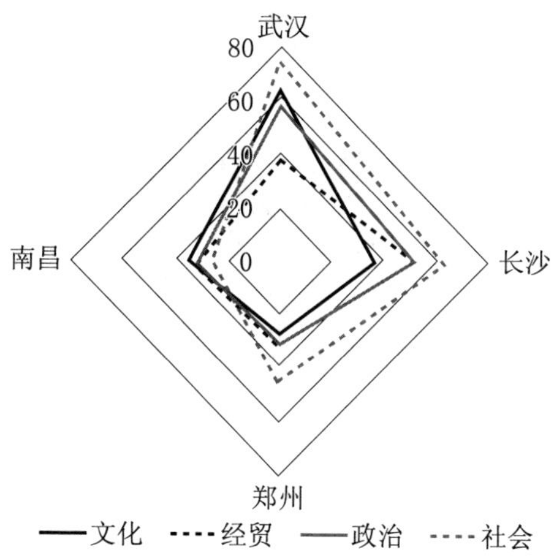

图 5.21　2018 年华中四座城市的城市对外交往活力指数

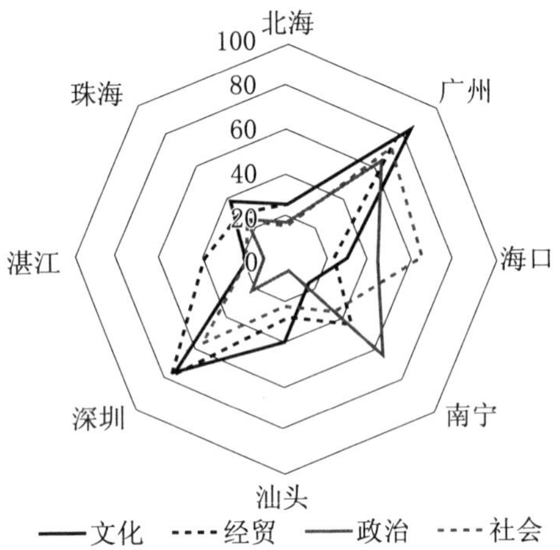

图 5.22　2015 年华南八座城市的城市对外交往活力指数

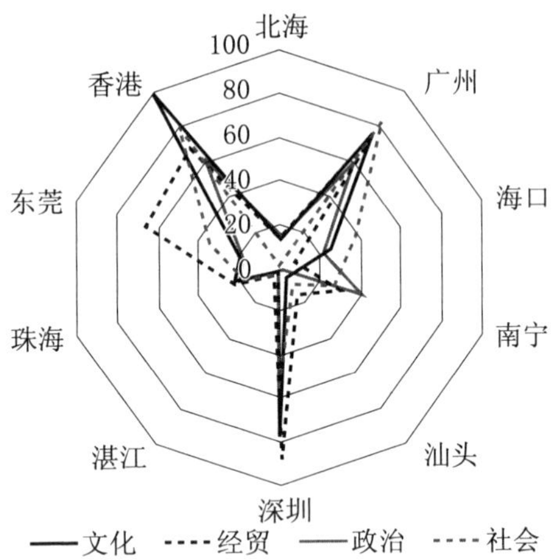

图 5.23　2016 年华南十座城市的城市对外交往活力指数

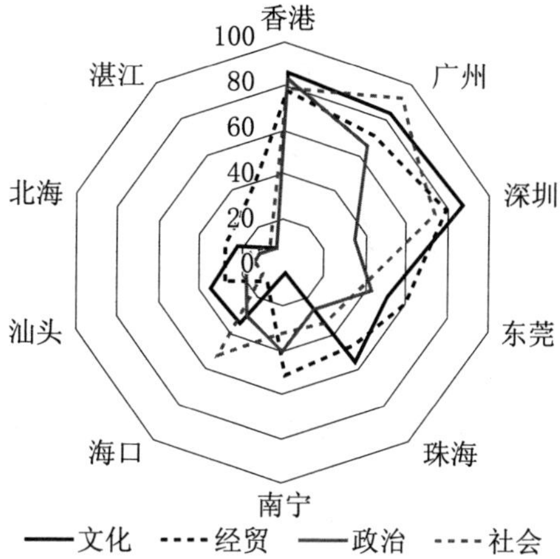

图 5.24　2018 年华南十座城市的城市对外交往活力指数

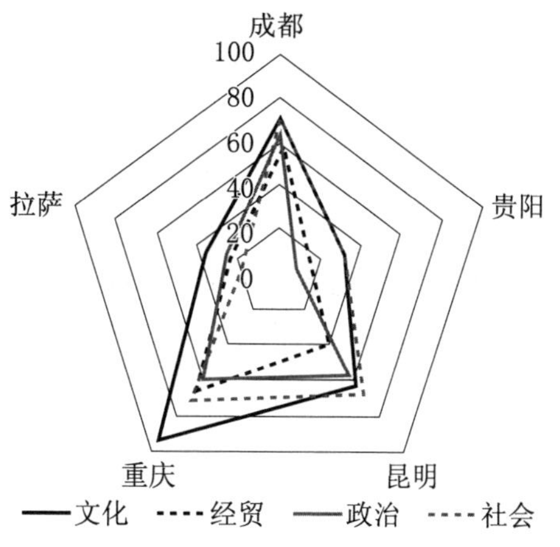

图 5.25　2015 年西南五座城市的城市对外交往活力指数

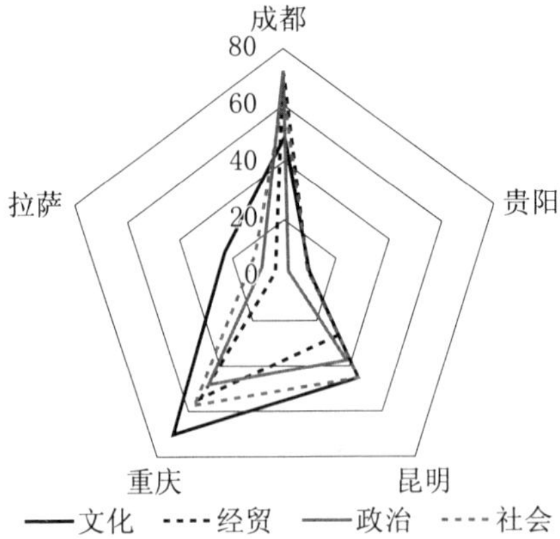

图 5.26　2016 年西南五座城市的城市对外交往活力指数

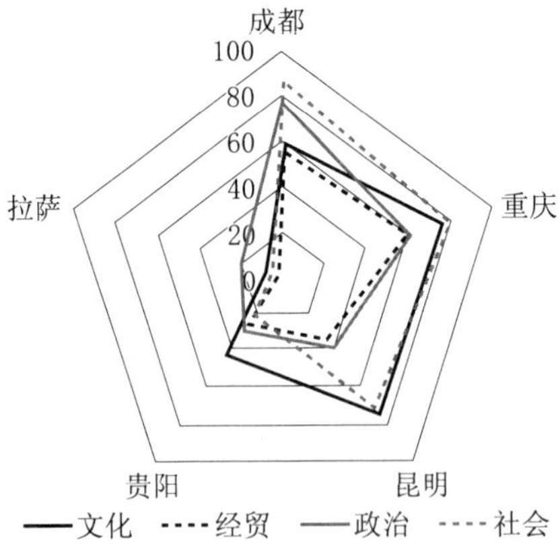

图 5.27　2018 年西南五座城市的城市对外交往活力指数

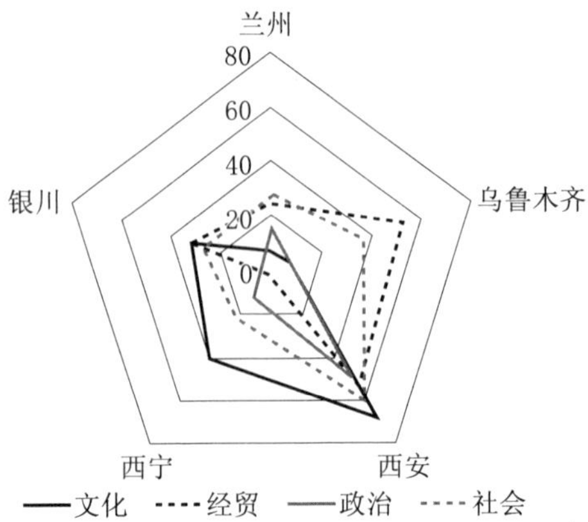

图 5.28　2015 年西北五座城市的城市对外交往活力指数

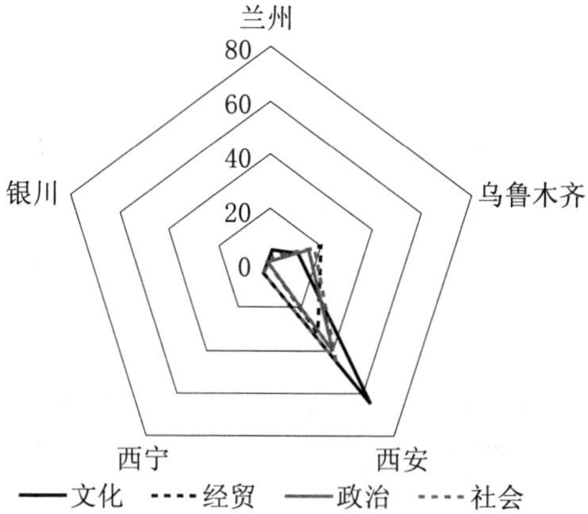

图 5.29　2016 年西北五座城市的城市对外交往活力指数

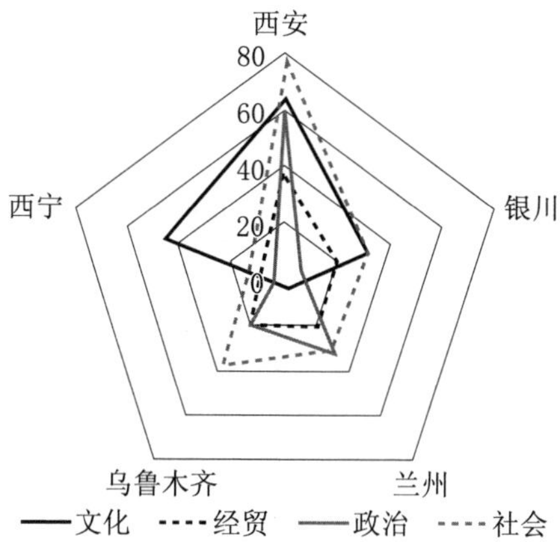

图 5.30　2018 年西北五座城市的城市对外交往活力指数

四、一级指标相关性分析

在进行城市之间的比较之后，接下来笔者还对城市对外交往活力四个指标之间的关系进行了分析（见表 5.9）。利用相关性检测的方式，可以发现这四项指标呈现出互相影响、互相促进的关系。首先，从统计学角度来看，社会、文化、经济、外事四项指标之间的相关性系数都非常高，这反映了这四项对外交往活力指标之间存在内在关联性。其次，就系数而言，不同指标之间都呈现出较高的正向系数。对于城市对外交往活力而言，这反映了在某一领域的对外交往活力指数的提升对其他领域指数的提升具有促进作用。最后，在不同指标的关系之中，经济与文化的相关系数相对较低，这反映了城市的对外经济交往频繁并不一定可以迅速转化为文化对外交往活力。

表 5.9　城市对外交往活力四个指标之间的相关性

		社会	文化	经济	外事
社会	Pearson 相关性	1	0.649**	0.614**	0.748**
	显著性(双侧)		0.000	0.000	0.000
	N	46	46	46	46
文化	Pearson 相关性	0.649**	1	0.482**	0.581**
	显著性(双侧)	0.000		0.001	0.000
	N	46	46	46	46
经济	Pearson 相关性	0.614**	0.482**	1	0.624**
	显著性(双侧)	0.000	0.001		0.000
	N	46	46	46	46
外事	Pearson 相关性	0.748**	0.581**	0.624**	1
	显著性(双侧)	0.000	0.000	0.000	
	N	46	46	46	46

注：** 指在 0.01 水平（双侧）上显著相关。

从表 5.9 可以看出，城市对外交往活力指数在不同维度间呈现出高度相关性。这意味着一个城市在某单项领域具有较高的对外交往活力，也往往可以对其他领域的对外交往活力产生较大的影响。相比而言，外事对外交往活力与经济对外交往活力之间的相关系数较高，达到 0.748。这可能是因为外事对外交往活力较高的城市主要集中于各地区的省会及中心城市，这些城市拥有较高的政治地位，故而拥有较高的外事对外交往活力，同时它们作为区域中心城市也往往是该地区经济发展的中心，对外经济交往水平也相应较高，从而塑造出了政治对外交往活力与对外经济交往活力的高相关性。同时，文化领域的对外交往活力与经济交往活力、政治交往活力的相关系数相对较低。这说明了一个城市即使拥有较强的外向型经济，其文化对外交往活力也不一定同步提升，而一些拥有较多文化资源但经济发展程度相对不高的城市，却可以借助其自身资源在世界范围内打造其影响力，并获得较高的文化交往活力。

第六章

城市参与气候和应急防疫的全球治理

以《巴黎协定》等为代表的全球治理模式下，全球治理主体日趋多元化、跨国化。以城市为代表的次国家行为体在全球气候和应急的全球治理中发挥越来越重要的作用，尤其是在发展模式选择、文化交流、生态环境保护、跨国移民、教育、科技扩散等事关世界可持续的问题上。

随着全球治理主体的多元化，城市逐渐成为全球环境治理的重要参与者。城市积极参与全球气候治理，特别是全球气候治理谈判。在这一过程中，城市通过地方政府间的跨国联系具备了跨越多层全球治理的能力。国际城市组成“友好群体”，开展多层次的合作，建立了一系列的对话和共同行动的平台，建立了部分世界城市参与的国际合作组织或联盟，更有助于应对气候变化的政策实施。此外，在粮食安全领域，城市联盟或城市合作网络，特别是非洲食品安全城市网络通过对城市居民粮食安全进行具体分析和追踪，帮助城市解决粮食安全问题。在公共卫生和防疫方面，城市也成为解决公共卫生问题的一线实践者。特别是近年来，疟疾不断在非洲国家肆虐，中国则依托城市合作，使广州与疟疾高发的非洲国家对接，成功解决了非洲多国的公共卫生问题，并且塑造了“中国广东抗疟模式”，该模式在非洲具有推广潜力。

通过案例分析，本章从城市的气候变化全球治理和全球应急治理两方面来看城市在全球治理体系中地位和作用的提升。主权国家是否依然是全球环境治理的中心？在全球环境治理中，城市国际合作本身已经开创了一个超脱国家的较为独立的全球气候治理网络，城市的独特作用推动着全球治理体系的发展和转型。本章以城市外交中城市在多层次、多维度上与其他政治行为体互动的过程和多层治理理论为理论基础，探析城市参与气候治理的动力、路径以及城市参与全球气候谈判如何突破国家间谈判传统治理模式的发展。作为全球环境治理的一部分，面对气候治理下强烈的多元化和跨国化趋势，城市展现出很大的适应性，通过地方政府间的跨国联系形成的城市网络实现了跨越多层全球治理。通过“城市联盟”等组成的“友好群体”形成区别于国家的、虽松散却有效的实践共同体，具备高效信息传递功能。这一系列对话和共同行动的平台反过来也推动了城市间合作以及城市外交的发展，甚至在未来会形成具有约束力的框架，进一步规范国家行为。全球应急治理协作更需要多元行为体，“韧性城市”成为城市理论的全新视角，用来分析传统城市应急管理的方法。在非洲，粮食安全危机应对领域的合作城市联盟或城市合作网络在城市合作管理上起到了网络组织枢纽的作用，成为成员国和协调机构的对口组织，并与区域合作组织政策目标保持一致，在创新、人道主义援助、最佳实践案例分享、伙伴关系维持，以及多部门合作中起到关键作用。

第一节

城市外交和气候变化全球治理

近些年全球化的加深以及公共危机的外溢效应，使得危机超出其发生的范围，局部危机演变为全球性危机，造成一定的国际影响。随着国家间层次全球气候治理局限性的日益凸显，以城市为代表的次国家行为体正在全球治理领域发挥着越来越重要的作用。[1]随着全球气候变化和国际社会突发危机事件频发，城市和全球国际公共危机管理研究不断发展，其研究范围从政治、气候变化、防疫管理、自然灾难等事件向整个经济社会领域拓展，且危机事件类型也日渐多样化，对危机管理系统的建立和政府危机管理能力的提升提出更高要求。[2]国内外学者在研究中普遍强调了全球协作危机管理的必要性。从全球化的客观发展趋势、全球“相互依存”的系统性风险、跨国问题的普遍性和日益复杂化等方面，探讨了未来全球治理改革的新维度，指出未来跨国管理的新机制和应对全球化负面影响的新议程，改变由西方工业国家主导的全球治理议程所包含的政治和理论偏好。建立旨在包容发展的国际对话机制和有效应对跨国挑战的跨国合作机制。[3]

2015年，全球气候谈判取得了《巴黎协定》这个重大成果。协定涵盖了减缓、适应、资金、技术、能力建设、透明度等要素，是对各缔约方在2020年后如何落实和强化全球气候治理行动的框架性规定。本节从城市的气候变化主场外交、气候城市联盟等出发，认为全球气候治理多边层次的突破性进展，加上全球气候治理主体多元化这一大背景，必将促使城市在这一治理体系中的地位和作用进一步上升。城市气候外交的开展以及今后达成共识可能会形成的具有约束力的框架，将推动国家的改变，城市国际合作本身也开创了一个相对独立的全球气候治理网络，可以在很多情况下不依赖国家的权威而发挥治理的作用。从既有实践来看，城市在气候治理中的独特作用大致包含以下几个方面：历次全球气候大会的会址都是具有代表性的城市；C40等跨国城市气候网络成为跨国性的对话和共同行动平台，进而培育了推动全球气候治理发展的重要跨国力量；城市主导的自下而上碳市场成为全球公私合作（public private partnerships）的基础和动力。

---

[1] Hoffmann, Matthew J., 2011, *Climate Governance at the Crossroads: Experimenting with a Global Response After Kyoto*, Oxford: Oxford University Press.

[2] 张晓鹏、朱晓宇、刘则渊：《国际公共危机管理研究的文献计量学分析》，《科学学与科学技术管理》2011年第3期，第119—123页。

[3] 张胜军：《全球深度治理的目标与前景》，《世界经济与政治》2013年第4期，第55—75页。

作为新治理路径的开发者和积极实践者，城市成为试验性全球气候治理的先锋，其政策实践虽然基于地方，却又通过国内和跨国网络传播到全球气候治理体系的其他部分，从而推动着体系的发展和转型。

一、城市参与气候治理的动力

主体的多元化是全球治理的重要特征之一。[1]在全球环境治理领域，对于治理主体的认知一直存在着两种不同观点：一种观点认为主权国家在全球环境治理中起关键作用；而另一种观点则认为主权国家不再是全球环境治理的中心，主张建构一个超越国家中心主义的治理体系。[2]第二种观点是推动全球环境治理向跨国化和多元化方向发展的主要力量。全球环境治理主体的多元化趋势在 2012 年联合国“里约 + 20”峰会和 2015 年后已经初具规模，公私合作为全球公共产品私有化的可能趋势、为政府与私营部门各取所需获得双赢目标提供了逻辑上合理的思路。联合国自 2013 年起，将“公私合作”作为未来开展全球环境治理融资和具体实施的重要方式。[3]2014 年召开的 APEC 会议将“公私合作”进行资源开发与环境保护作为重要的工作模式。联合国提出三类行为体作为“多利益攸关方”[4]：第一类是对各种气候环境问题有法律承诺的各国政府；[5] 第二类是各类致

[1] Najam，Adil，Mihaela Papa，and Nadaa Taiyab，2016，“Global Environmental Governance：A Reform Agenda”，http://www.iisd.org/publications/searchpublications.aspx?srch = global%20environmental%20governance.

[2] 联合国大会 62/288 决议：《我们希望的未来》，2012 年 9 月 11 日，http://www.un.org/ga/search/view_doc.asp?symbol = A/RES/66/288&referer = http://sustainabledevelopment.un.org/futurewewant.html&Lang = C3。

[3] 参见全球环境基金网站：Ishii，Naoko，2013，“Time for Transformational Change：The Role of the GEF”，http://www.thegef.org/gef/pubs/time-transformational-change。

[4] 《改变我们的世界：2030 年可持续发展议程》，外交部网站 2016 年，http://www.fmprc.gov.cn/web/ziliao_674904/zt_674979/dnzt_674981/xzxzt/xpjdmgjxgsfw_684149/zl/t1331382.shtml。

[5] 包括美国、英国、法国、丹麦、巴西、南非、马尔代夫、阿巴鲁、莫桑比克等发达或发展中国家以及落后国家，都在峰会上宣布开展以气候变化应对为主的政策、投入以及援助等。

力于可持续发展的地方政府和非营利机构，包括城市、国际性环保团体等；第三类是包括银行、投资公司、零售等在内的各类营利性市场主体。虽然多元行为体在全球环境治理中的行动仍处在探索阶段，其行动大多属于行动指南或政策理念性质，现实效果尚存疑，但它们的参与毕竟突破了国家间谈判这一传统的治理模式，推动着环境治理向真正的全体系参与方向发展，因而具有里程碑意义。

作为全球环境治理的一个部分，全球气候治理的发展自然也体现着强烈的多元化和跨国化趋势。城市在这一转型大潮中脱颖而出，成为重要的治理主体。城市之所以对应对气候变化至关重要，首先是因为城市拥有全球大部分的居住人口、2/3 的能源消费，以及超过 70%的全球碳排放。据估计，到 2030 年，城市将占全球能源碳排放的 76%。[1]其次，城市作为国家气候政策的具体实施者，对应对气候变化有推动作用。在 20 多年的谈判过程中，城市展现出很大的机制灵活性和适应性。同时，城市也成为倾向多元合作的重要渠道，它们可以通过跨国网络方便地交换信息以及专业知识，凭借多政治主体优势进行外交，并与具体的气候变化问题相结合。这可能得益于城市作为人类聚集模式的基础性功能以及国际机制政治进程对城市的低约束性结果。[2]

城市参与全球气候治理的理论基础之一是城市外交。“城市外交”指的是城市或地区代表该地区的利益，在国际政治舞台上发展与其他行为体关系的制度和过程。[3]城市外交是城市在多层次、多维度上与其他政治行为体互动的过程。城市政治关系不只限于城市与其他城市的互动，还包括城市与其他政治机构，如中央政府、外国政府或国际组织的互动。[4]这个定

[1] Clapp, Christa, Alexia Lesseur, Olivier Sartor et al., *Cities and Carbon Market Finance: Taking Stock of Cities' Experience with Clean Development Mechanism and Joint Implementation*, http://www.oecd.org/env/cc/46561684.pdf.

[2] Acuto, Michele, 2010, "City Diplomacy", *World Expo*, 2010 May—Oct: 28—29.

[3] Van der Pluijm, R. and Jan Melissen, 2007, "City Diplomacy: The Expanding Role of Cities in International Politics", *Cligendael Diplomacy Papers* 10: 6.

[4] Acuto, Michele, 2010, "City Diplomacy".

义将城市置于国际体系之中，强调了城市作为行动者的能动性，可用于从学理上探讨城市外交的制度和实施过程。城市作为新的全球治理主体在国际领域表现积极，很大程度上是因为新技术和新领域发展导致全球交流与合作的不断深化，进而逐渐模糊了国家、城市和国际政治的权威边界，地方政府通过它们在国际网络中的参与来寻求国际认同和影响力[1]，如世界城市和地方政府联合组织。"城市政府外交政策"（municipal foreign policy）概念则从城市政治的角度出发讨论了城市与外交的互动关系。[2]

城市参与全球治理的另一个理论基础是多层治理理论，该理论认为国家政府的地位正在下降，一个新的、多层次的治理系统正在成形。多层治理框架强调一种在相互重叠和相互联系的权威领域中的多中心和多维度治理模式，其中不仅涵盖国家权威的向上让渡，也推动了从全球到地方向下实施治理。[3]随着全球化的发展和相互依赖观念的加深，与城市相关的气候和环境联盟越来越多。例如美国一些地方政府在区域性减排协作机制中表达自己的倡议，并建立了许多城市气候行动网络组织，这些组织为城市提供了政治自主权、财政资源和技术支持，使他们能够积极地参与到降低温室气体排放水平的行动中。同时城市和地方机构能够在多层次的政治结构中发挥重要作用，并且城市自下而上的碳市场的发展也成为了城市应对气候变化的重要性市场化手段以及城市全球治理私有化的重要形式。

二、城市与全球气候谈判的发展

在过去20多年里，城市对全球气候治理的贡献不断增加。城市通过积极主办气候大会、建构跨国城市气候治理网络、影响所在国家气候政策等方式，推动了全球气候治理的发展。每年联合国气候大会选择的主办城市

---

[1] Gutiérrez-Camps，Arnau，2013，"Local Efforts and Global Impacts：A City-Diplomacy Initiative on Decentralisation"，*Perspectives*：*Review of International Affairs* 21(2)：49—61.

[2] Hobbs，Heidi H.，1994，*City Hall Goes Abroad. The Foreign Policy of Local Politics*，London：Saga.

[3] Betsill，Michele M. and Harriet Bulkeley，2006，"Cities and the Multilevel Governance of Global Climate Change"，*Global Governance* 12(2)：141—159.

在气候谈判与气候治理领域都发挥了领头羊的作用，它们往往成为全球气候治理发展的标志。例如，1992 年巴西里约热内卢承担了组织全球气候谈判的重要责任；1995 年在德国柏林国际会议中心召开的会议通过了《柏林授权书》等关键文件；在日本京都通过的《京都议定书》为实现全球范围的温室气体减排工作提供了真正的全球性框架；巴厘岛召开的第十三次缔约方会议通过了“巴厘路线图”，重新强调合作，以及包括美国在内的所有发达国家缔约方都要履行可测量、可报告、可核实的温室气体减排责任等。主办气候变化的城市更加积极参与全球气候治理，如世界气候变化市长委员会（WMCCC）的创始主席即为日本京都市长，副主席则为长期承办气候谈判工作会议的波恩市市长。[1]

城市气候谈判推动了国内气候治理。巴西在召开里约热内卢联合国环境与发展大会之后，对气候变化的认知开始发生变化。在联合国气候变化谈判问题上，巴西也开始采取积极和建设性立场。一些国家还把城市作为气候外交的重要平台。波恩对于全球气候治理有重要的影响，1995 年柏林气候大会通过了《柏林授权书》等文件，并决定将《联合国气候变化框架公约》的办事机构常设秘书处设在德国波恩，之后，德国的气候治理政策进入新的发展阶段。[2]德国以波恩为全球气候外交的抓手，对全球气候变化发挥着引领作用。[3]日本对联合国的外交重点也是基于京都的气候谈判平台建设，《京都议定书》作为以日本城市命名的全球协定，至今仍然发挥着相当的影响。1997 年《联合国气候变化框架公约》第三次缔约方会议在

[1] WMCCC，2012，“Mayor Park of Seoul takes the helm of WMCCC from Mayor Ebrard of Mexico City”，World Mayors Council on Climate Change Website，Retrieved December 31，2012，http://www.worldmayorscouncil.org/press-room/news-detail/article//mayor-park-of-seoul-takes-the-helm-of-wmccc-from-mayor-ebrard-of-mexico-city.html.

[2] Federal Ministry for the Environment，2010，“Nature Conservation and Nuclear Safety. The National Climate Protection Programme 2005：Summary”，February，http://www.bundesregierung.de/Webs/Breg/EN/Federal-Government/Ministries/FederalMinistryForEnvironment/federalministry-for-environment.html.

[3] International Energy Agency（IEA），2007，*Energy Policies of IEA Countries：Germany Review 2007*，November，p.28.

京都举行，京都气候外交作用由此凸显。[1]《京都议定书》正式生效是人类历史上首次以法规形式限制温室气体排放，为20世纪末最重要且最有深远意义的世界条约。[2]京都会议所推动的全球环境事务已成为日本社会各界关注的焦点，环境事务也越来越多地出现在日本的外交议程当中。《联合国气候变化框架公约》第八次缔约方大会通过《德里宣言》，明确提出在可持续发展框架下应对气候变化，新德里对气候谈判与环境治理的作用由此显现。新德里气候大会之后，在对外方面，印度政府更为积极地参与国际气候合作与谈判，成为“内罗毕工作计划”的促成者，并利用《京都议定书》中的“清洁发展机制”（CDM）大力开发利用清洁发展项目。[3]2009年纽约联合国气候变化峰会为哥本哈根气候变迁会议奠基，纽约气候变化应对措施[4]十分值得借鉴。自2005年以来，纽约市的温室气体排放量已经下降了19%，相比五年前设定的目标，纽约市目前已经完成了2/3。纽约前市长布隆伯格在应对气候变化方面，强烈支持制定全美气候变化法案，同时他还是一个致力于减排的全球市长联盟的领导者。2009年丹麦哥本哈根气候大会也推动了欧盟引领全球低碳经济。丹麦推出的长期目标是在2050年前摆脱对化石燃料的依赖。2011年德班气候谈判对南非气候治理的促进十分有效。东道国身份促使南非在德班气候大会召开之前加速制定《南非应对气候变化政策》。南非政府于2011年7月开始起草《南非应对气候变化》白皮书。[5]2014年利马大会中秘鲁作为东道国，除了在会议上协调各国的立场和提出解决方案外，另一个重要任务就是要让全世界了解拉美城市气候变化的特点，以及促进坐落在安第斯山脉的南美多国尽快采取

[1] 于建军：《日本履行〈联合国气候变化框架公约〉情况介绍》，《中国人口、资源与环境》1996年第9期，第87—88页。

[2] 韩昭庆：《〈京都议定书〉的背景及其相关问题分析》，《复旦学报》2002年第2期，第102页。

[3] 张海滨：《印度：一个国际气候变化谈判中有声有色的主角》，《世界环境》2009年第1期，第30—33页。

[4]《纽约气候变化应对措施见效　碳排放下降19%》，人民网2014年1月10日，http://www.weather.com.cn/climate/2014/01/qhbhyw/2035080.shtml。

[5] The Government of the Republic of South Africa，2011，*National Climate Change Response White Paper*.

城市联合性气候减缓行动。

2015年12月12日，《联合国气候变化框架公约》第20次缔约方大会暨《京都议定书》第十次缔约方大会主席法国时任外交部长法比尤斯主持下通过了《巴黎协定》。《巴黎协定》代表了人类应对全球气候变化挑战的一个新的里程碑，联合国和法国均强调希望能够通过以“巴黎”命名的全球新治理框架。《巴黎协定》致力于鼓励企业和社会的力量，鼓励自下而上的减排努力，提出“争取把温度升幅限定在1.5℃，并把减排量减至400亿吨”。在《巴黎协定》中，城市被正式列进气候变化的利益和责任的攸关方。

三、城市气候网络与全球气候治理

城市网络是最重要的地方政府跨国联系，城市通过地方政府间的跨国联系具备了跨越多层全球治理的能力。城市也可以组成“友好群体”，例如M4城市的案例（伦敦、柏林、莫斯科、北京）。[1]通过城市联盟，城市外交进一步朝向多元合作方向发展。近年来随着全球性环境危机的日益严峻，在全球环境治理主体多元化和地方政府地位凸显的双重背景下，国际城市开展多层次的合作，建立了一系列对话和共同行动的平台，建立了部分世界城市参与的国际合作组织或联盟，并签署了《绿色城市宣言》《市长与地方政府气候保护协定》等国际协定。联合国“里约+20”峰会指出：“重申各级政府和立法机构在促进可持续发展方面的关键作用。我们还确认在地方和国家以下各级所作的努力和取得的进展，认识到此类当局和社区在落实可持续发展方面可以发挥重要作用，包括调动公民和利益攸关方，酌情向他们提供有关可持续发展三个层面的相关信息。”[2]

虽然城市间协定不像国家间协定那样具有很强的法律约束力，但城市

[1] Acuto, Michele, 2010, “City Diplomacy”, *World Expo*, May—Oct, pp.28—29.

[2] 联合国大会62/288决议：《我们憧憬的未来》，2012年9月11日，http://www.un.org/ga/search/view_doc.asp?symbol = A/RES/66/288&referer = http://sustainabledevelopment.un.org/futurewewant.html&Lang = C3。

气候网络的作用不可小觑。一方面，城市气候网络有灵活、务实、合作、高效等特点。正是因为城市合作不需要复杂的谈判和法律程序，跨国城市气候网络的建构、相关合作项目的上马和实施比国家层次要容易得多。如果说国家间气候谈判涉及复杂的权力、利益、责任、法理问题的话，城市气候网络则更多地关注实践，其焦点往往在于政策经验交流和城市间的相互支持等。因此，城市气候网络是松散但有效的实践共同体，这与国家间互动有着重要区别。另一方面，城市气候网络有利于信息的高速传播。城市对新政策往往有着强烈的学习欲望。跨国政策往往较难在国家层次扩散，但于次国家层次扩散则要简单得多。因此，城市气候网络正好满足了城市对信息的渴望，从而促进了气候治理政策的跨国传播。城市气候环境治理网络领域的重要平台。

在全球性挑战日益严峻、全球治理主体多元化和地方政府地位凸显的双重背景下，以上组织从不同地区不同层面对全球问题开展一系列的国际城市多层次的合作，这些已建立的对话和共同行动的平台对城市间开展合作以及城市外交的发展起到了极大的推动作用。同时，这些组织活动的开展以及今后达成的共识可能会形成具有约束力的框架，并进一步规范国家行为，这是城市层面的合作通过全球治理多层次框架来推动国家在全球气候问题上的发展与进步。

综上所述，随着全球化的发展，城市逐渐走向世界舞台的中心，城市在全球事务中逐渐起到了越来越重要的作用。尤其是在发展模式选择、文化交流、生态环境保护、跨国移民、教育、科技扩散等事关世界可持续的问题上，城市都扮演着不可或缺的角色。地方政府间的跨国联系给予了城市以跨越多层全球治理的能力，城市也可以组成“友好群体”。不仅如此，全球城市通过城市碳市场（如芝加哥、上海等）有能力连接地方和国际，通过它们的能力去发展并良好地协调两者。因此，世界范围内的城市联系有相当大的规范力量并且可以通过提倡网络和同盟去促进全球环境治理能力。[1]

---

[1] Acuto, Michele, “City Diplomacy”, *World Expo*, 2010 May—Oct, pp.28—29.

第二节

城市和全球应急治理

新冠肺炎疫情危机凸显了构建人类命运共同体的重要性，在疫情等全球灾害面前，全人类都是“利益攸关方”。《二十国集团领导人应对新冠肺炎特别峰会声明》强调“前所未有的新冠肺炎大流行深刻表明全球的紧密联系及脆弱性”和国际协作的重要性。国际协作需要多元行为体，国内外突发公共危机应急管理国际合作机制的研究均提出了在经济全球化背景下应构建有效健全的应急管理国际合作体系。全球协作的主体之间的协调不仅涉及政府、非政府组织，还有国际与地方的协调、府际之间的协调。

一、非洲城市在粮食安全危机应对领域的合作

非洲正在经历不可逆转的向以城市为主的社会过渡。联合国预测，到2035年，非洲的城市化将达到50%，到2050年将达到60%。城市化的前景突出了粮食的安全问题。而事实是，关于非洲城市粮食不安全危机的知识严重匮乏，也缺乏足以制定城市人口粮食安全政策的人才和人才培训。在粮食安全政策和计划的指导下，广泛并及时普及粮食知识对于非洲城市发展的重要性不言而喻。

非洲食品安全城市网络（African Food Security Urban Network，AFSUN）成立于2008年，旨在解决非洲快速增长的城镇中的粮食不安全危机。AFSUN致力于改善有关非洲城市粮食不安全的规模和原因的知识基础，并制定和倡导国际、国家和地方政策以加强粮食和营养安全。AFSUN还开展了研究生培养项目和在职培训计划，内容包括非洲政府和非政府组织应对快速城市化挑战，以及非洲城市食物供应能力建设等。AFSUN的主要目标是在非洲快速发展的城镇中获得有关粮食不安全的规模和决定因素

的新的应用知识。《AFSUN 城市粮食安全丛书》[1] 对其中各种因素互相之间的关系有详细说明，例如：超级市场的区域扩张对粮食安全的影响；粮食安全与城市农业之间的关系；艾滋病毒和艾滋病对粮食安全的影响；南部非洲粮食银行的兴起；气候变化对城市和城市粮食安全的影响；非洲城市的营养过度以及营养过剩或肥胖的加剧；粮食安全与移民之间的联系与发展；性别歧视对粮食安全的影响等。AFSUN 计划的关键方面之一是加强网络合作伙伴开展与政策相关的研究的能力。AFSUN 与非洲城市中心和开普敦大学环境与地理科学系一起提供年度研究生城市食品安全课程，以及面向本科生和暑期学校课程的模块。先进的城市粮食安全研究和分析能力普遍不足，促使 AFSUN 向硕士和博士生提供资金和研究金。另外，AFSUN 通过与城市社区变革推动者的合作，增加他们对整个城市粮食系统的了解，并建立机构间合作伙伴关系，以影响贫困城市社区的食物可及性。

表 6.1　AFSUN 成立至今所开展的主要项目课题[2]

项目名称	年份	资助者	主要活动
南部非洲城市的城市粮食安全	2008—2017	加拿大国际开发署（CIDA）一级计划	这是 AFSUN 成立之初的第一个项目，旨在对九个国家的 11 个南部非洲城市的城市粮食安全的决定因素进行研究。重点研究城市化、城乡迁移和城市粮食安全之间的关系。
不断增长的非正式城市（GIC）项目	2011—2016	国际开发研究中心（IDRC）	该项目由皇后大学的南非研究中心（SARC）、非洲城市中心（ACC）、豪登省城市地区观察（GCRO）和爱德华多・蒙德拉内大学之间合作展开，旨在提供有关开普敦、约翰内斯堡、马普托和哈拉雷四座城市的移民在非正式行业中的作用。
城乡联系和食品汇兑	2016	国际农业发展基金（IFAD）、国际环境与发展研究所（IIED）	该项目是在 IIED 的城市化和城乡联系项目的框架下进行的，并与 AFSUN 合作。该项目的目的是评估关于非洲粮食运输的现状及其对农村和城市粮食安全的影响。

[1] Crush, Jonathan, 2014, African Food Security Urban Network (AFSUN), in P.B. Thompson and D.M. Kaplan (eds.) *Encyclopedia of Food and Agricultural Ethics*, https://link.springer.com/content/pdf/10.1007/978-94-007-0929-4_380.pdf.

[2] http://www.afsun.org/projects/.

（续表）

项目名称	年份	资助者	主要活动
南非城市难民创业问题的经济影响研究	2016—2017	联合国难民事务高级专员办事处（UNHCR）	该项目侧重于在开普敦和林波波（Limpopo）城市非正规行业关于难民所经营企业的商业战略和经验。
消费城市贫困 2（CUP2）	2018—2021	加拿大社会科学和人文科学研究理事会（SSHRC Insight）	基于非洲城市中心由 ESRC-DFID 资助的消费城市贫困（CUP）项目，着眼于马拉维、喀麦隆和纳米比亚的非洲次要城市的粮食系统。除了家庭粮食安全基线调查外，该项目还在研究这些国家的非正式粮食供应商和城乡联系。
全球南方城市的非正式、包容性增长和食品安全	2014—2019	可持续社会国际伙伴关系（IPaSS）计划，IDRC 和 SSHRC	就青年就业和企业家精神在这些城市的粮食系统中的作用和机会为主要研究内容对非洲的开普敦、马普托、内罗毕和温得和克的非正式粮食系统供应商和企业家精神进行调查。

AFSUN 围绕粮食安全问题研究，支持非洲城市食物供应能力建设，其联合非洲城市展开的合作行动主要从基层和市政两个层面切入。基层层面从社区数据的调研开始，阐明贫困家庭与粮食安全现状的联系。2008—2009 年间，为帮助非洲城市跨越知识鸿沟，对 11 个非洲城市（布兰太尔、开普敦、哈博罗内、哈拉雷、约翰内斯堡、卢萨卡、马普托、曼齐尼、马塞卢、姆松杜兹和温得和克）的贫困城市社区的粮食安全状况进行了基线调查。这一调查基于粮食与营养技术援助项目（FANTA）制定的四个定量粮食不安全（获取）量表，通过标准化问卷的形式对这些调研城市进行平行比较来衡量粮食的不安全水平。调查覆盖 6 453 户家庭，人数达 28 771 人。2012 年，AFSUN 在哈拉雷进行后续调查来确定自 2008 年津巴布韦经济和粮食危机最严重情况以来粮食不安全状况是否有所改善。AFSUN 基线调查为南部非洲地区的城市粮食不安全状况提供了前所未有的见解。研究结果发表在一系列针对城市的研究中，这些研究中的每一项都确定了每个城市如何以及为何与地区情况相符或与地区情况相异。显而易见的是，即使在人口流动率相似的城市中，对粮食不安全的分析也需要考虑到每个城市地区的特定当地情况。AFSUN 基线调查还发现了许多关键知识缺口，需要进一步研究。例如，移徙与粮食安全之间的关系以及移徙者融入城市粮

食系统的关系需要进一步调查。在这方面，AFSUN 正在开展一项研究，即有关南非城市开普敦和约翰内斯堡的津巴布韦和莫桑比克移民的粮食安全状况和战略。此外，AFSUN 的调查显示，非正规粮食经济对许多城市贫困家庭的粮食安全至关重要。因此，AFSUN 目前正在对开普敦和约翰内斯堡两个城市的正式和非正式食品零售之间的关系进行研究。针对市政层面的治理，AFSUN 与城市规划者以及地方政府网络［如东部和南部非洲的市政发展伙伴关系（MDP-ESA）和南非城市网络（SACN）］保持紧密合作，或是与国际大都市和国际移民研究中心等区域和全球研究与政策网络的合作。其中主体包括“城市粮食安全：战略政策方向”（Urban Food Security：Strategic Policy Directions）的会议（2010 年在南非埃库尔赫勒尼），“城市粮食安全和艾滋病毒”（The Urban Food Security and HIV）会议（2011 年在德班）和“全球南方城市的迁移，城市化与粮食安全”（Migration，Urbanization and Food Security in Cities of the Global South）会议（2012 年在开普敦）。AFSUN 还在各个城市召集讲习班，与城市官员一起应对本市粮食不安全的挑战。2012 年，AFSUN 与 Reos Partners 合作为城市官员和规划者提供了培训讲习班，该研讨会着重于以体验式学习的方式将官员置身于城市食品系统的各个方面。2013 年，AFSUN 开始为开普敦市制定食品安全策略。之后，AFSUN 又继续在多个层面展开合作，不仅帮助城市保障粮食安全，在促进非洲城市对外交流与合作上也发挥了重要的作用，为城市可持续发展提供了活力和能量。

综上所述，城市联盟或城市合作网络在城市合作管理上起着网络组织枢纽的作用，成为成员国和协调机构的对口组织，并与区域合作组织政策目标保持一致，在创新、人道主义援助、最佳实践案例分享、伙伴关系维持，以及多部门合作上起到关键作用。粮食安全问题直接关系到每一座非洲城市居民的健康状况，决定了城市化建设的推进程度。因此，围绕粮食安全 AFSUN 的行动致力于制度上的完善，包括行动逻辑的建立和工作重点的确定。在行动逻辑上，AFSUN 的工作一方面对城市粮食从生产到运输的安全问题进行细致、全面的调研，另一方面积极推广相关研究成果，在解决饥饿问题的同时兼顾提高食品安全意识。在工作重心上，以围绕关键问题开展的项目研究为主的非洲食品安全城市网络专注于研究成果的宣传和推广。在成果宣传方面，通过调研、报告、培训、会议等形式提供了一个城市和地方政府相联系的平台，从而促进成员间的经验分享和洽谈合作。在成果推广方面，根据具体的议题和城市（或指定区域）现状量身定制一系列的研究项目和活动。在制度优化上，着眼治理目标（城市居民粮食安全），针对城市化发展过程中人口集中、城市人口密度上升、生活质量要求提高等趋势来设计卫生健康治理目标。加强能力建设，基于城市共情，以城市合作的形式相互促进或共同管理，并推广创新的治理模式。

二、 中非地方合作推动解决非洲疟疾

世界卫生组织在其《2016—2030 年全球疟疾技术战略》报告中提出疟疾防治战略目标：降低全球疟疾发病率至少 90%，降低全球疟疾死亡率至少 90%，至少在 35 个国家消灭疟疾，在所有无疟疾国家防止疟疾卷土重来。据世界卫生组织 2018 年世界疟疾报告显示，2017 年，全球疟疾流行国家政府及国际机构共投入 31 亿美元用于控制和消除疟疾，其中 22 亿美元投资用于非洲区域。到 2020 年，每年投资总额估计需增至 66 亿美元。据统计，2006 年科摩罗的疟疾病例共计 10.8 万例。广州中医药大学的抗疟项目组自 2007 年起与科摩罗政府开展疟疾防治合作，建立了三级防控体系：科摩罗国家疟疾防治中心、大科摩罗岛卫生厅和中国专家组成中科综合抗疟工作组领导整个行动，区域级医院负责监督实施，村一级的卫生员则具体落实到每家每户。卫生员人手一本登记册，详细记录居民信息，以便给不同年龄段居民给服不同剂量的药。在实施健康全民行动中，户籍档案不全、实地调研地理因素和登革热等其他传染病威胁是阻碍疟疾统计所面临的最直接问题。在援科摩罗疟疾防治中心技术项目中国专家的指导下，1 700 多名当地卫生员走街串巷、挨家挨户地将抗疟药物发给每一位居民。2014 年，

科摩罗实现了全国疟疾零死亡，发病人数下降了98%，到2017年10月底，科摩罗的第二轮疟疾防治行动结束，实现大科摩罗岛全民服药。与项目实施前的2006年相比，2017年科摩罗全国疟疾发病率下降超99%，大科摩罗岛之外的另外两座主要岛屿莫埃利岛和昂儒昂岛也实现无疟疾本地感染。

中国基于青蒿素的复合疗法被世界卫生组织推荐为一线抗疟治疗方案，它拯救了数百万人的生命，使非洲疟疾致死率下降66%，五岁以下儿童患疟疾死亡率下降71%。如今，越来越多的非洲国家积极参与到中国援非项目中来。其中，圣多美和普林西比、马拉维和多哥三国正在广州中医药大学团队的支持下实施疟疾防治项目。马拉维和多哥位于非洲大陆，人员和传染源流动性较大，与科摩罗这样的岛国相比，抗疟难度更高。项目旨在提高当地服药覆盖率，帮助当地建立疟疾防治体系，尤其是基层疟疾防治队伍，为社区提供抗疟基本知识教育。2017年，46国报告本土疟疾病例低于1万例，2010年则仅有37国，本土疟疾病例低于100例的国家数量从2010年的15国增至2017年的26国。同期，全球疟疾的每千人发病率从72例降至59例。[1]在多哥高原区东莫诺省开展的中多合作复方青蒿素控制疟疾示范项目，使当地疟疾感染率从79%减少到37%。

坦桑尼亚是东非疟疾高发国，为共同推进非洲卫生健康事业发展，2015年至2018年，由英国国际开发署出资、中国疾病预防控制中心寄生虫病预防控制所提供方案和专家、坦桑尼亚当地卫生研究所协助实施的中坦疟疾控制示范项目取得实效。在中国—英国—坦桑尼亚疟疾防控合作试点项目支持下，由中国疾病预防控制中心寄生虫病预防控制所（National Institute of Parasitic Diseases，NIPD）作为主要承担单位，坦桑尼亚依法卡拉卫生研究所（Ifakara Health Institute，IHI）等作为境外主要实施单位，联合国内外11家主要机构和单位共同完成坦桑尼亚南部鲁非吉地区2015—2018年间疟疾社区现场干预，高发病社区的人群疟疾感染率下降了85.4%（从36.9%降至5.4%），低发病社区的人群疟疾感染率下降了70.1%（从

[1] 韩璐、陈晓平：《青蒿战役——迟来的国家名片》，《21世纪商业评论》2019年10月。

15.9%降至4.7%）；且干预社区的疟疾病例死亡已降至很低水平（干预期间卫生机构未有疟疾死亡病例报告）。[1]此外，作为试点的鲁非吉地区2018年的疟疾感染率下降80%以上。比尔及梅琳达·盖茨基金会也参与其中，积极支持中坦疟疾控制示范项目继续开展。今天，科摩罗抗疟的成效吸引了越来越多非洲国家的注意，中国广东抗疟模式还将在马拉维、多哥，巴布亚新几内亚建立示范区，首批受惠人口将超过40万人。

自2009年以来，刚果（金）民众饱受疟疾病害折磨。2009—2011年，刚果（金）东部南基伍、北基伍等六个省的疟疾病例从4.5万多例陡增到15.8万多例，疟疾防治形势日益严峻。2018年，广州企业给孤儿院儿童捐赠了抗疟药品、衣物、文具和食物等生活急需物资，并且联合当地药企进行免费义诊。文化是让人学习新事物最好的方式，中医文化理念在世界各地都有广泛传播，在中刚友谊医院，医疗人员基于中医理念，在问诊过程中介绍病情的判别和病原传播途径，普及护理和卫生常识，培养社区居民健康意识，支持刚果抗疟能力建设。自2014年西非爆发埃博拉病毒疫情后，中国正式拉开对非洲系统性公共卫生援助的序幕，于2015年签订《中非公共卫生合作计划》，支持疾病防控能力建设，加强突发公共卫生事件应对。到2020年，中国已经在非洲援建了30个疟疾防治中心。[2]目前，疟疾治疗已从医学调研、药物捐赠及疫控中心合作建设阶段开始逐渐深化，向社区级预防发展。

综上所述，要有效遏制疟疾，必须推动中国和非洲国家的新型南南合作，其中地方合作是重点，地方医疗援助有利于传播城市形象，并在推进城市间多领域合作和友好往来中提供助力。广州扎实的医药科研功底和积极的企业探索精神通过文化交流带动了非洲当地抗疟模式趋向成

[1] 马雪娇、丁玮、王多全、段磊、黄璐璐、王贝、李红梅、钱颖骏、官亚宜、肖宁、周晓农：《浅析中—英—坦疟疾防控合作试点项目的主要成效与挑战》，《中国寄生虫学与寄生虫病杂志》2020年第3期，第360—365页。

[2] 习近平：《开启中非合作共赢、共同发展的新时代》，人民网2015年12月4日，http://politics.people.com.cn/n/2015/1204/c1001-27892314.html。

熟。中医问诊和中医药在治疗疟疾过程中的积极作用在中国援助非洲抗疟卫生治理体系建设过程中以“传统文化”的切入方式打下了合作的信任基础。[1]此外，健康产业是市场空间极大、能解决人们健康问题的优势产业，而健康产业的可持续发展离不开中医，中医对世界的贡献还在持续。企业是地方医疗合作的桥梁，企业自身有技术和产品推广的需求，而两国的持续合作离不开企业的参与。中非抗疟合作是由企业和科学家结成联盟、基于技术优势通过国家间的援助行动来实现的，是典型的公私合营合作模式，一方面可以直接利用援助方的技术成果；另一方面被援助方在受援过程中逐步建立适合自己的管理经验，推广援助方的技术产品，从而形成更为广泛的援助合作网络。

[1] 王立立、董小平：《中非公共卫生合作　机遇与挑战》，《中国投资（中英文）》2019年第2期。

第七章

上海已有的国际网络和进展

创新国际网络、上海国际友好城市网络、上海世博会城市绿色创新网络、跨国公司上海总网络、教育和科技国际交流网络是上海市已参与并进行整合的五大国际城市网络。其中，创新国际网络通过聚焦欧洲的创新优势与上海创新中心的发展需求，寻求欧洲创新潜力与上海合作的连接点，为建立国际间创新网络奠定基础。上海国际友好城市网络则以维护世界和平、增进相互友谊、促进共同发展为目的。上海在世界范围内与国际友城积极开展政治、经济、科技、教育、文化、卫生等多个领域的交流合作。上海世博会城市绿色创新网络使上海借助2010年世博会这一展示平台，促进了中国人民对世界各地城市发展的认知度和存在度。同时，在高质量的内容驱动策略的指导下，上海的国际地位与影响力均得到提升。跨国公司地区总部是指在跨国公司全球经营战略的框架下，从区域级层面上对数个地区公司各项活动进行统筹管理，并制定区域性经营战略的组织形式。通过跨国公司上海总网络，上海利用外资实现跨越式发展。同时，总部企业对于形成更好的产业集聚效果、起到典型的示范效应十分重要。在教育和科技国际交流网络中，上海市对外教育交流中心、上海国际交流协会、上海科协事业发展中心、上海市科普教育展示技术中心、上海对外科学技术交流中心各自承担了不同职能，在上海的教育与科技国际交流领域作出了独特贡献。

第一节

“一带一路”的上海角色与创新国际网络

上海是“海上丝绸之路”途经的重要节点城市，是中国经济、市场、科技要素最发达的城市，同时还是“一带一路”倡议中最重要的地方支撑之一。中央要求上海发挥“一带一路”的桥头堡作用。这既是上海的任务，也是上海的机会。根据“一带一路”走向，上海应依托国际大通道和海上蓝色经济通道，以沿线中心城市和港口城市为支撑，以重点经贸产业园区为合作平台，共同打造物流、信息流、人才流、资金流畅通的国际经济合作走廊。上海应抓住这个历史机遇，在世界范围内打造政策规划、技术标准、创新市场“三位一体”的新型政治经济合作模式。在 2017 年“一带一路”国际合作高峰论坛中，国家主席习近平出席开幕式并发表主旨演讲。习近平在讲话中提出，中国愿同各国加强创新合作，启动“一带一路”科技创新行动计划，开展科技人文交流、共建联合实验室、科技园区合作、技术转移，要将“一带一路”建成创新之路。作为“丝绸之路经济带”和“21 世纪海上丝绸之路”的中心枢纽城市，上海拥有复合中枢属性，在“一带一路”倡议规划下，上海同时作为“一带一路”沿线地区的创新中枢、经贸中枢、金融中枢、物流中枢与信息中枢。通过“一带一路”倡议，上海一边连接亚太经济圈，一边连接发达的欧洲经济圈。因此为了促进城市发展、服务国家大局，上海必须主动融入“一带一路”城市国际纽带建设。“一带一路”倡议具有丰富的内涵与外延，通过政策沟通、道路联通、贸易畅通、货币流通、民心相通等“一带一路”建设的主体任务，上海市可以快速推动全球城市合作。

本章对上海已经具有国际交流能力的网络进行优化组合，主要包括上海国际友好城市网络、上海世博会城市绿色创新网络、跨国公司上海总部网络，以及教育和科技对口的上海国际教育交流网络和上海国际科技交流网络。本章对上述网络中的科技创新因素进行梳理，并以上述网络为基础，强化与欧洲创新城市以及“一带一路”枢纽城市之间的创新纽带。本章还将分析上海科创中心建设对全球创新伙伴网络的需求，对已经出台的上海市政府关于具有全球影响力的科创中心等战略发展文件进行解读，按照创新领域和时序安排，逐一分析上海科创中心建设对全球合作伙伴的依赖度及合作内容的需求，并聚焦欧洲的创新优势与上海创新中心的发展需求，寻求欧洲创新潜力与上海合作的连接点，为建立国际间创新网络奠定基础。

一、 共建“一带一路”中的上海角色定位

上海参与“一带一路”倡议相关政策规划已完成并处于实施阶段，中央给上海的定位为“一带一路”桥头堡。把服务国家“一带一路”建设作为上海继续当好改革开放排头兵、创新发展先行者的新载体，服务长三角、服务长江流域、服务全国的新平台，联动东中西发展、扩大对外开放的新枢纽，努力成为能集聚、能服务、能带动、能支撑、能保障的桥头堡。上海服务国家“一带一路”建设，以上海自贸试验区为制度创新载体，以经贸合作为突破口，以金融服务为支撑，以基础设施建设为重点，以人文交流和人才培训为纽带，以同全球友城和跨国公司合作为切入点。上海服务国家“一带一路”建设的过程，也是培育发展新动能、代表中国参与全球竞争合作的过程，测试压力、防控风险、转型升级的过程，传播中国发展新理念、凸显上海全球城市价值的过程。上海在服务沿线地区发展的同时，着眼上海自身发展需求，借力“一带一路”倡议，重塑上海经济竞争力。上海应利用好政策契机，充分挖掘自身资源禀赋，吸引更多的创新要素流入上海。上海对“一带一路”沿线地区的制度辐射和技术溢出应成为上海服务“一带一路”倡议的重要形式，注重为沿线地区提供包括平台、规制、

技术在内的一系列软设施，发挥信息、资本、人员等生产要素的集散功能。

改革开放使得中国的经济增长模式经历了从“整体性”到“边缘化”的结构调整，东部沿海地区迅速崛起的同时，中国广阔的经济纵深却被持续边缘化。新一轮对外开放战略是全局性的开放和发展战略，陆上丝绸之路与长江经济带作为中国经济版图上的两条横向通道，能够“以线带面”地推动区域市场的形成和要素流动的均衡化。与此同时，海上丝绸之路与东部经济发展带将与两条横向通道实现物理和机制上的对接，壁垒的打破将有助于全国市场的形成。

汉唐时期的长安之于“丝绸之路”沿线地区而言，不仅仅是技术和文化的中心，更是一个令人向往的精神文化符号。鉴于上海的“软实力”及其在国际上的知名度和影响力，上海是“一带一路”沿线国家居民充分认可和向往的国际大都市。上海之于沿线国家而言，在经济、技术和文化领域更具“符号”意义。越来越多沿线国家的年轻人希望来到上海的高校学习深造。上海的“符号”意义和“软实力”影响力可成为汇聚沿线人员和商品贸易流入的“磁石”，通过资源集聚催生上海新一轮生产要素集聚和产业转型。因此，上海参与“一带一路”倡议的政策设计应充分利用沿线资源的“汇聚”弥补国内区域间因同质化竞争形成的对上海传统竞争优势的“稀释效应”。

通过“符号”引力推动上海发挥与汉唐时长安类似的角色，利用渐行成熟且便利的交通联系，吸引“一带一路”沿线各种生产要素的汇聚，以提升和塑造上海在全球经济中的竞争优势。生产要素的汇聚应包括人员、资金、商品和信息等多个维度。人员的汇聚应被置于各生产要素汇聚之本，通过人才的汇聚带动其他生产要素的流入，政策设计需要充分利用上海在科创中心建设、高等教育和文化资源领域的资源禀赋；资金的汇聚应与上海国际金融中心、“一带一路”沿线融资方案解决相联系；商品的汇聚应与贸易和航运中心建设相联系，通过沿线商品资源的汇集，进一步提升上海作为国际贸易中心的发展能级，尤其可以探索上海在大宗商品贸易等领域的竞争优势和发展空间。

二、以国际金融中心推动国际创新网络的金融资源汇集

金融是上海服务“一带一路”倡议的重点领域和核心竞争力，应该扮演全局性角色，一方面有效服务“一带一路”倡议的有效实施，另一方面，通过参与“一带一路”倡议进一步壮大和提升上海国际金融中心竞争力。上海国际金融中心建设是上海参与“一带一路”建设的重要切入点。近年来，上海国际金融中心国际竞争力不断上升，要素市场功能不断增强，金融生态体系不断健全。

《推动共建丝绸之路经济带和21世纪海上丝绸之路的愿景与行动》（以下简称《愿景与行动》）作为“一带一路”倡议实施的纲领性文件，对上海融入“一带一路”倡议的参与方式并未作出明确规定，但从其对“五通”功能具体实现路径的界定看，可以找到上海政策对接的切入点。在货币流通方面，《愿景与行动》提出了一系列政策举措，政策框架的设立意味着需要相关金融中心发挥对应的金融角色。上海国际金融中心应以此为契机，发挥主动性和自觉性，更好地推动相关职能改革和功能实现。比如，《愿景与行动》提出推进亚洲货币稳定体系、投融资体系和信用体系建设；在人民币国际化方面，提出通过本币互换和人民币结算的政策举措；在多边机制建设方面，提出就建立上海合作组织融资机构开展磋商、中国—东盟银行联合体深化合作以及上海合作组织银联体务实合作等政策举措；在债券市场建设方面，提出支持沿线符合资质的政府或商业机构在中国境内发行人民币债券，对国内机构境外发行债券也提出指导性意见；在金融监管合作方面，提出推动建立高效监管协调机制，构建区域性金融风险预警系统，加强征信合作等。

针对“一带一路”沿线大规模基建项目面临的资金缺口，上海国际金融中心可进一步通过功能拓展和布局优化，更好地发挥资金融通功能。一方面，通过上海金融中心集聚金融资源，另一方面，通过上海金融中心实现对沿线项目的融资配置。

上海需用好自贸区金融改革的政策红利，推动债券市场发展，尤其是人民币债券市场；推动成立“一带一路”沿线金融资产交易中心和投资合作平台，通过为沿线资产交易提供平台支持，创新融资渠道；通过引进沿线金融机构，增强上海本地金融机构与沿线国家金融机构的业务联系，解决金融企业“走出去”过程中遇到的信息缺口和本土化经验不足的困境。

“一带一路”沿线大规模基础设施建设面临巨额资金缺口，仅凭现有多边金融机构，无法从长远实现有效的资金供给。未来需要从人民币国际化角度，推动人民币债券发行，以此作为沿线国家的重要融资渠道。

在现有上海证券交易所国际板筹备基础上，细化板块层级设计，根据风险等级、行业类别、融资规模等设立不同的二级板块，将“一带一路”国际板定位为国际板下的二级板块之一。可以考虑按照计价货币、风险等级等因素对“一带一路”沿线国际板进一步细分，同时考虑设立相应的“转板”机制，在不同二级板块之间灵活转换。此外，考虑到融资规模和资质对于一般上市公司的门槛壁垒，设立中小板或者具有私募股权特征的交易制度，提升交易灵活性。

由于地缘经济关系，“一带一路”沿线区域金融中心与“一带一路”沿线区域国家之间具有紧密的经济联系。就 PPP 融资而言，对于融资风险程度较高的国家，可借助区域金融中心推动资本实现融资的有效配置并有效解决融资缺口。以区域金融中心为基础，推动符合沿线发展实际的区域 PPP 中心的建立，有助于区域 PPP 融资方案的有效实施。使区域 PPP 中心更好地在基建项目融资中发挥项目选择、招投标和项目分包、资产证券化、上市筹备、沟通协调、专家培训和项目咨询等功能。上海金融中心可利用自身与相关地区中心的业务联系，推动区域 PPP 中心的建立，增强规制协调。

在上海自身机制建设方面，上海金融中心应从“一带一路”金融监管的具体需求出发，以“一行三会”为基础，与自贸区金融改革中的金融监管对接，推动相关监督机构进行合署办公。待时机成熟，针对“一带一路”沿线金融合作，建立独立监督机构，建立金融监管的风险预警体系，及时监测和预警风险，作为服务“一带一路”建设的重要公共产品供给。

三、以航运和贸易中心建设带动国际创新网络的市场吸引力

中国的市场已经成为全球商品和服务的重要目标地。以上海为中心的长三角地区以其人口规模、购买力水平和对技术产品及服务的认知度，必然成为国际创新产品生产和消费的焦点地区。上海必须考虑到当前国际贸易结构和货运方式的变革，在区域协同发展视野下推动长三角市场对创新的吸引力。

上海具有江海联运核心枢纽功能。长江经济带集中了长三角城市群、长江中游城市群、成渝城市群及皖江经济带等城市集群。上海在新一轮经济发展空间布局中的角色与中国当前三大区域发展战略紧密相连，上海参与“一带一路”建设是中央赋予上海的新使命，正确发挥上海在“一带一路”倡议和“长江经济带”发展中的角色与功能将有助于中国在新一轮深化改革进程中有效推动市场广度与深度的拓展。自 20 世纪 90 年代浦东开发起，上海就一直扮演着长三角核心城市的角色，对长三角经济发展形成了有效的辐射。区域竞争背景下，上海需借力其他省区市，通过区域协同发展弥补区域竞争形成的资源分散格局。

国际航运中心地位将有助于上海成为江海联运的物流枢纽。上海是“长江经济带”与“海上丝绸之路”的交汇点，是“长江经济带”沿线的货运出海口。江海联运的有效实施将有助于推动“长江经济带”沿线对外贸易的发展。

第二节

上海国际友好城市网络

友好城市又被称为姐妹城市（twin cities），主要兴起于第二次世界大战

之后的欧洲。它指一国的城市（或省州、郡县）与另一国相对应的城市（或省州、郡县），以维护世界和平、增进相互友谊、促进共同发展为目的，在签署正式友城协议书后，双方城市积极开展在政治、经济、科技、教育、文化、卫生、体育、环境保护和青少年交流等各个领域的交流合作，我们称这种正式、综合、长期的友好关系或制度安排为友好城市关系。中国的国际友好城市活动起步相对较晚，1973 年，在周恩来总理的亲自关心和支持下，天津市与日本神户市建立了中国第一对国际友好城市。之后，对外结好工作不断取得进展，多年来，中国各城市本着讲友谊、讲互利、讲实效的原则，与外国各城市在多个领域开展了大量富有成效的合作与交流。习近平主席在 2017 年“一带一路”国际合作高峰论坛上指出，“道路通，百业兴”。基础设施互联互通是“一带一路”建设的优先领域。目前，以新亚欧大陆桥等经济走廊为引领，以陆海空通道和信息高速路为骨架，以铁路、港口、管网等重大工程为依托，一个复合型的基础设施网络正在形成。[1]据不完全统计，截至 2020 年 8 月底，上海市已与世界上 59 个国家的 90 个市（省、州、大区、道、府、县或区）建立了友好城市关系或友好交流关系。

表 7.1　相关世界友好城市列表

序号	城市及地区	所属国家	所属洲	建立时间
1	横滨市	日本	亚洲	1973 年 11 月 30 日
2	大阪市	日本	亚洲	1974 年 4 月 18 日
3	米兰市	意大利	欧洲	1979 年 6 月 25 日
4	鹿特丹市	荷兰	欧洲	1979 年 11 月 23 日
5	旧金山市	美国	北美洲	1980 年 1 月 28 日
6	萨格勒布市	克罗地亚	欧洲	1980 年 6 月 18 日
7	大阪府	日本	亚洲	1980 年 11 月 21 日
8	咸兴市	朝鲜	亚洲	1982 年 6 月 18 日
9	大马尼拉市	菲律宾	亚洲	1983 年 6 月 15 日

[1]《习近平在“一带一路”国际合作高峰论坛开幕式上的演讲》，新华网 2017 年 5 月 14 日，http：www.xinhuanet.com/politics/2017-05/14/c_1120969677.htm。

（续表）

序号	城市及地区	所属国家	所属洲	建立时间
10	卡拉奇市	巴基斯坦	亚洲	1984 年 2 月 15 日
11	安特卫普市	比利时	欧洲	1984 年 5 月 27 日
12	蒙特利尔市	加拿大	北美洲	1985 年 5 月 14 日
13	比雷埃夫斯市	希腊	欧洲	1985 年 6 月 24 日
14	滨海省	波兰	欧洲	1985 年 7 月 4 日
15	芝加哥市	美国	北美洲	1985 年 9 月 5 日
16	汉堡市	德国	欧洲	1986 年 5 月 29 日
17	卡萨布兰卡市	摩洛哥	非洲	1986 年 9 月 8 日
18	马赛市	法国	欧洲	1987 年 10 月 26 日
19	圣保罗市	巴西	南美洲	1988 年 7 月 7 日
20	圣彼得堡市	俄罗斯	欧洲	1988 年 12 月 15 日
21	昆士兰州	澳大利亚	大洋洲	1989 年 5 月 24 日
22	伊斯坦布尔市	土耳其	欧洲	1989 年 10 月 23 日
23	亚历山大省	埃及	非洲	1992 年 5 月 15 日
24	海法市	以色列	亚洲	1993 年 6 月 21 日
25	釜山市	韩国	亚洲	1993 年 8 月 24 日
26	胡志明市	越南	亚洲	1994 年 5 月 14 日
27	维拉港	瓦努阿图	大洋洲	1994 年 6 月 8 日
28	达尼丁市	新西兰	大洋洲	1994 年 10 月 21 日
29	塔什干市	乌兹别克斯坦	亚洲	1994 年 12 月 15 日
30	波尔图市	葡萄牙	欧洲	1995 年 4 月 15 日
31	亚丁省	也门	亚洲	1995 年 9 月 14 日
32	温得和克市	纳米比亚	北非洲	1995 年 11 月 1 日
33	圣地亚哥省	古巴	北美洲	1996 年 8 月 28 日
34	罗萨里奥市	阿根廷	南美洲	1997 年 6 月 17 日
35	埃斯波市	芬兰	欧洲	1998 年 9 月 4 日
36	哈利斯科州	墨西哥	北美洲	1998 年 11 月 18 日
37	利物浦市	英国	欧洲	1999 年 10 月 18 日

（续表）

序号	城市及地区	所属国家	所属洲	建立时间
38	马普托市	莫桑比克	非洲	1999 年 10 月 25 日
39	清迈府	泰国	亚洲	2008 年 4 月 2 日
40	迪拜市	阿联酋	亚洲	2008 年 5 月 30 日
41	夸祖鲁—纳塔尔省	南非	非洲	2001 年 5 月 16 日
42	瓜亚基尔市	厄瓜多尔	南美洲	2001 年 7 月 6 日
43	瓦尔帕莱索市	智利	南美洲	2001 年 7 月 10 日
44	巴塞罗那市	西班牙	欧洲	2001 年 10 月 31 日
45	奥斯陆市	挪威	欧洲	2001 年 11 月 10 日
46	康斯坦察县	罗马尼亚	欧洲	2002 年 4 月 15 日
47	科伦坡市	斯里兰卡	亚洲	2003 年 8 月 11 日
48	哥德堡市	瑞典	欧洲	2003 年 10 月 23 日
49	布拉迪斯拉发州	斯洛伐克	欧洲	2003 年 11 月 10 日
50	丹麦中部大区	丹麦	欧洲	2003 年 11 月 10 日
51	科克市	爱尔兰	欧洲	2005 年 5 月 19 日
52	东爪哇省	印度尼西亚	亚洲	2006 年 8 月 30 日
53	巴塞尔州	瑞士	欧洲	2007 年 11 月 19 日
54	罗纳—阿尔卑斯大区	法国	欧洲	2008 年 5 月 21 日
55	金边市	柬埔寨	亚洲	2008 年 10 月 8 日
56	大伦敦市	英国	欧洲	2009 年 3 月 31 日
57	萨尔茨堡市	奥地利	欧洲	2009 年 9 月 3 日
58	魁北克省	加拿大	北美洲	2011 年 9 月 2 日
59	布达佩斯市	匈牙利	欧洲	2013 年 8 月 28 日
60	孟买市	印度	亚洲	2014 年 9 月 18 日
61	休斯敦市	美国	北美洲	2015 年 6 月 4 日
62	索非亚市	保加利亚	欧洲	2016 年 6 月 2 日
63	曼谷市	泰国	亚洲	2016 年 5 月 10 日
64	布拉格市	捷克	欧洲	2017 年 5 月 17 日
65	贝尔格莱德市	塞尔维亚共和国	欧洲	2018 年 5 月 21 日

资料来源：参见中国人民对外友好协会网站，https://www.cpaffc.org.cn/index/index/index/larg/1.html。

一、“友城之约”

“友城之约”中外友好城市网络对话系列活动旨在通过中外城市嘉宾以网络音视频对话的方式，集中展示中国城市与海外友好城市在经济建设、城市文化、市民生活等方面的“多元文明之美”，彰显2010年上海世博会“城市，让生活更美好”的主题，为加强中国与世界各国城市间的交流与合作搭建一个有效的沟通平台。

二、中国国际友好城市大会

中国国际友好城市大会每两年举办一届，由中国人民对外友好协会、中国国际友好城市联合会主办，此前于2008年、2010年、2012年、2014年、2016年、2018年分别在北京、上海、成都、广州、重庆和武汉举行。2020年中国国际友好城市大会将在昆明举办。

中国国际友好城市大会旨在为中外友好城市地方政府、国际友好城市组织及国内外从事友好城市管理研究的机构和人士提供一个展示工作成果、吸收借鉴各方成功经验、了解彼此合作规则和途径、探讨解决共同面临的问题和挑战的平台。大会有利于促进中国国际友好城市与世界各国国际友好城市间的进一步交流与合作，推动中国国际友好城市工作的更大发展。

2010年9月8日，中国国际友好城市大会在上海浦东国际会议中心举行。包括美国前总统卡特等多国政要在内的49个国家600多名代表参加了大会开幕式。此次大会由中国人民对外友好协会和中国国际友好城市联合会主办，围绕“城市合作，走向美好生活”主题，共同就如何应对全球金融危机，城市环保、节能减排与开发利用新能源，城市基础设施建设与公共交通，打造城市新品牌等问题，展开讨论，交流经验。

三、 上海如何应用这些纽带和网络

上海城市外交的全球定位与中国城市外交的全球倾向是高度一致的。上海的城市外交在中国城市外交历史中曾发挥标志性的引领作用，同时也与国家对外关系和对外战略的发展是一脉相承的。随着中国对外开放步伐的加大和加快，包括上海在内的中国城市外交呈现快速发展，并取得了一系列的重要成就，对改善中国的总体外部环境提供了不可或缺的促进因素。近年来，随着中国在国际舞台上的地位越来越高，作用越来越大，中国外交对世界格局和国际形势都产生着巨大的影响，引发了国际体系的转型和国际秩序的改革，对促进中国在国际社会中体现大国角色、权利和责任，都起到了举世瞩目的效果。在此情况下，中国的新兴大国外交也越来越积极进取，体现出中国对参与国际事务的偏好和利益取向。在中国全球外交布局逐渐成形，并不断取得积极效果的过程中，中国的城市外交也随着这一潮流不断前行。许多中国城市不仅与其他国家城市建立了友好城市关系，有些甚至加入了全球性的城市网络组织，如西安、泉州、苏州等成为世界历史城市联盟的成员。1997 年第四届世界历史城市联盟会员大会在西安举行，2014 年第十四届世界历史城市联盟会员大会在扬州举行，这都体现了中国城市的对外参与度。[1]

上海的国际友好城市的布局比较清晰地反映了上海发展友好城市的偏好和关注点。上海的国际友好城市大多数是所在国的重要港口城市、工商业城市，经济、金融、文化中心等与上海的特点存在着许多相似之处，双方存在着良好的合作基础和广阔的合作领域。随着上海推进实现“四个率先”，加快建设国际经济、金融、贸易和航运中心的进程，上海的友好城市工作配合国家外交大局，秉承“讲实效、讲互利、讲友谊”的原则，积极

[1] 周士新：《上海城市外交的全球布局与特色定位》，《上海城市管理》2018 年第 1 期，第 41—47 页。

加强与国际城市间的交往[1]，在各领域和层面架起沟通的桥梁，推进上海现代化国际大都市的建设。上海通过与国际城市举行各种形式的活动，推进相互了解和理解，对提高上海城市形象和中国国家形象作出了重要的贡献。许多国内外人士为促进友好城市建设作出了重要贡献，其中一些人荣获了“白玉兰纪念奖”“白玉兰荣誉奖”和“上海市荣誉市民”称号。上海的友好城市工作获得了充分肯定，2005 年获得全国友好协会暨中国国际友好城市联合会颁发的中国国际友城工作成就奖，2008 年获得中国国际友城交流合作奖。

第三节

上海世博会城市绿色创新网络

2010 年 5 月 1 日到 10 月 31 日，上海举办了 2010 年世博会。基于用地规模、参展方数量、志愿者人数、参观总人数、单日入园人数，以及展示、论坛、活动三项构成和最佳实践区、网上世博会两大创新等诸多因素，这次活动成为历史上最成功的世博会之一。除此之外，上海世博会还为城市未来的可持续发展贡献了《上海宣言》，动员各界参与，展示了优化模式。

从定量角度看，2010 年世博会的特点突出表现在最大的场地、最多的参展方、数量空前的参观者，以及前所未有的 2 万多场活动，还有总数近百场的公众论坛、主题论坛与高峰论坛。世博园位于上海城市的中心，坐落在黄浦江两岸，占地 5.28 平方千米。这一大型活动的目的是为城市开发新的商业、文化和绿色空间，让生活更美好。

2010 年上海世博会对于参展方而言是一个天然的展示平台。它支持并促进了中国人民对世界各地城市发展的认知度和存在度。对于国际组织，

[1]《李小林会长在开幕式上的讲话》，《友声》2012 年第 4 期。

上海世博会的主题是推动城市发展关键问题得以解决的理想工具，尤其是适用性很强的主题，广泛涉及如城市生活质量、城市经济、城市环境、城市社会等。2010 年上海世博会第一次赋予城市以权利，借助大型活动的机会，通过高质量的内容驱动策略，提升国际地位与影响力。

2010 年世博会履行了“绿色世博”“低碳世博”的承诺，在环境设计和技术应用上比以往任何一届世博会都体现了更大规模的创新。2008 年北京奥运会的部分环境遗产，为 2010 年上海世博会提供了坚实的基础、学习的榜样和超越的目标。上海形象的巨大变化，是环境计划在北京实施后进一步扩展到上海的结果，主要包括改善空气质量、推出节能减排措施、搬迁以前位于市中心的高污染工厂等。在世博园区内，有的废旧建筑被列为“杰出的早期现代建筑”，作为现存建筑遗产来展出，体现文化交流和园区重建的功能。与此同时，城市也得到了全面发展，许多街区都进行了翻新和重建，比如国内外知名的上海外滩。

第四节

跨国公司上海总部网络

跨国公司地区总部是指在总部制定的全球经营战略的框架下，从区域级层面对区域内数个国家的总公司各项活动（生产、销售、物流、研究与开发活动、人才培养、融资）进行统筹管理和协调，并负责制定公司区域性经营战略的组织形式。跨国公司地区总部作为联系公司总部与海外子公司和分支机构的中间组织形式，在公司全球网络体系中居于重要地位。一方面，跨国公司以各地区总部为单位制定地区性战略，并构筑地区性网络，以促进地区内经营资源的合理流动；另一方面，又将公司的地区性网络相互联结起来，构筑区域间网络，以谋求经营资源在全球尺度上的高效率利用。地区总部的核心职能是促进公司各种经营资源（人力资源、物质资源、资金资源等有形资产以及技术、经营管理经验和诀窍等无形资产）在区域内的有机联系和相互利用，并提高公司决策效率。

近年来，上海利用外资实现跨越式发展，总部企业成为各地招商引资的重点争抢项目之一。总部企业能够对于形成更好的产业集聚效果起到典型的示范效应，因此十分重要。

吸引跨国公司在沪设立地区总部一直是上海主动扩大开放、提高利用外资质量和水平的重要抓手，是上海推动外资参与“四个中心”和科创中心建设的有效途径，也是上海提升全球城市功能的有力举措。数据显示，到 2017 年，95%以上的在沪跨国公司地区总部具有两种以上的功能，82%的地区总部具有投资决策功能，61%的地区总部具有资金管理功能，54%的地区总部具有研发功能，35%的地区总部具有采购销售功能。仅占全市外商投资企业总数 1%的地区总部，贡献了全部外商投资企业 9%的营业收入和 15%的利润总额，辐射带动效应明显。以总部经济为主的租赁和商务服务业目前已成为上海利用外资最重要的领域。[1]

2017 年 1 月，上海市积极贯彻落实《国务院关于扩大对外开放积极利用外资若干措施的通知》，修订发布了《上海市鼓励跨国公司设立地区总部的规定》。一方面丰富了跨国公司地区总部内涵，将总部型机构纳入政策适用范围；另一方面，在原有的资助与奖励、资金管理、人员流动、通关便利政策上做加法，吸收自贸试验区制度创新和科创中心政策成果，新增了部分资金管理、出入境便利、人才引进政策，并首次提出“区政府支持”条款，鼓励各区因地制宜，营造不断完善适合总部经济发展的营商环境。

2017 年 4 月底，经上海市政府常务会议审议通过，《关于进一步扩大开放加快构建开放型经济新体制的若干意见》（以下简称“33 条”）正式对外发布，提出要举全市之力做好利用外资工作，支持各区、各开发区在法定权限范围内制定出台招商引资优惠政策，努力营造“亲商、安商、留商、

[1]《跨国公司地区总部突破六百家　上海新版规定和“33 条”政策效应正在“溢出”》，上海市地方志办公室网站 2017 年 8 月 25 日，http://www.shtong.gov.cn/dfz_web/DF/Info?idnode=70344&tableName=userobject1a&id=212384。

富商”的良好氛围。经过短短几个月，修订版《上海市鼓励跨国公司设立地区总部的规定》和“33 条”的政策效应正在“溢出”：2018 年 7 月，浦东新区正式下发《“十三五”期间促进总部经济发展财政扶持办法》（以下简称《扶持办法》），在原先跨国公司地区总部、国内大企业总部、区域性总部基础上，新增了营运总部、高成长性总部、国际组织（机构）地区总部的认定。高成长性总部虽处于萌芽状态，但具有独一无二的专利和良好的商业模式，原来总是被政策忽视。《扶持办法》将其纳入，不仅有利于这些高成长企业更稳定地兑现潜力，还能够形成总部经济发展的梯度结构；国际组织（机构）地区总部或许不能直接在经济贡献上体现价值，但具有非凡的行业影响力、凝聚力和号召力，对丰富总部生态链具有重大意义。2019 年 1 月，静安区颁布《关于促进总部经济发展的实施办法》，扶持对象由跨国公司地区总部扩展到跨国公司总部型机构、外资研发中心及其聘用的员工；为更好鼓励原有符合条件的优质企业升级总部，增加了“存量企业升级总部”的特殊扶持政策；除市级政策外，还增加了装修资助、人才公寓、国际发明专利资助等区级配套扶持政策。

2017 年 2—7 月间，全市新增跨国公司地区总部 25 家，同比增加 16%，有八家被认定为亚太区或大中华区总部，如丹麦的工业漆供应商海虹老人、美国的矿业技术公司美鑫、德国的化学品分销公司布伦泰格等知名跨国公司都将亚太区总部放在上海，同比增加 12.5%；新增投资性公司九家、研发中心五家。截至 2017 年 7 月底，外商在上海累计设立跨国公司地区总部和总部型机构已突破 600 家大关，共达 605 家，其中亚太区总部 64 家、投资性公司 339 家、研发中心 416 家。上海是中国内地吸引跨国公司地区总部最多的城市。[1]

截至 2018 年 3 月底，上海的实到外资累计超过 2 200 亿美元，累计引进外资项目超过 9.2 万个，累计引进跨国公司地区总部 634 家，其中亚太区总部

[1] 《上海跨国公司地区总部突破 600 家大关，“总部经济”内涵更加丰富》，上观新闻 2017 年 8 月 25 日，http://www.jfdaily.com/news/detail?id=62962。

72 家，投资性公司 350 家，研发中心 430 家。上海外资企业总体保持健康发展的良好势头，将 1.46 万家外资企业运营情况纳入可比口径监测。[1]

第五节 教育和科技国际交流网络

上海市教育和科技国际交流网络是上海市已参与的五大国际城市网络之一。在教育和科技国际交流网络中，上海市对外教育交流中心、上海国际交流协会、上海科协事业发展中心、上海市科普教育展示技术中心、上海对外科学技术交流中心各自承担了不同职能，在上海教育与科技国际交流领域作出了独特贡献。

一、上海国际科技交流网络

（一）上海对外科学技术交流中心

上海对外科学技术交流中心成立于 1973 年，直属于上海市科学技术委员会，是专业从事国际及港澳台地区科技交流与合作的事业机构。中心以促进上海科技进步、经济和社会发展，以及同各国各地区人民的友好交流为宗旨和目的，自成立以来，已与数十个国家和地区在创意设计、生物医药、新能源、信息技术、新材料等重点领域开展了一系列富有成效的合作。

1. 团组接待

成立 30 多年以来，中心接待了众多政府及民间的科技代表团，组织参观考察等活动，富有成效。特别是在 2010 年上海世博会期间，中心参与接

[1]《上海已有跨国公司地区总部 634 家》，上海市人民政府网站 2018 年 4 月 29 日，http://shanghai.gov.cn/nw2/nw2314/nw2315/nw4411/u21aw1306923.html。

待了近20个国家的部长级代表团，约500多人次，圆满完成世博接待任务。

2. 与国外政府、地区间及友城的科技交流合作

以推动双边及多边的政府间科技合作交流为宗旨，中心与澳大利亚维多利亚州、昆士兰州驻上海代表处，日本大阪府、大阪市、横滨市驻上海代表处，法国罗阿大区驻上海代表处，意大利米兰商会等机构建立了良好的合作关系，在重点领域展开了一系列活动。

3. 组织在沪国际会议和展览

本着服务政府、推进产业的原则，中心每年聚焦国家及上海市科技发展的重点领域，组织一系列国际论坛及展览。已经连续举办五届的上海设计双年展被评为"长三角地区优质会展项目""上海市优秀展"。活动以论坛和展览为载体，聚集了一大批国内外大牌设计师和设计公司，旨在提升中国自主创新能力和新产品的研发水平，促进产业品牌建设，营造自主创新的良好氛围。中心每年参与举办上海国际生物技术与医药研讨会（BIO-FORUM）分论坛，聚焦食品安全、生物医药技术与人类健康等主题，政府官员、专家学者、国内外研发机构等代表齐聚一堂，从产学研的视角出发，多角度、全方位地讨论目前上海生物医药行业发展转型中遇到的各种具体问题并研究解决方案。

此外，中心还组织或参与其他对外交流活动。例如，科技部地方科技外事工作座谈会、外资研发机构科技发展咨询专家沙龙、知识产权国际论坛、氢能经济国际合作伙伴（IPHE）执联会、PCIM China国际研讨会、欧盟框架计划研讨会、可再生能源研讨会、上海—大阪生物医药交流会、智能交通研讨会、中国国际船艇及其技术设备展览会等取得了良好的交流成果和社会效应。

4. 组织赴境外参加科技博览会

为了实施"走出去"战略，中心组织上海市科技创新型企业赴境外参加科技博览会等活动。中心先后组织上海科技展团，赴德国、马来西亚、新加坡、意大利、克罗地亚、越南、法国、马来西亚、沙特阿拉伯、罗马尼亚、白俄罗斯、埃及等国进行科技展示、交流与商务洽谈。

中心主要负责下列业务：（1）承担科技外事接待；（2）落实与国外政府、地区间科技交流与合作；（3）推进与港澳台地区间科技交流与合作；（4）承担国际科技合作项目管理；（5）组织在沪国际会议和展览；（6）组织企业赴境外参展；（7）为机构、企业提供中介咨询服务。

上海对外科学技术交流中心的主要工作可分为港澳台合作、国际合作与交流、国际会议与展览、国际科技合作项目、“走出去—引进来”、产学研合作等方面，紧跟国际科技动态，出访并邀请外方来访，增进交流，与外资合作研发。中心组织在沪举办国际会展，会展涉及生物医药、手工制造、建筑设计、气候粮食、机械等各个方面的创新与研发。同时，中心关注国际科技合作项目动态，承接国家科技部国际合作项目、上海市科学技术委员会国际合作项目，参与制定双边、多边、政府间科技合作计划，并培养和吸收高端技术人才，实现科技产品的海外推广和国际先进技术合作。

（二）上海市科普教育展示技术中心（上海市国际科技交流中心）

上海市科普教育展示技术中心（上海市国际科技交流中心）是上海市科学技术协会直属事业单位，中心采用“一套班子、两块牌子”的管理模式，以上海市科学技术协会雄厚的智力资源和科普资源为依托，为促进科技界对外交流与合作、推进提高科学普及程度和公众科学素养提供多种形式的服务。

中心开展的主要业务分两大类。一类是开发、研制互动式科普教育展品，策划和实施各类科普场馆的布展和规划方案，组织互动式科普展品研制与巡展；另一类是举办国际、国内科普教育活动，策划组织国际、国内科技会展，组织科技团组出境交流、考察，接待海外科技考察团来访等。

中心是国内最早从事科技馆互动展品研制的单位，是中国科学技术协会最早确定的“科普展品研制开发基地”。中心有着雄厚的科普展品设计制造实力和服务于这些业务的完备的信息化专用设备。目前中心已与境内外多个科技馆、科普展品的研制开发机构建立了友好合作交流关系。

中心是上海市会展行业协会首批会员单位，有着丰富的国际交流经验、专业的会展策划及操作人才，主办、承办过一系列国际国内学术会议、展览及形式多样的科普活动。

（三）上海科协事业发展中心

上海科协事业发展中心（以下简称“科事发中心”）成立于1992年，是经上海市机构编制委员会批准和注册登记，由上海市科学技术协会（以下简称“市科协”）主管并主办的自收自支事业单位。自成立以来，科事发中心紧紧围绕市科协工作主线，贯彻“三服务一加强”的工作思路，积极开展科学化、民主化、社会化、规范化建设，努力实现“服务科协创品牌、拓展延伸增实力”的发展目标，立足科协，面向社会，积极开拓，稳步发展。

科事发中心是市科协主办的“上海国际科学与艺术展”和“新民科学咖啡馆”两个品牌项目的主要承办单位。其核心工作是，在实践中以“提升二个品牌、带动三个延伸、实现一个跨越”为努力方向，通过扩大科学与艺术展、新民科学咖啡馆的社会影响力，提升社会效益。努力为科技界、文化界服务；为科学家、艺术家服务；为提高全民科学素质服务，实现事业发展新跨越。

科事发中心坚持事业实业并举，创造良好的投资环境，实现良好的投资效应，增强自身经济实力。通过公益活动与市场经济的结合，增强服务科协的能力和实力。以实业推进事业，以事业拓展实业，提高整体工作的发展水平。实现社会效益和经济效益的双重效应。

科事发中心的目标是，着力推进科学普及、国际交流和实体经济三位一体，提升品牌项目的社会影响力，拓展国内外综合性跨学科学术交流的服务功能，探索国内外科技创新项目的科普传播展示模式，注重人才培养，加强团队建设，提升服务能力。

二、上海国际教育交流网络

（一）上海教育国际交流协会

上海教育国际交流协会是在市教育主管部门直接领导下，以民间形式开展对外教育交流的社团组织。该协会于 1983 年经上海市人民政府批准成立，1991 年 6 月在上海市民政局注册。

上海教育国际交流协会的宗旨是为适应社会主义现代化建设的需要，积极推动上海教育界同世界各国、各地区的交流与合作，促进教育、科技和文化事业的发展，增进各国和各地区人民之间的了解和友谊。其基本任务是同各国、各地区教育科研机构、学术团体、教育科技交流组织、学校及热心教育事业的组织、企业、基金会及相关人士等，在平等友好的原则下，开展广泛的交流与合作活动。

上海教育国际交流协会的最高权力机构是会员大会，每年至少召开一次会议。理事会为该协会执行机构，负责领导协会开展日常工作。理事会由会员大会推举理事组成，任期五年。

上海教育国际交流协会的日常办事机构为秘书处。秘书处与上海地区的学校、教育机构、社会团体等保持良好合作关系，同时兼任上海市联合国教科文组织协会、上海高校外事工作委员会、上海市（区县）基础教育外事工作委员会秘书处、上海市国家出国留学基金申请办公室、教育部留学服务中心国（境）外学历学位认证申请材料验证机构、上海市普通高中学生综合素质评价社会实践基地的工作或职能。秘书处的工作大致可分为三个部分：一是完成政府交办的任务；二是为学校对外交流提供服务；三是与国外相关组织、机构合作开展教育交流活动。秘书处还介入留学中介、中外合作办学、社会力量办学等国内外教育资源整合工作。

上海教育国际交流协会举办或参与的实体机构有：上海上教国际交流有限公司、上海国际学生服务中心、上海国际文化进修学院、上海市海外教育专修学校、上海申慧因私出入境服务有限公司等。

（二）上海市对外教育交流中心

上海市对外教育交流中心成立于 1998 年，是在上海市对外文化交流协会的主管下，开展上海与世界各国的教育交流与合作的非营利性组织，其宗旨是通过考察和引进海外先进的教育理念与模式，输出和推广中国优秀的教育文化资源，从而促进上海教育事业的发展及各国人民之间的友好合作。

中心自成立以来，积极开展各类教育项目的对外合作与交流，组织各类人员的对外考察、互访、培训、进修、学习、实习等，已同欧美及亚太各国及地区的组织和个人建立了良好的合作伙伴关系，是上海及周边地区颇具影响的国际教育交流组织。中心将顺应中国教育改革之势，积极拓展对外教育交流的深度和广度，努力为上海各类院校、广大师生和机关企事业单位提供优质化、专业化的国际教育交流项目。

中心拥有得天独厚的教育资源，同时还拥有一支业务精湛、素质一流的员工队伍，通过与众多学校、社会组织和企业的友好合作与共同发展，为上海及周边地区的教育文化事业发展作出贡献。中心目前与上海交通大学、复旦大学、上海师范大学、上海中医药大学等几十所大、中学校，与上海市领导科学学会、上海教育国际交流协会、上海市校外教育协会等众多社会组织，上海汽车集团、上海临港集团、上海化工等众多著名企业拥有良好、有效的合作关系。

路径篇

城市领域的《雅典宣言》强调城市是构成一个地理的、经济的、社会的、文化的和政治的区域单位的一部分，城市即依赖这些单位而发展。2006年联合国《人居议程》提出："国际合作具有更大的意义和重要性。各国应表现出政治意愿，在国际一级，包括在城市之间，采取具体行动，激励、鼓励和加强现有的和创新的合作形式和伙伴关系。"联合国"人居三"大会通过的《新城市议程》强调：在地方和国家伙伴关系以及多利益攸关方伙伴关系中制定和执行城市政策，建立城市和人类住区综合体系，并促进各级政府之间的合作，促成其实现可持续综合城市发展。综合以上各章所述，在全球治理浪潮的推动下，城市逐渐从国际舞台上的边缘位置走向全球政治经济交往的中心，在国际舞台上发挥着越来越突出的作用。尤其是在全球治理中的发展模式、文化交流、环境保护、跨国移民、教育交流、技术扩散等问题上，城市都扮演着示范者、践行者等功能载体的角色。

如上所述，城市通过地方政府间的跨国联系有跨越多层全球治理的能力。如理论篇所述，城市外交可以很好地促进城市参与全球事务、促进国家关系与城市合作，以及发展改进全球民生。然而，城市在全球治理中日益扮演着关键行为体的同时，也面临着诸多问题和挑战，包括"自身成长的烦恼"、与国家行为体权威的关系、城市与非城市行为体的功能分配、城市雷同化与多样化之间的张力，以及城市参与全球治理的边界和限度等，都亟须厘清和探究。此外，在实践层面，如何推动城市参与全球治理的合法化、机制化、常态化，如何拓展实施路径的多元化、高效化，如何科学地评估相应效果等，也都是未来需要面对的挑战。

迈入新时代的上海，正在分阶段建设全球城市。2018年6月28日上海第十一届市委四次全会举行审议通过《中共上海市委关于面向全球面向未来提升上海城市能级和核心竞争力的意见》，提出："上海作为全国最大的经济中心城市，已经迈入全球城市行列，应当以更加强烈的使命感和紧迫感，加快提升能级和核心竞争力，建设卓越的全球城市，为推动我国全面参与全球治理、建设社会主义现代化强国作出应有贡献，推动长三角城市群在世界经济版图上拥有更强竞争力。""围绕城市核心功能，聚焦关键重点领域，推进国际经济中心综合实力、国际金融中心资源配置功能、国际贸易中心枢纽功能、国际航运中心高端服务能力和国际科技创新中心策源能力取得新突破，在制度创新、对外开放、品牌建设、创新创业、全球网络、发展平台、人才集聚、品质生活等关键领域打造新高地。”[1]

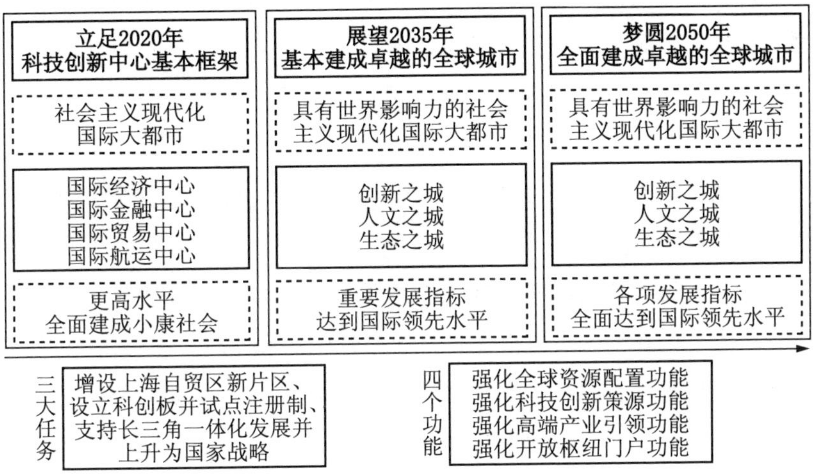

图Ⅲ.1　上海全球城市建设路径

如图Ⅲ.1所示，上海全球城市建设包括三大任务、四个功能、三大阶段。其中，三大任务包括增设上海自贸区新片区、设立科创板并试点注册、支持长三角一体化发展并上升为国家战略。四个功能包括强化全球资源配置功能、强化科技创新策源功能、强化高端产业引领功能、强化开放枢纽门户功能。按照上海全球城市建设路径规划，上海全球城市建设将经历三大阶段。第一阶段：立足2020年建设科技创新中心基本框架，上海将建设成为社会主义现代化国际大都市，并建成更高水平的全面小康社会。第二阶段：展望2035年基本建成卓越全球城市。上海将实现自身具有世界影响力的社会主义现代化国际大都市构建，重要发展指标将达到国际领先水平。

[1]《中共上海市委关于面向全球面向未来提升上海城市能级和核心竞争力的意见》，上海市人民政府网站2018年7月5日，http://www.shanghai.gov.cn/nw2/nw2314/nw2315/nw4411/u21aw1322810.html。

第三阶段：圆梦2050年全面建成卓越全球城市。上海将成为具有世界影响力的社会主义现代化国际大都市，各项发展指标全面达到国际领先水平。

上海被置于国家和区域协调发展的核心地位，被赋予代表国家参与国际竞争的重任，肩负着探索超大型城市转型路径和卓越的全球城市建设使命。上海在国际经济、金融、贸易、航运和科技创新中心建设过程中，不断强化全球资源配置功能、科技创新策源功能、高端产业引领功能和开放枢纽门户功能，充分发挥其全球城市网络的重要节点作用，为中国引领全球城市交往和全球治理发挥日益重要的作用。因此，上海的发展不应仅局限于上海辖内，更应充分考虑其对长三角区域、对长江经济带、对“一带一路”沿线城市的辐射作用和示范作用。上海应以更积极、更负责任的姿态，参与甚至创建跨国城市联盟，为中国城市参与全球治理积累经验、搭建平台，为中国在全球事务中发声营造舆论，建设阵地。在上海2040卓越的全球城市构建过程中，可以通过跨国城市联盟这一网络性平台来聚集资源优势并拓展经济利益；同时在自身融入既有跨国城市联盟以及构建新的城市联盟的过程中满足国家外交战略诉求，提升全球城市在国际层面的制度性权力和话语权，特别是增强上海作为发展中国家卓越全球性城市的模式引领力。从长期而言，作为城市外交活动的倍增器，跨国城市联盟日益成为提升全球城市国际影响力和结构性实力的重要力量，推进基于跨国城市联盟的城市外交战略必将推动上海的国际活动与国际交往向更高层面发展。

上海城市外交的战略重心可以由双边国际友好城市向多边城市合作以及跨国城市联盟逐步转移。吸引各类城市联盟不同程度地参与上海全球城市建设；城市外交重心下移、力量下沉，通过城市联盟网络创造上海与国际中产阶层国际民间外交空间结构的优化，提升国际交往能力，通过鼓励“参与”，增进“了解”，加强“体验”，树立“形象”；以世界城市和地方政府联盟等为抓手，在融入和引领跨国城市联盟上进行制度创新和平台建设；以城市评价建构体系为起点，逐步形成建设权威和专业全球城市对外交往活力指标数据库；以营造良好的国际组织在沪发展环境为特色，积极参与全球公益事业，凸显上海全球人文关怀。

第八章 上海特色的城市评价体系构建

上海的近代化进程起步于19世纪40年代，到20世纪二三十年代上海已成为亚洲最有魅力的大都市之一。1978年改革开放后，上海城市建设开始复苏，1990年随着浦东的开放，上海发展迈入快车道。自1992年起，上海市的国内生产总值连续16年两位数增长，陆家嘴、徐家汇等商业中心迅速崛起，上海日益为世界所瞩目。目前，上海正在朝卓越全球城市进军。随着建设卓越全球城市的进程加快，上海的经济规模和国际影响迅速扩大，城市功能日趋完善，治理水平不断提高，国际影响力逐渐凸显。然而相比东京、伦敦、纽约，上海的发展还受到科研创新力量相对匮乏、公共政策参与程度较低、环境质量较差、可持续发展能力不足等问题的制约。晚近以来，全球多个机构先后建立了覆盖全球或某一地区的综合性城市评价体系，其中有部分评价体系因指标覆盖全面、数据权威翔实、评价客观公允而被广泛引用，为城市的规划者和管理者提供了重要的参考。因此，进一步构建上海特色的城市评价体系将有利于提升上海城市发展水平，加快上海卓越全球城市建设。

作为中国最大的城市之一，上海在经济总量、人口规模、研发能力、经济影响力等多个方面在国内处于领先地位，甚至在部分领域能够与纽约、伦敦等城市比肩而立。然而“全球城市指数”等综合性城市评价体系提供的排名显示，上海在全球所有城市中的位次大体处于中等偏上的位置，总体上与纽约、伦敦、东京、巴黎、新加坡有一定的差距。虽然上海普遍在经济指标上拥有较高的评分，但是在研发、文化交流、环境、公共政策参与、宜居等方面存有明显的短板（详见表 8.1）。根据麦肯锡城市项目和《经济学人》的“亚洲绿色城市指数”来看，作为最大的发展中国家中国的最大城市之一，上海的经济总量、经济增长率、跨国公司指数等总体性经济指标在各指标体系中都已位居全球城市前列，而且相应的环境基础设施等硬件水平也已居于中上水平。但反映经济发展质量与经济增长绿化度的指标仍都处于下游行列，在相关的绿色和可持续发展方面排名明显靠后。换句话说，上海在基础设施建设等“硬件”方面的优势十分明显，但在环境保护等“软件”方面的劣势也同样突出。在科技创新和文化信息交流领域存有明显的短板，明显低于其他世界城市。

表 8.1　上海在综合性城市评价体系中的排名

指数名称	发布机构	参评城市总数	上海排名
“全球城市指数”	科尔尼公司等	128	19
“全球 150 城市指数”	国际研究协会有限公司	150	73
“全球城市实力指数”	日本森纪念集团	42	12

在可持续发展、科技竞争力等专门性城市评价体系中，上海的劣势更为明显。例如，“亚洲绿色城市指数”的结果显示，上海在生态可持续领域仅能达到亚洲城市的平均水平，与新德里、吉隆坡处在同一层级。而在能源供应和二氧化碳排放、建筑和土地使用等方面，上海甚至还要落后于卡拉奇、河内等亚洲其他城市。“可持续城市指数”显示，上海在 100 个参评城市中仅位列 74 位，其中在“营收可持续”和“地球可持续”两项指标中更仅分别排在了第 77 和 91 位，与苏黎世、新加坡差距明显。上海在“全球智力竞争指数”中位次靠后，特别是在环境平等性、教育人口方面存在着明显的劣势（详见表 8.2）。

表 8.2　上海在专门性城市评价体系中的排名

涉及领域	指数/指标名称	发布机构	参评城市总数	上海排名
生态可持续	亚洲绿色城市指数	经济学人智库	22	8—16*
交通	全球目的地城市指数	万事达信用卡公司	20	19
固定资产价格	主要全球城市指数	莱坊国际	41	4
科研能力	全球智力竞争指数	世界商学院	46	37
可持续发展	可持续城市指数	阿卡迪斯	100	74

注：* 上海在“亚洲绿色城市指数”中评定为“average”档，即在 22 座城市中排名 8—16 位。

从上海在主要全球城市评价体系中的位次可以推断出上海在城市发展中存在以下不足。首先，上海的城市发展相对失衡，在环境保护、公共参与、社会平等等方面的投入相对不足，在上述领域的进展远远落后于经济建设。“全球城市指数”等多个评价体系表明，上海的经济总量、市场规模、营商环境等总体性经济指标已位居全球所有城市前列。但相较于其他全球性城市甚至马尼拉等发展中国家都市，上海在人均国内生产总值、能耗与碳排放强度、国际交往能力等诸多指标上仍处于下游行列。换句话说，上海的环境质量、治理水平、国际影响力、可持续发展能力等与其增长迅猛的经济总量之间存在明显的失衡。

其次，上海在公众参与和政治参与等方面的表现还有待改进。根据“绿色发展的政府政策支持度”这一指标，上海仅列 100 个国际城市的第 86 位；根据“全球城市竞争力”指标体系中“公共制度”这一指标，上海居于全球 500 个城市的第 266 位；在“全球城市指数”列出的全球前 25 座城市中，上海在政治参与方面的得分明显偏低。由此可见，上海在公共政策参与度方面仍显薄弱，上海的企业和公民未能积极地参与到与城市发展和建设相关的公共政策和公共制度的制定中，上海打造全球城市的努力相对缺乏企业与民众的参与性支持。

再者，上海在科技创新、文化交流与信息开放等领域存在一定的短板，相对落后于其他世界城市。“全球城市指数”显示上海虽然总排名位列第 19

名，但在信息交换和文化经验方面远低于排名前 25 的其他城市；“全球智力竞争指数”对研究与科研水平的评估显示上海在 46 个城市中仅位列第 37 位；“全球城市实力指数”中，上海在研发和文化互动方面的表现明显低于首尔、香港等经济体量相当的其他全球城市。由此可见，上海在科技创新与研发能力上存有短板并亟待加强，同时上海的全球化程度、信息开放以及文化影响力也有较大的提升空间。

最后，虽然上海在城市建设方面排名靠前，但在可持续发展方面排名相对靠后。在城市环保和绿色发展方面，上海各个指标的结果普遍为平均水平，其城市绿色发展仍有待提高。在“国际绿色发展指数”对全球 100 座城市的绿色发展水平的排名中，上海仅处于第 79 位。总之，上海在基础设施建设等“硬件”方面的优势十分明显，但在环境保护和可持续发展等“软件”方面的劣势也比较突出。

2019 年 11 月，习近平总书记在上海考察时提出“城市是人民的城市，人民城市为人民”的重要观点，要求上海不断提高社会主义现代化国际大都市治理能力和治理水平。[1]因此，探索具有上海特色的城市评价体系成为必要，即以上海为评估核心城市，针对上海在城市发展中存有的不足而专门构建的综合性城市评价体系。该体系将上海置于城市评估的中心位置，一方面选取国内外主要全球城市作为参考对象，从而对上海的城市发展进行横向的比较与评估；另一方面通过对上海在具体领域发展的跟踪考察和指数化的衡量，对上海的城市发展进行纵向的历史性评价和分析。此外，该体系中评价指标的选取与权重的划分也突出了上海特色，重点关注了上海在可持续发展、公共政策参与、宜居城市建设等方面的不足，赋予上述领域以更大的权重，因而对上海城市发展的考察更具针对性。

具有上海特色的城市评价体系的构建将力求实现如下四个目标：第一，打造覆盖多个领域，以不同指标为依托的综合性城市评价体系，实现对上

[1]《习近平：城市是人民的城市，人民城市为人民》，《人民日报（海外版）》2019 年 11 月 4 日。

海城市发展的全面评估。第二，以上海为核心城市和考察锚点，通过对其他不同城市的横向评估和对上海自身城市发展的纵向追溯进行分析。第三，着眼于上海城市发展中的不足和短板，对这些落后的领域进行着重考察和分析。第四，基于全面的指标选取、科学的权重划分、规范的技术性评估，该体系力求提供真实可靠的城市发展排名，为上海打造全球城市提供有价值的数据支撑。

城市是经济建设、智力产出、民众居住的核心支点以及信息流通、货物运输、人员交往、资金流动的重要节点，在构建具有上海特色的城市评价体系的过程中需要覆盖上述以及其他多个领域。第一，衡量经济发展，其下属二级指标包括国民生产总值、人均生产总值、人均支配收入、进出口贸易、五百强企业、财政收支、人口规模。第二，关注政治与公共参与，其下属二级指标包括人均提案数、公共政策参与度、意愿表达渠道。第三，考察对外开放和交流，其下属二级指标包括机场年吞吐量、出入境货物规模、外国人境内消费、国际会议与展会、国际学生数量、国际游客数量。第四，探讨科技与智力竞争力，其下属二级指标包括人均享有公共图书馆、研究队伍规模、世界性大学、科研机构数量、国家实验室数量、科学技术奖获奖人数。第五，考察宜居与民生发展，其下属二级指标包括失业率、人均医疗资源、人均教育资源、养老保险覆盖率、城市人口密度、通勤时间、物价水平、房屋价格、基尼系数。第六，分析环境与可持续发展，其下属二级指标包括能源消耗、能源强度、水资源储量、温室气体排放、污染排放、空气质量、垃圾管理、经济持续性。具有上海特色的城市评价体系覆盖了六个领域，共包含38项二级指标（详见表8.3）。

表8.3　具有上海特色的城市评价体系指标构建

经济发展	政治与公共参与	对外开放和交流	科技与智力竞争力	宜居与民生发展	环境与可持续
国民生产总值	人均提案数	机场年吞吐量	人均公共图书馆数	失业率	能源消耗
人均生产总值	公共政策参与	出入境货物规模	研究队伍规模	人均医疗资源	能源强度
人均支配收入	意愿表达渠道	外国人境内消费	世界性大学	人均教育资源	水资源储量
进出口贸易	—	国际会议及展会	科研机构数量	养老保险覆盖率	温室气体排放

（续表）

经济发展	政治与公共参与	对外开放和交流	科技与智力竞争力	宜居与民生发展	环境与可持续
五百强企业	—	国际学生数量	国家实验室数量	城市人口密度	污染排放
财政收支	—	国际游客数量	科学技术奖获奖数	基尼系数	空气质量
人口规模	—	—	—	通勤时间	垃圾管理
—	—	—	—	物价水平	经济持续性

在构建指标体系之后，需要明确各个指标所占权重并录入数据进行排名。根据由20位专家组成的“专家样本组”对“一级指标”和“二级指标”所赋予的权重，能够确定各个指标的最终权重。同时，由于各项数值具有不同量纲，因而在核算过程中需要进行无量纲处理。通过技术性操作，对上海以及其他城市进行排名。[1]

相较于其他全球城市评价体系，该体系在评价指标的选取、权重的划分、上海在调查中的核心地位以及调查的着眼点等多个方面都体现出了“上海特色”。由此，具有上海特色的城市评价体系能够更具针对性地衡量和评估上海城市发展的不足，进而更好地助力推动上海打造全球城市的发展进程。

[1] 对于权重的确定和无量纲处理的具体操作，详见宋亦明等：《综合国力定量衡量》，《市场论坛》2016年第7期，第48—52页。

第九章
对上海参与国际合作和民间外交路径的建议

上海市参与国际合作可以从明确自身在城市科技创新网络定位、发展卓越全球城市以及积极参与全球城市联盟和创设全球性科技组织四个角度入手。科学技术的发展促进社会的繁荣，通过政府、科研院所、高校和高新技术产业的链式合作，将有利于全方位提升城市科研创新能力、培育战略性产业以获得区域和世界竞争力。在《上海市城市总体规划（2017—2035 年）》（以下简称“上海 2035”）出台背景下，上海正致力于促进更加通达的国际城市网络建设，打造具有全球影响力的世界级城市群并建设卓越的全球城市。为此，上海城市外交战略的重心正在向跨国城市联盟转移、提升城市外交质量、建设专业数据库和量化研究、提高上海相关城市指数等方面调整。同时上海市应当以更积极的姿态，参与跨国城市联盟，通过争取各方面的支持以及吸纳多元主体参与，在重视和借鉴世界其他全球城市的经验和发挥上海市现有“世界城市日”品牌作用的基础上，明确上海参与和创建跨国城市联盟、服务国家发展战略的定位，从而推动上海市跨国城市联盟的参与和建设。在上海创设全球性科技组织进程中，需要对标国际，着力夯实科技服务基础、先行先试。科技性组织是服务、保障上海建设具有全球影响力的科技创新中心的重要基础。

第一节

对上海加强全球人文交流与民间外交建设的建议

全球面临百年之未有的大变局。2020 年 7 月，中共中央政治局会议作出了“和平与发展仍然是时代主题”“我国发展仍然处于战略机遇期”“必须从持久战的角度加以认识”等重大判断。[1] 在经济和安全复合化的情况下，即便国家外交博弈呈现胶着状态，许多本属于低政治领域甚至民间交往问题正在成为影响国际合作的新变量。

第一，上海应加强城市国际交往中的安全底线思维。上海应坚持城市交往中的核心国家利益，从源头出发精选友城，加强友城关系中的危机管控，正确分析、认识面对友好城市及其“持续性”挑战，密切关注反华势力企图制造城市交往冲突和中断我友城关系的各种动作。新冠肺炎疫情中，瑞典哥德堡市不再延续和上海的友城协议，而欧洲和澳大利亚的多个城市议会仍在持续出现与中国城市中断友好城市关系的言论或动议。应密切关注涉上海的美、欧、澳等国友城舆情和动态。上海应设立友城安全风险预警管控全流程机制，委托专业研究机构组织周期性的友城安全风险报告，以年度为单位定期梳理上海友城与上海交往中可能出现的安全风险突出预警。同时还应在国家外交总体安排下，确立在遭遇反华事件时的应对方案，根据事件严重程度设置从取消领导出访到直接断绝友城关系的不同反应模式。可考虑向中央提出申请，在上海进行国家外交与外事联动配合反应的试点工作。

第二，加强上海民间外交应对非传统安全的顶层设计和制度建设。上海应在上海市委外事工作领导小组的统一领导下，在市外办与友协工作中设置相应的国际交往危机管控部门或工作小组。在平时应加强预案准备和

[1]《中共中央政治局召开会议　决定召开十九届五中全会　分析研究当前经济形势和经济工作　中共中央总书记习近平主持会议》，新华网 2020 年 7 月 30 日，http://www.xinhuanet.com/politics/leaders/2020-07/30/c_1126306023.htm。

模拟演练，可在友城正式交流备忘录中加入相应的危机管理内容，明确彼此责任义务以及退出程序。上海应在国际交流中加强对对象城市与基层组织的社会动态，可结合相应智库、地缘政治专家、区域国别研究机构以及大数据安全平台建设等，密切关注相应重点对象城市的涉华、涉沪动态，及其内部社会动态。建立上海对外交流城市的风险预警数据体系，并逐渐以此服务长三角地区和中国其他省市。积极与驻沪领事馆进行合作，建立常态化的驻沪外国人评价调研机制，尤其关注来自“一带一路”沿线与发展中国家的在沪外国人对上海的评价，对出现的涉外纠纷进行及时处置，并在国际媒体与社交媒体上进行及时发布。

第三，上海应借助进博会、国际艺术节、世界城市日等国际城市交往平台，促进大都市友好交往。上海应进一步强调新冠肺炎疫情期间友城合作的重要性，并汇集国际友好城市抗疫案例，通过 2020 年世界城市日和联合国人居署、世界卫生组织等平台加以宣传推动，以引导国际友城交往的正能量。上海还应加强与纽约、巴黎、伦敦、东京、首尔、新加坡、内罗毕、曼谷等人口众多、国际化程度高的城市的多边协作与纽带链接，定期轮流召开年度会议进行交流。可利用进博会以及上海市长国际企业家咨询会经验，谋划建设世界国际枢纽城市市长峰会，在互学互鉴中加强与世界各主要枢纽城市之间的共同价值观与共同纽带，构筑抵御民粹主义和排外主义的软实力防线。在上海国际交流大框架下，组织、策划、运作、举办每年的国际艺术节、国际电影节、国际旅游节等，并且利用好进博会的文化交流功能，推动中外民间外交。上海应该通过进博会等组织开展民间交流配套，让各国参展商有更多的机会进入上海社区，接触上海普通市民，提升对上海的认知度和好感度。

第四，吸引国际人士参与到民间外交中。在疫情背景下，上海还应积极利用上海自身的国际化资源，发觉存量优势、利用市集、节日等机会积极组织在沪外籍人士等群体与上海市民的交流互动，促进友谊。主动鼓励参与活动的外籍人士将相应活动上传至国际社交媒体，进行主动宣传。上海正在朝国际大都市方向发展，在上海的国际机构、跨国企业、国际会议等数量正在大大增加，在沪长期居住和短期访问的外国人也会越来越多。从 2017 年 4 月外国人来华工作许可制度实施至今，上海共核发《外国人工作许可证》12 万余份。为了向在沪外国人提供更好的服务，也为了更准确、更客观、更有针对性地和他们进行沟通并传播中华文化，很有必要对他们进行关于上海的印象、认知的持续性调查，推动长期居住的外国人参与上海国际形象建设中。

第五，应积极开发上海和长三角区域民间组织资源，主动承接部分友城交往活动，并在长三角一体化、上海国际友城论坛等平台上加入非传统安全议题，与相关友城交流经验。上海可以建立适当的“脱敏机制”，鼓励民间组织、学术机构、企业等开展具有自身特色的友城交往活动，在不违反原则的情况下，给予一定灵活性。同时，也要谋求建立城市之间的二轨沟通网络，在城市交往危机出现后，做到区分政府与民众、中央与地方关系。既要坚决斗争，对相应国家与城市的反华行为表达明确的官方反对立场，但同时也应善于斗争、注意有理有利有节，在官方交往遇冷的时期，适当保持民间沟通渠道。在友城关系出现波折的情况下，应继续做好“民心相通”工作。

第六，上海应积极利用网络媒体宣传抗疫经验。当 2020 年新冠肺炎疫情在武汉暴发时，上海医务人员主动请缨奔赴疫区，体现了爱国敬业、义无反顾的精神。当中国取得抗疫阶段性胜利时，上海人又夜以继日加班生产，将抗疫物资和设备源源输往国外，许多医护专家不远万里踏上征途，与其他国家的人民并肩抗疫，表现出天下一家、大爱无疆的人类命运共同体精神，广受赞誉。上海应在新冠肺炎疫情下创新舆论宣传模式，在理念上摒弃说教，激发观念上的人类共同危机意识，并推进中外民间的防疫共情，在外宣方式上要避免舆论战泛化心态，与国外主流媒体积极沟通，增设中外媒体交流渠道，力求客观公正报道中国，利用好当前社交网络快速发展，结合相关平台等的布局发展，整合当地资源，积极发展外国用户对华网络平台的认同感。鼓励李子柒等中国网红运用 YouTube 网站推广中国美食和中医药文化，促进人文交流。

第七，上海可建立国际文化交流合作机制，并挖掘城市文化内涵。上海应该在条件成熟时，模仿东京国立西洋艺术馆的方式，主动与国际知名博物馆如纽约大都会博物馆、卢浮宫、大英博物馆等建立定期的合作机制与展品交流方案，让上海博物馆与艺术馆的展品进一步国际化。上海还应该充分发掘城市的文化内涵，以艺术交流为渠道，积极鼓励国际新锐艺术家前往上海设展，并利用上海电影节、双年展等机会鼓励国际艺术家前往上海布展。上海可考虑在既有莫干山路艺术园区、徐汇西岸基础上开辟专门艺术创造园区，鼓励国内外新锐艺术家扎根上海进行艺术创作。

第八，利用大型活动吸引青少年参与到民间外交中来。聚焦全球青少年兴趣爱好，以及围绕互联网的无国界性，展开一系列的活动，加强上海的人文交流能力建设。2020 年电子竞技游戏英雄联盟将在上海举办比赛，这是吸引全球年轻人了解上海、了解中国的一个重要手段。上海应利用好这一个月的比赛，做好上海和中国文化的体验活动。上海可以提供一系列的公共服务，例如，户外大屏提供赛事转播、上海景点推荐、一日游线路推荐、周边游线路推荐、赛事前后推出相关文化旅游活动、动漫展等，带动上海文化产业发展。

第二节

对上海城市科技创新网络定位的建议

在知识型社会的时代，科学技术的发展直接促进了人类的福祉和繁荣。只有在拥有尖端科技的国家，城市和企业才能在这个新时代担当主角。特别是在本土化和全球化的时代，区域竞争力对于国家竞争力至关重要。因此，地方政府应采取多种发展战略，增强区域竞争力，充分发挥区域发展和创新的潜力。

技术城市促进区域经济增长和创新。以科技园区为基础的科技园区建设可以促进区域经济发展，增加创新能力。世界科技城市联盟旨在通过政府、科研院所、高校和高新技术产业的互动和紧密联系，提升创新能力，培育战略性产业，争取更大的区域和国家竞争力。通过推动新业务的开展和促进现有业务的增长，世界科技城市联盟也在补充区域商业活动作为变革的催化剂方面发挥重要作用。

全球网络在技术合作中相互合作，互相竞争。在知识型社会，建立合作伙伴关系和促进技术性企业之间的知识和技术交流对于提高全球竞争力非常有用。特别是世界科技城市的成功经验，可以通过地方政府、高校、研发中心、高新技术产业之间的密切合作，提升高科技能力。

科技创新网络将有助于上海成为具有全球影响力的科技创新中心，加快突破科技创新策源能力，助推上海成为全球学术新思想、科学新发现、技术新发明、产业新方向的重要策源地，助力上海打造“卓越全球城市”和“世界影响力社会主义现代化国际大都市”，充分展示了中国参与国际科学研究合作、融入全球科学创新网络的坚定决心。世界顶尖科学家论坛等活动是上海建设全球科技创新网络的举措之一，如 2018 年 10 月 28 日至 11 月 1 日，世界顶尖科学家论坛于临港滴水湖畔成功举办，围绕“科技，为了人类共同命运”这一主题，全球顶尖科学家云集一堂，深入开展探讨交流，取得了良好的学术效益与社会效益。世界顶尖科学家论坛是新中国成立以来规模最大、诺贝尔奖科学家数量最多的科技盛会，仅次于瑞典诺贝尔颁奖典礼、德国林岛诺贝尔奖获得者大会，是亚洲之最。论坛定位于创办世界科技界的“达沃斯论坛”，通过世界顶尖科学家的互动研讨，探究全球科技发展趋势，提出对中国科技创新的建议，同时推进若干重大科研成果产业化项目落地，助力上海加快建设具有全球影响力的科技创新中心。论坛具有三个显著特点：第一，众多全球最顶尖的重量级科学家参会。参加论坛的世界顶尖科学家包括 26 位诺贝尔奖得主，九位沃尔夫奖、拉斯克奖、图灵奖、麦克阿瑟奖等世界著名学术奖项获得者，以及近 40 位两院院士、中外杰出青年科学家，200 多位高校优秀青年教师。35 位世界顶尖科学家中，20 位来自美国，十位来自英国、挪威、德国、法国、瑞士等欧洲国家，五位来自以色列，实现了跨国界、跨学科、跨领域的深入交流。第二，众多全球最新科学研究成果和观点集中展示。参会科学家覆盖了化学、物理学、医学、计算机学等主要科学研究领域，代表了各自领域内世界高水准的学术成就和社会影响，展示了各自领域的最新研究成果，分享了对前沿科学发展趋势和推动全球科技创新合作的重要观点。第三，众多科技创新国际合作项目集中启动。借助此次论坛，积极推动实现与全球顶尖科学家的国际合作，引导全球顶尖科技资源集聚上海。

第三节

对上海卓越全球城市发展的建议

随着“上海 2035”出台，上海的发展被置于一个更加宏大的场景：在服务“一带一路”建设、长江经济带发展，打造具有全球影响力的世界级城市群的过程中，形成更加通达的国际城市网络，建设卓越的全球城市。

鉴于此，上海城市外交战略亦应有所调整和提升。第一，战略重心应由国际友城向跨国城市联盟转移。国际友城交往以双边为主，以项目合作为动力，故而开放度、交流形式、合作领域、受益群体有限。跨国城市联盟以多边为主，以问题为导向，因此更为开放，交流形式多样，合作领域丰富，受益群体众多，凝聚力也更强。在全球城市建设、长三角一体化进程中，参与、创建跨国城市联盟，能避免长三角地区国际友城资源无法共享的难题，最大程度地优化资源配置，并为长三角地区不同程度参与跨国城市联盟预留足够的空间。

第二，建立务实、弹性的体制机制，提升城市外交质量。在市委外事工作领导小组的领导下，划定城市外交红线，鼓励各领域在政策许可范围内积极开展城市外交、开拓国际交往渠道。要以各领域国际交往的实践为基础，整合资源、统筹协调、开展城市外交。对于符合全球城市建设的项目，可以不同程度地支持、参与。对于不成熟的项目或“僵尸”项目，鼓励退出。

第三，建设开放的、权威的专业数据库和量化研究，减少参与和创建跨国城市联盟及国内外开展合作的信息获取成本，提升匹配度。特别是上海需要提高自身的全球城市指标排名，建立与经济贸易高度发展相适应的全球城市。从“全球城市指数”“全球城市实力指数”和“亚洲绿色城市指数”对上海的评估结果可以看出，上海打造全球城市的具体领域包括着力提升上海的研发能力、国际交往能力、治理能力，降低各类能源消耗和污染物排放，加快转变经济发展模式，逐渐形成“以人为核心”的城市发展模式。万事达公布的2016年最新全球旅行目的地城市指数显示，上海2016年以接纳612万外国访客，位列全球第19位。其中，54.6%的访客目的为商务，上海在文化交流等其他领域方面的对外开放明显不足。上海需要进一步推动在文化和信息等领域的对外开放，全方位加强在全球城市中的影响力。[1]

第四，上海应该借助承办世界城市日的机遇，大力提高上海的城市形象和城市可持续发展指数。2014年上海首次承办世界城市日活动。城市可持续发展是世界城市日的主题，与世界城市日倡导的“城市的发展、稳定、繁荣与未来”密切相关。上海需向先进国家和地区的城市积极学习借鉴，尽快理顺和提高各类政策的科学性、协调性、清晰度和执行力，充分利用承办世界城市日的机会，推进上海可持续发展建设，并建立网络，构筑以世界城市日为主题的城市联盟平台。上海在2010年世博会后已经在探讨全球城市发展和治理问题上积累了良好的资源和影响力，“城市最佳实践区”的50个参展国际城市构成了上海倡议成立城市联盟最好的成员基础，世界城市日又可以提供最好的活动平台。作为以建设卓越的全球城市为目标的国际大都市，上海可以充分借鉴C40等的经验，主导发起成立介于政府间

[1] Mastercard，2016，*Global Destination Cities Index*，https://newsroom.mastercard.com/wp-content/uploads/2016/09/FINAL-Global-Destination-Cities-Index-Report.pdf.

国际组织和非政府组织之间、定位为国际地方政府联盟的国际城市联盟。突出城市规划、环保和可持续发展议题，确立对城市可持续发展议程和行动的主导地位。

第四节

对上海参与全球城市联盟的建议

跨国城市联盟日益成为全球治理中的资源汇集、技术创新、最优实践推广以及规范扩散的重要平台，发达国家及发展中国家城市均开始重视对于跨国城市联盟的参与，以此作为其拓展经济利益、追求结构性权力以及拓宽城市外交渠道的重要工具。当前全球性城市联盟约有 38 个，欧洲约有城市联盟 19 个，亚太地区十个，拉丁美洲地区四个，非洲地区五个。其中，上海已经加入了十个跨国城市联盟。但上海在跨国城市联盟中的相关影响仍较为有限，与卓越的全球城市地位要求有差距。笔者就此问题进行专项调研，并形成以下建议。

第一，从卓越的全球城市发展战略和定位来看，上海作为中国国际化程度最高的城市之一，应以更积极、更负责任的姿态，参与甚至创建跨国城市联盟，上海城市外交战略重心可以由国际友城向多边城市合作以及跨国城市联盟逐步转移。要吸引各类城市联盟不同程度地参与上海全球城市建设；城市外交重心下移、力量下沉，通过城市联盟网络创造上海与国际中产阶层之间民间外交空间结构的优化，提升国际交往能力，并鼓励参与，增进了解，加强体验，树立形象；以世界城市和地方政府联盟等为抓手，在融入和引领跨国城市联盟上进行制度创新和平台建设；以全球城市外交指数指标体系为起点，逐步形成权威和专业的全球城市对外交往活力指标数据库；以营造良好的国际组织在沪发展环境为特色，积极参与全球公益事业，凸显上海的全球人文关怀。

第二，把上海发展全球城市联盟战略和城市联盟建设与国家赋予上海的任务相结合，明确上海参与和创建跨国城市联盟服务国家发展战略的定位。上海参与和创建跨国城市联盟离不开国家的支持。一是要加强“一带一路”沿线城市联盟建设。上海服务国家“一带一路”建设，通过城市组织和联盟对“一带一路”沿线城市起到辐射和示范作用。二是上海创建跨国城市联盟的措施应与长三角一体化建设结合起来。卓越的全球城市建设首先是经济要素的集聚和流动，上海作为长三角最大的城市，在创建跨国城市联盟实践中首先可以建立起长三角区域的城市联盟，在积累一定经验之后再建立跨国城市联盟。

长三角城市合作网络需要提前布局，做好制度设计和前期研究。可借鉴欧洲的经验，“一体化”发展首先要研究欧洲城市的需求和共同点，根据共同需求问题建立以“问题治理”为导向的城市合作网络。因此长三角城市网络建设的进程既需要战略智慧和战略耐心，更需要分类、功能和构成三方面研究：其一是城市分类研究，根据不同城市功能和定位，设计不同城市网络组织原则和远景规划；其二是组织功能研究，组织功能需要和城市治理前沿紧密结合，通过城市网络带动城市治理特色发展、互补互利；其三是组织构成设计，需要调动城市居民的积极性，自下而上推动城市合作网络的可持续发展。

第三，上海应当营造城市国际组织在沪发展环境，发挥多方合作的杠杆作用，争取各方面支持，将此作为国际城市联盟建设的关键步骤。首先，为城市国际组织等相关机构在上海落地创造有利的政策环境；其次，政府应携手著名的城市国际组织开展各种活动；再次，在世博园区建设全球城市国际组织园区，其软硬件设施条件较好，可以发展成为集中吸引联合国等其他国际组织入驻的园区，并发挥集聚效应，成为新时期上海加快转型发展和国际化、加强与重要国际组织合作互动的新地标；最后，积极建构阶段性、多元动态、全球布局的筹资体系，为城市国际组织在沪发展提供财政支持，建立城市国际组织的公私合作伙伴，为突出的国际组织颁发杰出贡献奖。

第四，上海应当进一步加强城市联盟构建中多元主体的参与。在推进城市国际化的进程中，上海应当进一步发挥企业、社会组织、有影响力的个人等非政府行为体的作用。以上海的城市外交为例，民间外交的动力机制开始从中央发起、地方配合，向央地互动转变。在这一过程中，上海应当将市场行为体与社会行为体纳入城市对外交往以及城市本身的建设与发展中，这一方面可以降低地方政府的成本，另一方面也可以拓展城市参与的议题与领域的范围，进而推动上海更为立体的国际化进程。

第五，上海应当更为重视和借鉴世界其他全球城市的经验，突出上海作为卓越全球城市的话语权和发展理念领导力，推动全球城市建设由利益驱动向理念引导的转变。上海可以借鉴纽约在城市 2030 可持续发展目标建设、东京在全球包容型城市建设引领方面的经验，通过参与相关城市联盟，发挥上海的理念领导力。上海需要在可持续城市、生态文明和海绵城市建设等方面提出与运用符合人类利益的前沿理念，通过城市联盟平台吸引国际资源、增进国际认同以及提升中国影响力。特别是上海应当提出与运用能够展现上海开放、包容特点的理念，进而促进城市国际化及建设卓越全球城市目标的实现。

第六，上海应该发挥世界城市日等已有品牌作用，以上海建设世界城市日永久主场为契机，将世界城市日平台建设成筹建长三角城市联盟乃至跨国城市联盟的重点机构。这可以从三个方面推进：一是建立长三角地区城市建设部门对话机制，作为建设长三角城市联盟的决策机构；二是以上海世界城市日永久主场相关及其配套活动为依托，为政策探讨和实施提供智力支撑，并强化世界城市日平台知识分享的功能，将世界城市日打造成服务于长三角城市联盟的知识分享平台；三是将政策探讨与案例实践相结合，在长三角城市联盟框架下构建联合国《上海手册》实践基地，既可以服务于长三角一体化国家战略，也可以强化联合国《上海手册》等上海世界城市日品牌效应，为上海创建跨国城市联盟，最终服务于“一带一路”建设。

第五节

对上海创设全球性科技组织的建议

围绕加快建设具有全球影响力的科技创新中心、吸引全球人才创新创业，上海持续推出了一系列重大政策。上海创建科创中心蓝图的框架逐渐清晰：在2020年前，上海要形成科技创新中心基本框架体系，并为长远发展打下坚实基础；到2030年，着力形成科技创新中心城市的核心功能，在服务国家参与全球科技经济合作和竞争中发挥枢纽作用，初步形成全球创新网络的重要枢纽和最具活力的国际经济中心城市之一。在此基础上的最终目标，是“全面建成具有全球影响力的科技创新中心”。

一、 上海设立全球科技性组织的经验和启发

（一）联合国南南全球技术产权交易所

联合国开发计划署、南南合作特别局和中国商务部三方在2007年8月正式签署“南南全球技术产权交易系统”合作项目文件。经过一年多的推进落实，2008年11月，南南全球技术产权交易所（SS-GATE）在上海正式成立。当前，联合国日益重视新兴发展中国家的作用，特别是中国、印度、巴西和南非等国家，这些国家在全球工业化进程中，还承担着产业转移和技术转移的功能。

南南全球技术产权交易所可以逐渐演变成为发展中国家的纳斯达克，为发展中国家提供技术转移和融资，成为中国未来主导国际经济体系的重要抓手。但是，目前由于在体制和软硬件配套方面的瓶颈，南南全球技术产权交易所未能完全实现其成立的初衷。

从体制方面来看，尽管南南全球技术产权交易所在中国商务部、联合国开发计划署南南合作特设局和上海市杨浦区政府的共同支持下创建，杨浦区政府特别提供了免费的办公场所，但是随着时间的推移，南南全球技

术产权交易所的自身定位和目标的矛盾越来越大。联合国机构都是公益性和非营利的，但是杨浦区政府和上级主管单位上海联合产权交易所均希望南南全球技术产权交易所可以实现自身营利。目前，南南全球技术产权交易所是按照企业法人的身份进行注册，这为其推广工作带来了一定的不便。

从资金方面来看，南南全球技术产权交易所急需资金以实现自身作为公益性联合国机构的转变，需要资金落实南南技术和项目配对，也需要资金吸引国内外人才加入，推动南南全球技术产权交易所进一步发展。南南全球技术产权交易所达到正式的国际组织要求还有每年 800 万人民币的资金缺口，这些资金主要用来进行支持软硬件建设，特别是全球技术交易平台的网络和电脑建设、翻译费用，以及大量引进金融人才。

（二）亚太地区城市信息化合作办公室

亚太地区城市信息化合作办公室（以下简称“亚太办”）是根据第一届亚太地区城市信息化高级论坛通过的《上海宣言》要求，作为亚太地区城市信息化高级论坛合作委员会的常设办事机构，于 2000 年 9 月 1 日成立。该论坛由上海市人民政府、联合国经济和社会事务部于 2000 年起共同召开。其宗旨是响应《联合国经社理事会部长宣言》和“联合国千年首脑会议”提出的“消除数字鸿沟”的倡议，由论坛促进亚太地区城市信息化的发展，为亚太地区城市信息化政策制定者和决策者提供一个交流观点、政策和战略、经验和教训的平台，促进国家之间和区域之间的合作，尤其是南南合作，从而消除此地区乃至全球的“数字鸿沟”。

亚太办在发展过程中也面临着一些问题。亚太办成立后，因无法注册为独立法人，就采取变通办法成立上海市互联网经济咨询中心（互联网中心），属于事业单位，政府给编制、开工资，办公用房由上海市机关事务管理局拨划。亚太办与互联网中心是两块牌子，一套人马。在实际发展过程中，亚太办遇到了身份、资金、政策等方面的困难。

首先，亚太办遇到了法律法规方面的困难。由于中国目前没有国际社团法，因此亚太办无法注册，无法由项目机构发展为国际组织。亚太办现在注册的身份是上海市事业单位，解决了“生存问题”，但是今后的发展以及与其他国际组织进行合作和工作对接则面临着来自独立法人身份的限制。

其次，亚太办主要资金来自上海市政府财政拨款，但远低于实际需要。亚太办不得不发展其他培训、会展项目以筹措资金。亚太办“以会养会”为主的运行似乎偏离了设立时以“消除数字鸿沟”为联合国千年发展计划服务的目标。

最后，上海目前缺乏吸引国际组织工作人才的支持政策，无法给予雇员国际组织工作人员的种种优惠条件，提供的报酬也有所限制，无法吸引、留住国际性人才。当前，亚太办工作人员较少，主要承担事务性的工作，无力承担更多的国际化的业务。

二、关于上海创设全球科技性组织的建议

一是充分凭借和发挥上海的资源优势，提高战略定位。上海必须充分发挥在高端人才、产业基础、应用市场、国际交流等方面的优势，推出具有竞争力的扎实举措，积极服务上海创建科创中心建设。上海作为改革开放的排头兵和创新发展先行者，需要整体规划、通力合作强化规范建设，需要将欧美的国际科技组织发展经验和上海卓越全球城市建设紧密结合。例如，发挥市场配置科技资源的决定性作用，更好地发挥国际科技组织主体积极性作用，提供多元化和包容性的国际科技组织发展环境和文化等。

二是明确上海创设全球科技性组织的定位和性质。上海需要更好地发挥全球科技性组织作用，进一步明确全球科技性组织定位，围绕建设“五个中心”和社会主义现代化国际大都市，提升城市能级和核心竞争力，聚焦重大问题，不断提高服务国家和上海的科技进步。为加强中国与国际科技组织、学术团体和科技工作者的联系，要及时了解国外科技发展动态和水平，促进中国对外关系的发展，争取国际科技界对上海科创中心建设的支持。

三是加强对上海创设全球科技性组织的综合服务和保障。应积极协调

国际国内相关方，在创设全球科技性组织的机制、资金和法规方面提供支持。市政府应设立财政专项资金用于吸引国际组织，并在政府出资的基础上吸引民间资本成立基金。加快联合国机构在沪合作项目机构的实体化发展，形成集聚效应。国际组织总部或分支机构已经设立在他国的，尽量不要干扰，避免引起外交纠纷，应该自己创造概念，培育与上海经济社会发展相适应的新的国际组织。

第六节

推动“一带一路”上海科技创新纽带建设

加快建设具有全球影响力的科技创新中心，是以习近平同志为核心的党中央赋予上海的重大使命，全市上下要更加自觉地用习近平新时代中国特色社会主义科技创新思想统领上海科创中心建设，聚力抓好关键核心技术自主创新，聚力打造更优创新创业生态，努力为建设世界科技强国作出更大贡献。在 2017 年“一带一路”国际合作高峰论坛上，国家主席习近平出席开幕式并发表主旨演讲，提出中国愿同各国加强创新合作，启动“一带一路”科技创新行动计划，开展科技人文交流、共建联合实验室、科技园区合作、技术转移，要将“一带一路”建成创新之路。

一、上海的机遇

（一）“一带一路”倡议和中国特色大国外交

“一带一路”倡议和中国特色大国外交的深入推进，为上海在新时代提供了更大的舞台。近年来，随着中国在国际舞台上的地位越来越高，作用越来越大，中国外交对世界格局和国际形势都产生着巨大的影响，引发了国际体系的转型和国际秩序的改革，对促进中国在国际社会中体现大国角色、权力和责任，都起到了举世瞩目的效果。

（二）上海科技实力和软实力强

创新是推动发展的重要力量。上海是中国最开放和最现代化的大都市之一，作为中国国家中心城市之一，上海在科技创新中心作用位居第一梯队，科研机构规模、创新企业规模、科研经费投入、创新成果产出、劳动生产率、人口学历结构竞争力强。此外，鉴于其“软实力”和在国际上的知名度和影响力，上海是“一带一路”沿线国家居民充分认可和向往的国际大都市。历史上，中国对于丝绸之路经济带沿线地区的吸引力主要体现在对沿线地区经济、技术和文化的渗透。当下，上海应发挥“软实力”引力，推动以“聚”为导向的政策设计。

（三）总部经济优势

近年来，上海利用外资实现跨越式发展，总部企业成为各地招商引资的重点争抢项目之一。总部企业对于形成更好的产业集聚效果，能起到典型的示范效应，十分重要。

（四）城市重点规划、愿景和目标的导向

随着“上海 2035”的出台，上海的发展被置于一个更加宏大的场景：在服务“一带一路”建设、长江经济带发展，打造具有全球影响力科技创新中心和世界级城市群的过程中，形成更具竞争力的国际创新中心，建设卓越的全球城市。

二、 上海的挑战

（一）经济转型的压力

随着生产要素在区域之间的“再平衡”，同时受上海自身发展不利因素的影响，上海正面临传统产业转型之痛。一方面，受有限工业用地和高昂土地租金的影响，传统劳动密集型产业在上海正经历经营困境。近年来，流向传统制造业的外来投资骤降。2016 年前三季度数据显示，外商投资流向制造业的项目数为近 41 个，同比下滑 25.5%。另一方面，上海自身产业构成中的重化工业目前正经历后危机时代国际国内市场需求下滑的冲击，以钢铁、造船等行业最为典型，未来汽车制造等行业亦可能形成过剩产能。相比之下，中西部当前的竞争优势则表现为相对较低的生产要素价格对产业集聚的吸引力。

（二）同质化竞争

应避免过多的项目堆积和与国内其他省区市的同质化竞争，同时着眼上海自身发展需求，借力“一带一路”倡议，重塑上海经济竞争力。相比改革开放之初上海在全国经济中的比重及对全国经济的增长贡献，当前上海经济正承受产业结构调整和发展方式转型之痛，特别是同质化竞争。上海科研资源多、实力强，具备建设科创中心的良好基础，要进一步增强科技实力和创新活力，不仅要加强硬件设施建设，更要创新体制机制，通过设施开放共享，吸引全球科研人才，营造良好的创新生态。

（三）中美贸易摩擦给经济发展带来障碍

2018 年 7 月 6 日起，美国正式对 340 亿美元中国产品加征 25%关税。美国违反世贸规则，引发了迄今人类经济史上规模最大的一次贸易摩擦。美国对中国发起“301 调查”，指控中国侵犯美知识产权，对未来中国出口美国的部分行业进行制裁，具体分为十个领域：新一代信息技术产业、高档数控机床和机器人、航空航天装备、海洋工程装备及高技术船舶、先进轨道交通装备、节能与新能源汽车、电力装备、农机装备、新材料、生物医药及高性能医疗器械。美国的真正考量是要遏制中国制造业升级，拖慢实业兴邦的“中国制造 2025”这一强国战略。中国现代化还没有完成，尤其是全面改革、对外开拓的“一带一路”还处于初期。中美贸易摩擦打乱了中国改革的经济节奏，贸易摩擦涉及的行业较多，必然对经济造成影响。

人才竞争力指数（Global City Talent Competitiveness Index，GCTCI）偏低。人才汲取不足，与上海全球科创中心目标建设存在差距。过去三年上海人才竞争力相对美国和日本城市不断下降，上海排名位于全球中下游，虽然福布斯全球 2 000 强企业总部得分已有明显增加，重点大学、医师密度、个人安全得分也与美国城市相差不远或基本持平，但上海的资讯及通信设备接入情况、人均国内生产总值、环境质量、高等教育入学率、受过高等教育的劳动力或人口仍与美国城市和日本东京有较大差距。此外，根据日本森纪念财团“全球城市实力指数”的分析，上海近年来的研究与发展投入不足，其中高校投入与东京差距较大。上海的研究与发展指标排名较纽约、洛杉矶等国际城市而言较弱，基本都在第 15 名之外。

三、 上海经验总结及建议

第一，将科技创新放在改革开放和“一带一路”建设的首要地位。在中国推进结构性改革的基础上，上海市委、市政府坚持将创新驱动战略摆在发展全局的核心位置，让创新之花结出发展之果。在创新驱动战略引领下，坚持重点引导和支持创新要素向企业集聚，加大政府科技资源对企业的支持力度，千方百计为企业搭台。建设一批重大科技基础设施，共同探索科技体制机制创新。加快推进上海科创中心建设，努力在基础科技领域作出大的创新，在关键核心技术领域取得大的突破。

第二，利用好改革开放、“一带一路”建设契机，充分挖掘和整合国内国际资源禀赋，规避同质化竞争。“一带一路”倡议是“新常态”背景下，中国全面深化改革开放的重要政策举措。如何利用好政策契机、充分挖掘自身资源禀赋、吸引更多的生产要素流入是上海参与“一带一路”倡议的重要出发点。对“一带一路”沿线地区的制度辐射和技术溢出应成为上海服务“一带一路”倡议的重要形式，注重为沿线地区提供包括平台、规制、技术在内的一系列软设施，发挥信息、资本、人员等生产要素的集散功能。

第三，将全球重要影响力的科技创新建设与“一带一路”科技创新纽带建设的双重使命统一，实现相辅相成、相互促进。开展“一带一路”科技创新行动计划，要将“一带一路”建成创新之路是习近平总书记的重要要求。上海作为中国改革开放的前沿，在中国步入新时代和中华民族伟大复兴的重要时刻，将全球重要影响力的科技创新建设与“一带一路”科技创新纽带建设的双重使命统一，实现相辅相成、相互促进，共同服务国家总体外交。

上海可以从政策和园区角度为海归和高端人才创业搭建平台，吸引归国高端人才。上海可以借鉴班加罗尔的经验，在税收、股权、金融扶持、工资待遇、来去自由、创业辅导、子女教育等方面制定一整套优惠政策，吸收科技人才到上海工作或创业，并为国内外各类高科技人才创建科技园，出台优惠政策，建立风险基金，帮助高科技企业发展，与海外同行保持密切业务关系，提高国内科研能力。

推动创新生态系统发展。上海可以借鉴美国旧金山的经验，出台优惠政策，吸引高端人才到科技企业，实现人才迁入，以高科技企业聚集吸引更多年轻人创业发展，形成创新生态发展系统，同时为推进中小企业科技创新提供经济方面的支持，注重风险投资机制的运用，除了财政直接参与风险投资以外，更主要的是借助扶持和保障措施，正确引导私人投资进入风险投资业，充分动员社会闲置资金的力量。实施合理的商业办公房地产政策，减少办公场地费用，吸引高科技企业落户。此外还应保护知识产权，并以一系列鼓励科技创新和实现成果转化的法律为支撑，为中小企业的科技创新提供全方位、多角度的法律保障，形成上海创新生态系统的良性发展，推动上海创新纽带建设。

综合以上各篇所述，城市在国际舞台上发挥着越来越突出的角色。在全球治理浪潮的推动下，城市在全球治理中的发展模式、文化交流、环境保护、跨国移民、教育交流、技术扩散等问题上都扮演着示范者、践行者等功能载体的角色。因此，可以说城市已经从国际舞台上的边缘位置走向全球政治经济交往的中心。如理论篇所述，城市通过地方政府间的跨国联系有跨越多层全球治理的能力。城市同盟可以很好地促进城市参与全球事务，促进国家关系与城市合作以及发展改进全球民生。然而，城市在全球治理中日益扮演着关键行为体的同时，也面临诸多问题和挑战，包括城市发展进程中的固有挑战、与国家行为体权威的关系、城市与非城市行为体的功能分配、城市雷同化与多样化之间的张力，以及城市参与全球治理的边界和限度等。此外，在实践层面，如何推动城市参与全球治理的合法化、机制化，常态化，如何拓展实施路径的多元化、高效化，如何科学地评估相应效果等，也都是未来需要面对的挑战。

附录

主要城市联盟

一、全球性城市联盟

（一）阿拉伯城市组织（Arab Towns Organization）

1. 组织信息

阿拉伯城市组织成立于 1967 年 3 月 15 日，总部设立在科威特，该组织每三年举办一次大会，邀请多个阿拉伯城市以及全球多个国家、地区、国际组织的高级官员和代表出席大会，就阿拉伯城市的发展以及发展中所面临的问题进行讨论。

2. 组织目标

保存阿拉伯城市的身份和遗产；致力于阿拉伯城市和地方机构的发展以及现代化；提升阿拉伯地方政府的地位，促进权力下放；提高阿拉伯城市的服务和建设水平；促进会员城市之间服务和设施领域专业知识和经验的交流；配合会员城市的研究，规划和协调各项活动，根据经济、社会、文化和环境的实际，制定发展目标；促进阿拉伯城市的可持续发展；根据阿拉伯城市的发展要求，开展政府和地方机构的现代化工作，协助制定地方性法规；建立与该组织活动有关的阿拉伯地区和国际组织的联系与合作网络。

3. 组织意义

阿拉伯城市组织在现代区域战略中扮演着重要的角色，为加强阿拉伯地方当局和服务城市居民起到了显著的作用。阿拉伯城市组织已与许多相关工作领域机构和组织建立了友好合作协议，并积极寻求加强外交关系。除了在研究领域有所影响，阿拉伯城市组织作为联合国城镇组织成员，是联合国经济及社会理事会和欧洲理事会的观察员，在有关国际机构当局扮演着重要角色。

（二）国际都市发展协会（International Urban Development Association）

1. 组织信息

国际都市发展协会（INTA）以成为全球各城市改革发展资讯交流平台为目标，通过提供资讯、举办国际会议等方式，为公私企业团体提供城市经营创新理念与实务作为参考，以促进全球各城市空间及社会的公平发展。INTA 扮演着国际各都市之间经验交流网络和都市永续发展政策论坛的双重角色。

2. 组织内容

(1) 在政治视野之外运作，以确定长期战略，保持和提高一个地区的经济竞争力和生活质量。

(2) 促进决策者和从业者之间的点对点交流，允许直接传递经验和技术。

(3) 通过国际和地区交流在城市问题上共同提出解决方案。

(4) 所有规模的城市发展，贯穿于所有活动：公共部门和私营部门在战略性地区规划、公共空间、城市形态和建筑、创新和知识经济、流动性和可达性、地方公共服务、新的生产和分配模式、创意集群、经济吸引力、住房、城市更新、遗产和旅游、社会融合、地域营销、地方治理、可持续性和能源效率等方面的政策，从而形成一个有效的城市治理体系。

3. 组织意义

INTA 是一个无与伦比的网络，汇聚了城市发展的主要参与者：国家、地区和地方政府的决策者；房地产开发、建筑、工程、服务提供、产品开发领域的商业领袖；杰出的思想家和研究机构；有影响力的建筑和都市主义公司。这些参与者共同为城市化地区可持续综合发展建立新的参数。

（三）国际法语国家市长协会（Association Internationale des Maires Francophones）

1. 组织信息

国际法语国家市长协会（AIMF）由 49 个国家 200 多个城市组成的当地政府联盟。组织的目的是宣传他们共同分享的理念：当地民主的完善、女性在决策权中的地位提升、当地发展计划的管理。

2. 组织目标

（1）遵循文化和语言的多样性，并且服务于推广法语，促进和平和可持续发展。

（2）汇集并建立了以法语为官方语言的首都和城市的市长和领导人之间的联系。

（3）通过为讲法语的城市提供一个国际论坛来促进项目实现、实践和知识交流。

（4）促进集体的优越管理、支持经验的交流和财政支持发展计划。

3. 组织意义

AIMF 自创建以来，已经支持了超过 700 个项目，涉及的领域有水资源与卫生、可持续发展、经济发展、健康、教育、文化遗产的保护以及社区的现代化和服务培训。

（四）伊斯兰国家首都和城市组织（Organization of Islamic Capitals and Cities）

1. 组织信息

伊斯兰国家首都和城市组织（OICC）是伊斯兰会议组织（OIC）的附

属成员，是成立于 1980 年的国际非政府组织和非营利组织。其成员是来自世界各地的伊斯兰国家的首都和城市。其总部分别位于沙特阿拉伯的麦加和吉达。该组织没有任何政治活动或参与，也不干涉任何国家的事务，其活动侧重于人类住区可持续发展的框架内实现其目标。组织有 141 个首都和城市是活跃成员，有来自亚洲、非洲、欧洲和南美洲的 54 个伊斯兰会议组织成员国。该组织的工作语言为阿拉伯语、英语和法语。该组织的财务资源包括成员的会员费，个人、组织、市政府和政府的捐赠以及组织的投资收入。

2. 组织目标

巩固会员之间的亲切，兄弟情谊和友谊；保存伊斯兰国家的首都和城市的身份和遗产；支持、协调和扩大成员之间的合作范围；努力建立和发展全面的城市规范、制度和规划，促进会员发展繁荣，促进经济、社会、文化、环境和城市的发展；努力提升会员城市的发展，服务和市政水平；促进和发展成员国首都和城市的能力建设计划。

3. 组织意义

（1）组织举办了一系列国际会议和研讨会，与联合国各机构和国际及区域组织一起参与讨论处理本组织会员城市所面临的重大问题的市政事务专题。

（2）对伊斯兰建筑和非洲传统的成员国首都和城市进行了一系列建筑和城市化分析研究，以此推断建筑和城市设计的原则和方法，恢复伊斯兰建筑遗产目前的城市发展。

通过伊斯兰首都和城市的合作基金，资助一些伊斯兰国家首都和城市的服务、维护、环境和遗产保护、研究和培训项目。

（五）和平市长会议（Mayors for Peace）

1. 组织信息

1945 年 8 月，原子弹将广岛和长崎夷为废墟，夺取了数十万人的宝贵生命。今天，战后 70 多年，成千上万的公民仍然深受辐射带来的毁灭性后果和情感痛苦。为防止原子弹悲剧再度发生，广岛、长崎等城市不断向全世界通报有关核武器的非人道残酷行径，并一直要求废除核武器。

1982 年 6 月 24 日，在纽约联合国总部举行的第二届联合国裁军特别会议上，广岛市市长荒木武史提出了一项新的促进城市声援全面废除核武器方案。这一提议为城市跨越国界提供了一条共同推动核废除的途径。随后，广岛和长崎市长呼吁世界各地的市长支持这一计划。[1]

目前，和平市长会议由 162 个国家和地区的 7 469 个城市组成。

2. 组织目标

（1）和平市长会议的目的是促进实现持久的世界和平，引起全世界公民的关切，通过所有同意“促进团结一致的方案”的城市之间的密切声援，彻底废除核武器，并努力解决饥饿和贫困等人类重大问题、难民困境、侵犯人权和环境恶化的问题。

（2）向全球城市介绍和扩大城市间团结的想法。

（3）呼吁彻底废除核武器和全面彻底裁军给联合国等有关组织。

（4）声援城市应举行专门致力于裁军与和平事业的集会和活动，和/或解决饥饿、贫穷、难民困境、侵犯人权和环境恶化等问题，以及与这些事件有关的任何陈述，决议或宣言，与其他团结城市。

（5）声援城市应在联合国裁军周期间向秘书长和联合国大会主席转达主张彻底废除核武器和全面彻底裁军的信息。此外，信息的副本应与其他团结城市交换。

（6）声援关于和平、解除武装和安全问题的讲习班或会议和/或解决诸如饥饿、贫困、难民困境、侵犯人权和环境恶化等问题的城市，应当派发相关小册子、书籍和材料，将这些结果报告给其他团结城市。

（7）声援城市出版或获取与和平、解除武装和安全问题有关的材料、小册子或书籍，和/或解决诸如饥饿、贫困、难民困境、侵犯人权和环境等问题。

---

[1] http://www.mayorsforpeace.org/english/history/1990_1982.html.

（8）考虑到目前的国际形势和核裁军的紧迫性和重要性，团结城市将举办摄影展览，向全世界公民描述和描绘广岛和长崎原子弹毁灭的实际性质。

3. 组织意义

和平市长会议通过城市间的密切合作，努力提高国际公众对取消核武器的认识，通过努力消除饥饿和贫穷，帮助实现真正和持久的世界和平，帮助逃离当地冲突的难民，支持人权，保护环境，解决威胁人类家庭和平共处的其他问题。

（六）世界冬季城市市长会议（World Winter Cities Association for Mayors）

1. 组织信息

雪作为丰富的水的供给源，或者作为冬天的旅游资源，对于冬季城市的市民来说，是非常贵重的财产。由此，以“冬天是资源，是财产”为口号，气候和风土相似的世界各地的冬季城市相聚一堂，以讨论共同的课题为目的的首届世界冬季城市市长会议于 1982 年在日本札幌召开。自此，会议在世界各地的冬季城市一直延续召开至今。

2. 组织目标

（1）市长们在介绍有关城市建设的工作事例、互相交换信息和技术的同时，针对如何建设舒适的冬季城市进行讨论。

（2）会议的举办市可以开展举办冬季商品展览会和冬季城市论坛等关联业务，以会议举办市及会员城市的企业和团体为中心展出，以有关冬季和雪的机械材料及产品的展示为主，进行技术介绍等。

（3）不同领域的专家和学者以及市民可以就有关冬季生活方式和城市建设等问题发表演说，与普通与会者交换意见。

3. 组织意义

世界冬季城市市长会议作为非政府组织，已于 1997 年在联合国宣传局和经济及社会理事会注册。会议继续发挥着自身特色，并加强了与联合国的合作。

为发挥冬季城市的作用和职责，提供有关在积雪、寒冷的环境中培育出技术及城市建设知识等，在向拥有同样课题的会员城市进行支援、协作的同时，将从先入会会员城市学习来的智慧和经验等灵活地运用到城市建设中去，作为“国际社会的一员”互相协作配合。

（七）世界大都市协会（World Association of Major Metropolises）

1. 组织信息

世界大都市协会成立于 1985 年，是近年来随着国际城市多边交往兴起而发展起来的国际性民间组织。协会以会员制的方式组织世界各主要城市和有关机构进行联谊、交流与合作。目前，该协会与联合国人居署、世界卫生组织、世界银行、欧盟以及经济合作与发展组织等重要国际机构建立起了工作联系。2004 年 5 月，世界大都市协会在保留其独立地位的前提下，并入新成立世界城市和地方政府联盟，并承担该联盟大都市部的工作。

世界大都市协会总部原设在法国巴黎，1999 年搬往西班牙的巴塞罗那。该协会目前共有 139 个会员城市和一批准会员（主要是公司或其他民间机构）及个人会员。会员城市分布在世界各国，主要是人口超过 100 万的城市。

2. 组织目标

(1) 推动和加强国际城市间的交流与合作，并与承办城市围绕城市建设、发展和管理方面的问题联合举办专题国际研讨会，培训会员城市的专业管理人员。

(2) 围绕城市治理、社会融合、城市创新等主题，通过交流与服务，促进城市的可持续发展。协会正在着力打造的项目组（由协会的会员城市与合作机构共同发起，目前有 11 个，涉及城市治理的各个领域，每年根据项目开展情况增减）、妇女联盟（旨在提升妇女的社会地位）、青年联盟（旨在推动青年领导力建设）、国际培训中心（专题高级国际培训）等项目，都是当前城市发展中的热点领域，很多都具有重要的参与价值。

3. 组织意义

世界大都市协会的主要宗旨是促进大都市（协会章程明确为地理连贯性并发挥区域性领导作用的城市区域）间的国际交流与合作，包括促进城市规划、建设管理方面的经验交流，传播城市政策制定方面的经验鼓励和促进有利于城市生活改善的研究工作及加强世界各主要城市间的联系等，从而更好控制世界各大城市的发展进程，改善城市居民的生活素质和促进城市的可持续发展。

（八）世界历史都市联盟（The League of Historical Cities）

1. 组织信息

世界历史都市联盟最初由日本著名古都京都市倡议发起，成立于 1987 年。加入联盟的城市都有着丰富的历史，其中不乏几千年的古都。它们长期联合起来探讨与历史城市有关的特殊问题，以及城市发展及现代化过程中出现的新问题。

2. 组织意义

世界历史都市联盟旨在为每个历史文化名城的进一步发展作出贡献，通过各历史城市交流宝贵的经验和知识，探索城市应发挥的作用，促进人类的幸福和丰富城市文化。

（九）国际地方环境行动理事会（International Council for Local Environmental Initiatives）

1. 组织信息

国际地方环境行动理事会（ICLEI）是全球最大的城市网络，通过其项目、行动及地方计划来实现可持续低碳发展。ICLEI 的项目和活动不只局限于环境保护方面，更关注可持续发展涵盖的广泛主题。基于此，ICLEI 理事会于 2003 年正式拓宽了组织的内涵，更名为“倡导地区可持续发展国际理事会”。

2. 组织目标

（1）支持城市实现成为可持续、高韧性、资源高效、生物多样性和低碳；建立智慧基础设施并发展包容绿色的城市经济，以建设健康、幸福的社区为最终目标。

（2）通过组织国际会议和学习网络等方式提供一个城市和地方政府相联系的平台，从而促进成员间的经验分享和洽谈合作。

（3）根据特定城市、自治区和区域的特殊需求量身制定一些项目和活动。作为可持续发展的倡导者，鼓励来自全世界的地方领导人共同促进可持续发展。促进地方可持续发展的经验基础上，为地方政府提供相关培训和能力培养项目。

3. 组织意义

ICLEI 是一个致力于通过地方的行动防止和解决地方、区域和全球环境问题的地方政府协会。它的任务是营造和支持地方政府在世界范围内的运动，以通过累积的局部行动获得全球环境可持续发展条件的实质性改善。作为一个在可持续发展方面的信息交换站，ICLEI 为地方政府服务，提供政策指导、培训和技术援助以及咨询服务，以增强地方政府的能力。

（十）国际教育城市联盟（International Association of Education Cities）

1. 组织信息

国际教育城市联盟（IAEC）成立于 1994 年，其宗旨是推动有利于教育城市发展的思想及教育合作活动，通过改善教育环境和终身学习以提高市民生活质量。

IAEC 是一个非营利协会，也是一个永久性的合作结构，将致力于“教育城市宪章”的地方政府联系在一起。任何接受这一承诺的地方政府，无论其行政权力如何，都可以成为 IAEC 的成员。截至 2016 年年底，IAEC 在全球 36 个国家共拥有 488 个会员城市。

2. 组织目标

（1）宣扬和倡导城市教育的重要性；（2）宣传会员城市政治项目的教

育轴心；（3）鼓励、激励和保证会员城市遵守“教育城市宪章”（巴塞罗那宣言）的原则，并向会员提供建议和信息，以促进和实施该宪章；（4）代表会员履行联盟宗旨，与国际组织、国家、各种实体机构进行相关合作，使 IAEC 在影响、谈判、决策和起草文件的过程中成为有效且重要的对话者；（5）与其他协会、联合会、机构或地区网络，特别是与城市建立类似的、互补的或相互竞争领域的关系和协作；（6）与协会宗旨范围内的所有地区进行合作；（7）提升世界城市协会的会员资格。

3. 组织意义

通过交流、会见、共享项目、大会和加强会员城市之间联系的各类活动和举措，促进各政治机构、地区网络、主题网络和其他机构的交流，促进城市教育理念的深化和具体应用。

（十一）国际和平使者城市协会（International Association of Peace Messenger Cities）

1. 组织信息

国际和平使者城市协会（IAPMC）的设立是为了承认和鼓励城市在创造和平文化方面的作用和责任。IAPMC 于 1988 年在法国凡尔登举行了第一次会议，1990 年在美国康涅狄格州纽黑文市举行的大会上正式成立。IAPMC 诞生于联合国大会指定的和平使者之外。它坚信，市政当局有责任在其境内建立和平文化方面发挥积极的创造性作用。

2. 组织目标

（1）组织抗议核军备竞赛的活动，推动“无核区”建设，呼吁全面禁止核试验。

（2）彼此建立联系，打破敌对氛围，推动跨国贸易投资合作。

（3）加强文化等在国际事务中的影响力。

（4）协调面向特定国家和地区在经济、社会、文化、环保等不同议题领域之间的国际活动，以实现城市战略目标。

3. 组织意义

IAPMC 作为行业性国际组织建立，寻求城市对外政策的水平协调，目前已产生较大的外交影响力。

（十二）世界能源伙伴城市组织（World Energy Cities Partnership）

1. 组织信息

世界能源伙伴城市组织（WECP）成立于 1995 年，属于非营利组织，由来自世界各地的 19 座城市组成，其成员城市被全球公认为国际能源之都。世界能源城市伙伴组织每年召开一次年会，致力于联合推动和塑造全球能源领域的城市，共同分享业务发展最佳实践，参与学术合作，解决环境管理问题，并参与社区活动。

2. 组织目标

(1) 服务于促进企业对企业之间的互动，与能源相关活动的伙伴关系以及分享行业知识、联系方式和经验，同时提供全球行业支持服务和资源网络。该组织促进当地企业的贸易使团前往会员城市，并利用业务发展机会。

(2) WECP 提供更多的商业开发活动、贸易代表团、合作项目、分享作为应急预案的信息、国际学校支持、更有前景的石油工业以及环境与石油工业的多元化战略。

3. 组织意义

许多 WECP 成员城市已经有丰富的实践经验和深入的交流关系，从哈利法克斯与斯塔万格、克拉玛依与吉隆坡，到休斯敦与珀斯。实践和交流的是关于城市之间的规划与增长和可持续发展的想法。WECP 成员城市帮助促进在企业、城市、教育和公民层面的交流。对于成员城市来说，能源、废弃物管理或业务发展等几个市政分支机构全年保持联系，帮助每个城市实现蓬勃发展。

（十三）世界遗产城市联盟（Organization of World Heritage Cities）

1. 组织信息

世界遗产城市联盟（OWHC）是联合国教科文组织的一个下属组织机构，是一个非营利性、非政府国际组织，1993 年 9 月 8 日成立于摩洛哥非斯，总部设在加拿大魁北克。OWHC 有五种官方语言：法语、英语、西班牙语、阿拉伯语和葡萄牙语。

2. 组织目标

（1）OWHC 负责沟通和执行世界遗产委员会会议的各项公约和决议，借鉴各遗产城市在文化遗产保护和管理方面的先进经验，进一步促进各遗产城市的保护工作。

（2）OWHC 作为国际非营利性非政府组织，协助会员城市根据联合国教科文组织《世界遗产名录》中的具体要求调整和改进管理方法。

（3）为执行《保护世界文化和自然遗产公约》和《保护历史城镇与城区国际宪章》作出贡献。

（4）鼓励在地区和国际两个层面与其他寻求类似目标的组织密切合作，在全球历史名城之间开展合作和信息与专业知识交流，同时推动可能支持发展中国家城市努力的行动。

（5）与专门的组织合作，确保专家就其进行的研究与当地政府部门之间有更好的联系和沟通。

（6）使人们了解遗产的价值，提高保护意识。

3. 组织意义

OWHC 的主要目标是执行《世界遗产公约》，鼓励在世界遗产城市保护和管理事宜方面进行合作、交流以及知识保护，并在其成员城市之间发展团结感。为此，OWHC 组织了许多会议，包括世界级会议、研讨会等，以面对在历史城市保护和发展的管理和战略方面遇到的挑战。此外，OWHC 向其城市成员提供了许多旨在促进和支持世界遗产维护、承认和发展的项目。

（十四）亚太城市峰会（Asia Pacific Cities Summit）

1. 组织信息

亚太城市峰会（APCS）由澳大利亚布里斯班市发起，会议秘书处设在布里斯班市。会议每两年举办一次，分别由澳大利亚和澳大利亚以外的城市轮流举办，迄今已举办了八次。APCS 是一个非政治论坛，旨在促进城市与当地其他城市的国际对话，建立战略伙伴关系和经济机遇。

2. 组织目标

（1）与业务伙伴建立深化对话，共享学习；

（2）促进信息和想法的交流，为未来的繁荣和地区可持续生活共享解决方案创造蓝图；支持该地区各级政府、私营和公共部门机构以及企业界发展战略和商业伙伴关系；

（3）为在亚太地区及其他地区寻求贸易和投资机会的城市和企业提供长期的经济成果；

（4）探索城市发展战略的新模式，加强城市服务社区的能力，为地区繁荣和提高生活质量作出贡献。

3. 组织意义

近年来，全球经济产出和增长的重要份额集中在亚太地区的大城市。该地区高度活跃，发展迅速，城市化进程正在加快。

亚太城市市长峰会的特点包括：第一，会议规模大。首届峰会就有 16 个国家的 500 多人参会，第四届峰会有 99 个城市近 600 人参加。第二，参会层面多。除亚太城市的市长、副市长外，一些知名跨国公司和城市问题专家也积极参加。第三，会议议题广。峰会关注城市发展中的各种问题，每一届都围绕一个主题展开广泛讨论，如环境保护和城市可持续发展、新技术时代的城市创新、信息化与城市发展、城市未来教育和文化发展，等等。第四，交往形式多。峰会既有城市政府间的友好往来，也有城市间的教育和文化交流，还有企业界间的经贸合作。

（十五）世界城市反贫困联盟（World Alliance of Cities Against Poverty）

1. 组织信息

世界城市反贫困联盟（WACAP）成立于 1996 年，是一个由市政府组成的全球网络。其目标是应对城市化的挑战，促进南南合作和三角合作，分享最佳做法的知识。

2. 组织目标

（1）应对城市化的挑战，促进南南合作和三角合作，分享最佳做法的知识。

（2）为联合国千年发展目标和联合国 2030 年可持续发展目标构建解决方案，解决城市贫困的全球性挑战。

（3）研究技术如何使城市“智能、安全和可持续”。

（4）确保妇女、青少年和儿童安全地享受城市提供的许多机会。

3. 组织意义

WACAP 汇聚专业人士，为千年发展目标构建方案，解决城市贫困的全球性挑战。WACAP 论坛通过演讲和会议，专门研究技术如何使城市“智能、安全和可持续”。城市应该为公民提供充分发挥社会，经济和政治的机会，WACAP 意味所有合作伙伴共同推动这一进程。与市政领导人合作，WACAP 可以确保妇女，青少年和儿童安全地享受城市提供的许多机会。

（十六）岛屿观光政策论坛（Inter-Islands Tourism Policy Forum）

1. 组织信息

岛屿观光政策论坛（ITOP）是中国海南省与韩国济州道（2006 年成为济州特别自治道）、日本冲绳县、印度尼西亚巴厘省于 1997 年共同创立的地区性旅游合作组织，总部设立在中国海南省。论坛自成立以来，每年由各方轮流主办，到 2017 年 10 月已经成功举办了 21 届。经过 20 多年的发展，论坛已成为岛屿地区分享各自经验、增进友好交流、凝聚合作共识、实现共同发展且具有一定国际影响力的重要平台。

2. 组织目标

(1) 各参与方以振兴旅游业和促进相互之间的交流与合作为共同目标，共同为岛屿地区的发展和世界和平作出贡献。

(2) 大力发展文化旅游，以此带动经济转型，在各自国家或地区经济转型中发挥示范效应。

(3) 共同出资在互联网上建立旅游联合促销网站，各方积极组织互往旅游客源；尽快开通四个地区之间的定期或不定期航班或航线；

(4) 开拓国际市场，提升旅游服务质量，携手共进；

(5) 促进和扩大岛屿间的交流与合作，鼓励和引导各自的旅游企业把论坛参与方的旅游产品纳入销售主渠道，实现彼此间的良性互动。

3. 组织意义

岛屿观光政策论坛的各成员国达成了一系列共识，包括科学开发岛屿资源，合理配置资源，使岛屿旅游业与自然环境、社会经济结构和文化习俗保持和谐关系，保持岛屿地区独特的生态和文化魅力。对于中国来说，岛屿观光政策论坛已成为海南省扩大对外交流与合作、打造良好国际形象和提升国际知名度的重要舞台，对推动海南省的旅游业发展和国际客源市场开发起到了不可替代的作用。

（十七）世界科技城市联盟（World Technoplis Association）

1. 组织信息

世界科技城市联盟（WTA）于 1998 年 9 月在大田成立，是一个致力于“通过科技城市间的交流与合作促进各地区的发展，通过科技进步促进人类的共同繁荣和幸福”的多边国际性组织，也是世界上第一个以地方政府为主体组成的国际性组织，对于促进国际科技交流和合作、共同推动科技经济发展与城市的全面进步具有重要意义。世界科技城市联盟的目标是：通过科技城市间的交流与合作促进各地区的发展；推进世界科技城市间的互惠合作与交流，共享繁荣；通过科技进步，为促进人类的幸福繁荣而奋斗。

世界科技城市联盟成员由拥有在某种程度上与高科技发展相关的研究园、工业园、大学或企业的地方政府组成。联盟成员类型分为正式联盟成员（地方市级政府）和准联盟成员（正式联盟成员所在区域内的从事高机关报科技领域的研究所、大学、企业等实体单位）。

2. 组织目标

（1）建立国际信息网络，共享经验与信息；通过会员城市间的共同合作促进科研事业的发展。

（2）培养中小型企业及风险企业并为中小型企业提供协助。

（3）举办科技大市场，促进科技成果转让。

（4）为建立、发展研究园区进行协调。

（5）举办电子贸易博览会；推动对联盟成员国繁荣发展有利的其他项目。

（6）通过科技交流，推动尖端科技转让，提高会员城市的科技水平和竞争力，促进会员城市的繁荣和发展。

（7）讨论如何加强世界科技城市联盟会员城市间的技术交流与经贸合作，促进高新技术产业的发展。

（8）研究如何加强世界科技城市联盟组织的建设，扩大世界科技城市联盟的影响。

3. 组织意义

2005年以来，世界科技城市联盟进入了全球化阶段。其参与组织的各项活动在国际上都具有很重要的意义和影响力，吸引着世界各国的目光并不断为世界科技创新作出突破性的贡献和提供帮助。世界科技城市联盟和联合国教科文组织自2005年以来，通过促进科技创新，在可持续发展的共同目标下开展合作项目。

在知识型社会的时代，科学技术的发展直接促进了人类的福祉和繁荣。只有在拥有尖端科技的国家，城市和企业才能在这个新时代担当主角。特别是在本土化和全球化的大背景下，区域竞争力对于国家竞争力至关重要。

因此，地方政府应采取多种发展战略，增强区域竞争力，充分发挥区域发展和创新的潜力。

技术城市有利于促进区域经济增长和创新。以科技园区为基础的科技园区建设可以促进区域经济发展，增加创新能力。世界科技城市联盟旨在通过政府、科研院所、高校和高新技术产业的互动和紧密联系，提升创新能力，培育战略性产业，争取更大的区域和国家竞争力。通过推动新业务的开展和促进现有业务的增长，世界科技城市联盟在补充区域商业活动作为变革的催化剂方面发挥着重要作用。

全球网络在技术合作中相互合作，互相竞争，技术帝国在知识型社会时代增强竞争力。建立合作伙伴关系和促进技术性企业之间的知识和技术交流对于提高全球竞争力非常有用。特别要借鉴世界科技城市的成功经验，通过地方政府、高校、研发中心和高新技术产业之间的密切合作，提升高科技能力。

（十八）城市联盟（Cities Alliance）

1. 组织信息

城市联盟成立于 1999 年，致力于全球减贫和促进城市可持续发展的。城市联盟目前拥有超过 30 名正式会员和准会员，主要来自各国政府、多边机构、地方政府协会、国际非政府组织、私营部门和基金会、大学和知识网络。

2. 组织目标

（1）中等城市。城市联盟发起了一项关于二级城市重要作用的重大研究，大部分是发展中的城市。

（2）土地、服务和公民计划。该项目在一个亚洲国家和四个非洲国家开展，以世界银行 6 亿美元的投资作为支持，投资了 172 个社区导向的基础设施项目，并在城市贫困社区中动员了 386 个社区储蓄小组。

（3）非洲未来城市。该项目在四个非洲国家的 21 个城市实施，为非洲城市转型提供了详细的指引和一系列新的工具。

（4）政策计划。城市联盟成员目前正在制定详细的政策计划，重点是促进公平的经济增长，抗灾城市，性别平等和人居三进程。

（5）新的重点领域。城市联盟正在支持30多个国家的“移民与包容城市”“了解你的城市”“青年与城市”等主题项目。

3. 组织意义

城市联盟将伙伴关系定义为不同行业组织之间正在进行的工作关系，即，将资源和能力相结合，分享风险和回报，实现商定的伙伴关系目标，从而最大限度地为所有合作伙伴创造净价值。城市联盟的成员由此可以实现自己无法实现的事情，或者通过与他人合作达成更有效和可持续的效果。不同国家的不同城市之间建立的城市联盟有利于打破洲际、国别划分的限制，提升合作伙伴的整体竞争能力，并促进人才、经济、资源的合理流动，实现优势互补。

（十九）国际灯光城市协会（Lighting Urban Community International）

1. 组织信息

国际灯光城市协会（LUCI）是一个独特的国际协会。在关注可持续发展及环境问题的前提下，它汇集了以将灯光作为主要工具，以促进城市、社会及经济发展的各国城市及照明专家。2002年，国际灯光城市协会创建于法国里昂市。如今，国际灯光城市协会在全球已有100多名会员，包括覆盖四大洲的70个城市和40多个相关成员（国际公司、照明设计师、建筑师、大学、独立的照明专业人士等）组成。

2. 组织目标

（1）交流，即通过举办国际会议、项目实地考察及其他形式的活动，以促进信息交流。

（2）促进，即特别报道优秀的城市照明项目，并为杰出的项目案例授予奖项。

（3）追求，即从城市照明（研究和项目支持）的角度参与城市建设。

3. 组织意义

国际灯光城市协会的《城市照明宪章》在国际上有很大的影响力，许多国家遵循国际灯光城市协会的《城市照明宪章》行事。

《城市照明宪章》是国际灯光城市协会网络发展的重要一步。它旨在通过照明的共同原则将城市聚集在一起，并标志着网络对可持续发展的承诺。

国际灯光城市协会关注可持续发展及环境问题，将解决由灯光照明所引起的环境问题作为主要目标，每年在不同国家举办不同的活动和会议，聚焦来自世界各地的先进专家学者，共同为促进国际社会的环境和经济可持续发展出谋划策，贡献力量。

（二十）中国（厦门）国际友好城市论坛［China（Xiamen）International Forum for Friendship Cities］

1. 组织信息

中国（厦门）国际友好城市论坛又称国际友城市长论坛，创办于2003年，每年举办一届，每届论坛都会邀请诸多国际友好城市市长出席，主要围绕如何加强友好城市间的经贸、科教、文卫、环保、旅游等各个领域的交流与合作进行研讨，旨在打造成为国际友城间加强合作、共谋发展的强有力平台，以及各领域资源共享“跨界”对话和权威信息发布的国际性平台。

2. 组织目标

（1）协调管理中国同外国建立和发展友好城市关系工作，服务指导中外地方政府在平等、互利、自愿的基础上建立友好城市关系。

（2）组织代表团参与国际交流，建立中外城市交流平台和机制，举办专题论坛、展览演出等活动。

（3）解决会员在开展国际友好城市工作中遇到的困难和问题，向地方政府提供与开展国际友好城市交流活动有关的信息咨询服务、业务知识和技能培训等。

3. 组织意义

每一届中国（厦门）国际友好城市论坛都会吸引一大批国内外的城市

代表前来参与，集中探讨主题内容，加强友城之间的合作，互利共赢，促进经济发展，对国际友城之间相互学习、进一步探讨合作空间提供了帮助，受到了与会者的普遍关注和广泛好评。

论坛每年举办一次，以年度热点时政为出发点，每年就一个主题进行讨论并提出相关的解决办法或者建议。通过这个国际化平台，参会者加强了与各国际友城、业界领军人士的交流。

（二十一）国际太阳能城市倡议（International Solar Cities Initiative）

1. 组织信息

国际太阳能城市倡议（ISCI）是一个致力于推广新城市政策的国际非营利组织。目的是减少城市人均温室气体排放水平，使城市规划和实践与政府间气候变化专门委员会估计的长期气候可持续发展相一致。机构成立于 2003 年，总部设在韩国大邱。国际太阳能城市倡议努力使科学家和政策制定者一起，推广各种清洁能源的使用，减少二氧化碳的排放量，最终实现城市可持续发展的目标。

2. 组织目标

（1）建立积极和强有力的政策和战略，旨在增加绿色能源的份额。

（2）在社区推广使用可再生能源，辅以国际间的合作与交流，城市国际合作可以支持实施可持续发展的可核查标准。

（3）引进和实施相关的措施和项目，逐步减少人均排放量，形成一个共识，即每个城市都会制定一个具体的时间表来实现自己的可再生能源使用目标。

（4）在发展中国家和发达国家的研究所和中心之间建立伙伴关系，并援助联合国和其他促进可再生能源实现技术相互发展的国际机构和城市能力建设，提供在综合发展和气候变化政策方面的专门知识交流。

（5）通过人员交流、城市对城市同行的审查，以及最终的使用效率和气候变化政策，鼓励可再生能源领域城市之间建立情谊关系。

3. 组织意义

能源的有效利用，其中的任何一部分对全球气候问题和城市的作用都是至关重要的。通过相互之间的积极合作可以引进国际太阳能城市、能效政策和可再生能源技术和工业。所有参与的城市都确认了对可再生能源实施的坚定承诺，以实现可持续发展。

（二十二）世界城市和地方政府联盟（United Cities and Local Governments）

1. 组织信息

世界城市和地方政府联盟（UCLG）成立于 2004 年 5 月，秘书处设在西班牙巴塞罗那，是目前最大的世界城市和地方政府国际组织。UCLG 代表了全世界一半以上的人口，会员包括 112 个国家的地方政府协会和来自 95 个国家的超过 1 000 个城市。

2. 组织目标

（1）让地方政府发出团结一致的声音，通过地方政府间和国际社会的合作发扬组织的价值观、目标和利益。

（2）提高全球地方政府的管理效力；推动会员间的团结与合作。

（3）提高地方政府在国际社会，特别是在联合国及联合国机构中有效的政治地位。

（4）提供关于全球地方政府的重要信息；成为全球学习、交流和能力建设的发起者。

（5）支持地方政府协会的成立和运作。

（6）在良好管理、可持续性、社会融入的原则上，促进经济、社会、文化、职业、环境的发展和公共服务。

（7）提倡种族和性别平等，和各种形式的歧视作斗争；成为强大有影响力的组织，反映地方管理领域的多样性。

（8）推动全球地方政府和地方政府协会间开展国际合作、结对以及伙伴关系；提出方案和动议。

（9）参与游说和宣传，提高地方政府在国际社会的作用和地位，对国际政策制定产生影响。

（10）制定和宣传地方政府和国际重要事务的政策和立场。

（11）与联合国、联合国各机构及其他相关国际组织开展合作。

（12）建立国际交流与合作平台，加强地方政府和地方政府协会的能力。

（13）维持地方政府会员的强大网络，开发服务和全球产品以满足他们的需要和需求。

（14）成为全球地方政府管理、地方政府、国际团结和经验交流的主要信息来源。

（15）通过出版物、研讨会和新的信息技术，在全世界宣传关于地方政府现状和发展的信息组织大会和其他活动。

3. 组织意义

UCLG 努力将地方政府的议程提到了联合国体系的最高层。其主要工作包括：发展 UCLG 在地方管理领域成为国际社会的主要组织；促进来自不同发展规模和文化背景的会员之间的合作关系；加大宣传，将地方政府的观点纳入国际事务议程；通过秘书处的发展来提高 UCLG 这一世界组织的运作能力。

（二十三）全球创意城市网络（UNESCO Creative Cities Network）

1. 组织信息

全球创意城市网络（UCCN），是联合国教科文组织于 2004 年推出的一个项目，旨在通过对成员城市促进当地文化发展的经验进行认可和交流，达到在全球化环境下倡导和维护文化多样性的目标。被列入全球创意城市网络，意味着该城市在国际化中保持和发扬自身特色的工作得到承认。成员城市加入时需要得到联合国教科文组织认可，可以自由退出，联合国教科文组织也可以在其失去代表性后建议其退出。

2. 组织目标

（1）在经济和技术全球化的时代语境下倡导和维护文化多样性。

（2）希望并鼓励教科文组织成员国家的城市自愿提出申请，将城市在社会、经济和文化发展中的成功经验、创意理念和创新实践，向世界各国城市的管理者和市民开放。

（3）全球的城市之间能够建立起一种学习和交流的关系，推进发达国家和发展中国家的城市社会、经济和文化的发展。

3. 组织意义

全球创意网络根据不同城市的特点，将网络的城市分为：文学之都、电影之都、音乐之都、民间手工艺之都、设计之都、媒体艺术之都、美食之都。

（二十四）国际反种族主义城市联盟（International Coalition of Cities against Racism）

1. 组织信息

国际反种族主义国际城市联盟（ICCAR）由联合国教科文组织在 2004 年 3 月发起。联盟旨在建立城市网络，交流经验以推进反种族主义、歧视和排外主义政策。联合国教科文组织优先选择城市作为联结政府和包括被歧视对象在内的基层行动者的空间。在地区层面，作为政策制定者的城市被认为是创造动态协调的关键。

2. 组织目标

建立城市网络、交流经验以改善反种族主义、歧视和排外主义政治。最终目标是使那些致力于反种族主义的城市通过国际联盟而走到一起。

3. 组织意义

由于世界各地区的独特性，地区联盟及其行动纲领应运而生。为了制定欧洲反种族主义城市联盟的《十点行动计划》，联合国教科文组织与纽伦堡市密切合作。《十点行动计划》包括了十个承诺，覆盖了城市当局能力所及的各个领域，如教育、住房和就业，以及文化和体育活动。它特别提出了一些城市当局可能完成或形成的政策应用的实例。签约城市承诺将这些行动计划整合进市政战略和政策中，并承诺在具体实施中涵盖公民社会各方面的行动者。

（二十五）世界大城市气候领导联盟（C40）

1. 组织信息

世界上绝大部分能源消耗发生在城市中，城市对于气候变化负有很大的责任。全球大城市联手应对气候变化挑战，将会在缓解气候变化方面起到关键作用。世界大城市气候领导联盟是一个致力于应对气候变化的国际城市联合组织，其中包括中国、美国、加拿大、英国、法国、德国、日本、韩国、澳大利亚等各国城市成员。C40 于 2005 年在伦敦前市长肯・利文斯顿的提议下成立，围绕着《克林顿气候倡议》（CCI）来实行减排计划，以 CCI 来推动 C40 城市的减排行动和可持续发展，开展减排合作项目，提高能源使用效率，减少温室气体排放。

2. 组织目标

C40 成员城市在建筑、交通等领域拥有丰富的经验，成员间通过分享信息和经验、效仿行动和措施，快速达到消减温室气体的目的。

3. 组织意义

2005 年 10 月，来自 18 个世界大城市的代表汇集在英国伦敦，共同商讨如何联合行动应对全球变暖和气候变化。参会各城市达成共识，承诺采取联合行动实现温室气体减排，C40 成立。

（二十六）世界城市首长气候变迁理事会（World Mayors Council on Climate Change）

1. 组织信息

世界城市首长气候变迁理事会（WMCCC）是一个致力于气候变化的地方政府领导人的联盟。WMCCC 主张加强地方政府作为政府利益攸关者的参与，以应对气候变化和全球可持续性的相关问题。2005 年 2 月

《京都议定书》生效后不久，日本京都市长桝本赖兼于 2005 年 12 月成立了该委员会。目前，理事会有 80 多名成员，代表着一个致力于减少全球温室气体排放的地方政府的庞大网络。市长和同等级别的政府官员具有成员资格。

2. 组织目标

(1) 通过建立一群坚定的地方可持续性领导人来加强全球可持续性的政治领导力。

(2) 成为城市和地方政府在全球可持续性问题上的主要政治宣传力量。

3. 组织意义

WMCCC 从 12 名先锋市长开始，逐渐壮大，目前已有各大洲的各大城市、城镇和城镇的超过 70 位领导人，体现了世界各地地方政府的多样性。WMCCC 成员越来越多地参与地方政府的宣传工作，特别是在联合国关于气候变化和生物多样性的谈判期间。因此，WMCCC 一直是地方政府气候路线图的合作伙伴。2009 年，墨西哥城市长马塞洛・埃布拉德（Marcelo Ebrard）成为新一任主席。在他和副主席的领导下，波恩市长尤尔根・尼姆普奇（Jurgen Nimptsch），世界城市首长气候变迁理事会召开了三次重大活动：2010 年和 2011 年在波恩举行的市长改制论坛，以及在墨西哥城举行的世界市长峰会。这些里程碑事件强化了世界城市首长气候变迁理事会在全球气候变化方面的政治推动作用。

（二十七）中国国际友好城市大会（China International Friendship Cities Conference）

1. 组织信息

中国国际友好城市大会每两年举办一届，由中国人民对外友好协会、中国国际友好城市联合会主办，此前于 2008 年、2010 年、2012 年、2014 年分别在北京、上海、成都、广州举行。2016 中国国际友好城市大会 2016 年 11 月在重庆举办。

2. 组织目标

（1）为中外友好城市地方政府、国际友好城市组织及国内外从事友好城市管理研究的机构和人士提供一个展示工作成果，吸收借鉴各方成功经验，了解彼此合作规则和途径，探讨解决共同面临的问题和挑战的平台。

（2）通过大会，促进中国国际友好城市与世界各国国际友好城市间的进一步交流与合作，推动中国国际友好城市工作的更大发展。

3. 组织意义

在新时期要加强城市间的务实合作，有利于世界各国借鉴别国经验选择自己的发展道路。民间外交、城市外交在增进世界各国人民的相互了解和友谊，推动政治、经贸、科技、教育、文化、旅游等领域合作方面发挥着不可或缺的作用。世界各国在发展机遇与困难挑战并存的局面下，应进一步加强国际友好城市之间的友好交往，不断扩大和深化各领域合作，共同解决发展中面临的各类问题。

（二十八）世界城市峰会（World Cities Summit）

1. 组织信息

两年一度的世界城市峰会是政府领导人和行业专家为解决城市生活和可持续发展城市挑战、共享城市解决方案和建立新的伙伴关系而创建的独家平台。由新加坡宜居城市中心和城市再发展局联合主办的峰会的主要亮点包括“李光耀世界城市”奖，以及年度世界城市峰会市长论坛。

2. 组织目标

（1）提炼和发展城市在良好治理、综合城市规划、有效资源管理、可负担的优质住房、高效的交通管理和环境可持续性方面的经验。

（2）通过会议、论坛、研讨会和讲习班，促进全球各城市之间分享最佳做法和相互学习。

（3）表彰杰出的个人和组织对城市卓越的贡献，他们为城市的发展、政策或项目提供了非凡的远见、良好的治理或创新能力，以克服城市所面临的挑战。

(4) 为城市化带来的挑战提供平台和应对计划，如规划城市化，以及为建成包容性的城市创造更好的机会，包括经济适用房、可持续交通、教育和工作。

3. 组织意义

世界城市峰会是政府领导人和行业专家为解决城市生活和可持续发展城市挑战而共享城市解决方案和建立新伙伴关系的独家首要平台，可以作为全球投资、伙伴关系和城市可持续发展的商业机会的催化剂，允许与会者讨论最新的城市趋势，并分享创新的解决方案。在两年一次的活动中，世界城市峰会的发起者在有针对性的网络活动中与市长和城市领导人进行一对一的交流，并展示应对城市挑战的创新。

（二十九）世界城市和区域电子政府协议组织（World e-Governments Organization of Cities and Local Governments）

1. 组织信息

世界智慧可持续城市组织（WeGO）（前身为世界城市和区域电子政府组织）一直致力于追求基于电子政务的可持续城市发展。WeGO 在全球有超过 127 个成员城市和国际合作伙伴，如世界银行和联合国。在中国成都和俄罗斯乌里扬诺夫斯克地区的地区办事处，俄罗斯在电子政府领域的利益相关者和实践者中也发挥了重要作用，成功地促进了 WeGO 的发展，为公共管理的公开性和效率发挥作用。在首尔所设立的 WeGO 秘书处，包括了联合国电子政府调查在内的调查所列以及联合国电子政府的领导人。

2. 组织目标

(1) 促进电子政府的资讯及通信科技技能和知识的共享。

(2) 组织进行电子政务咨询和培训。

(3) 与 IT 公司合作，向会员提供专门的工具包和框架，以评估城市的电子政务系统，并加强城市和地方政府电子政务发展。

(4) 使用资讯及通信科技以发现及传播资讯及通信科技的有效使用，以促进公共行政的透明度、公开性和效率。

(5) 向世界各地的城市推广有用的信息，促进城市与其他利益相关者之间的交流与合作。

(6) 通过建立网络填补数字鸿沟，通过这些网络，城市可以连接并分享它们的电子政府发展。

(7) 为各成员城市提供平台来讨论并分享它们的电子政府政策和实践，在共同关心的领域开展联合项目和合作。

3. 组织意义

世界已经进入了第四次工业革命，它包括物联网、人工智能、大数据和云计算，以提高工业的生产力和工作质量。这些新技术不仅影响了经济、制造业和贸易，而且被认为是解决现代城市挑战的创新解决方案。ICT 和电子政府有巨大的潜力，可以使世界各地的城市变得“聪明”，从而成功地解决来自前所未有的城市增长所带来的问题。而 WeGO 将在利用和促进这一潜力方面发挥重要作用。

（三十）全球城市发展基金（Clobal Fund for Cities Development）

1. 组织信息

全球城市发展基金是由世界城市和地方政府联盟发起的，是地方和地方政府授权的国际联盟，与中央、地方、都市和地方政府（LMRGs）、超国家机构以及它们的公共和私人伙伴密切合作。设计经营策略和解决方案，组织适当的条件为城市土地提供资金，并实施可持续和综合的地方经济发展；组织利益相关者的融合，创造一种融资和次国家经济发展的共享文化，并以合作和创新的目的为所有行为者挪用这种文化；为促进有关地方财政和经济发展的政治和体制辩论作出贡献，以便促进在地方规模上执行国际承诺的解决办法。全球城市发展基金也是国际创新融资领导小组、社会与团结经济领导小组、联合国 SSE 工作队、地方政府和地方政府全球工作队等利益相关者平台的活跃成员。

2. 组织目标

(1) 在国际层面，通过参与国际活动，为有助于对话、合作和创新的联盟、平台和网络作出贡献。

(2) 在区域层面，与区域经济联盟合作，通过支持为地方政府建立筹资机制，鼓励财政分权，并为筹备气候项目提供支助设施。

(3) 在国家层面，支持各部就地方财政、国家融资、创新和培训或支援机构为地方政府提供资金，使其资源和服务多样化。

(4) 在地方层面，通过发展次国家汇集融资机制，为地方资源的动员提供解决方案，在项目持有人和私人投资者之间进行匹配，实现社区、金融工程或社会和团结发展战略的发展。

(5) 全球城市发展基金在各专家小组的专题会议上定期分享专业知识。其目的是，基于参与者根据当地的融资链所定义的议程和行动方案以及共同的社区和项目目标，建立政治、制度和技术上的桥梁。

3. 组织意义

在过去的两年里，全球城市发展基金已经动员或与超过 110 个国家的 1 300 多个城市和地区合作，250 家私营公司和大部分技术和金融合作伙伴在当地发展。全球城市发展基金的目标是通过平台和主题论坛或建立专门的网络和实践社区，促进多方利益相关者的动员、接触和合作。

(三十一) 世界旅游城市联合会 (World Tourism Cities Federation)

1. 组织信息

世界旅游城市联合会成立于 2012 年 9 月 15 日，是一个旅游领域的非政府、非营利国际组织，也是首个总部落户中国、落户北京的国际性旅游组织，是全球第一个以城市为主体的国际旅游组织。

2. 组织目标

(1) 为全体会员提供专业服务，创设会员之间的交流平台与合作机会。

(2) 研究世界旅游业的发展动向，交流会员城市旅游发展信息。

(3) 推广会员城市资源旅游化管理经验，制定会员城市旅游发展策略指南。

(4) 建立会员城市间旅游市场互惠机制，共塑市场，互送客源，同步宣传，加强旅游市场的开发合作。

(5) 研究会员与城市间旅游公共服务标准体系，制定并推广旅游公共服务设施、旅游专业设施和旅游接待服务等行业标准，促进城市旅游接待能力和服务水平的提高。

(6) 加强会员城市间旅游业界对话，根据市场发展需求主办各类会议、展览活动，为会员提供交流合作的平台。

(7) 开展人员培训工作，为旅游企业经营管理提供智力支持。

(8) 开展旅游资源评估、旅游市场调查、旅游景气指数预测，发布旅游城市、旅游企业等综合或专项旅游指标信息，建立全球旅游资源信息数据库，为旅游经营管理者提供信息服务。

(9) 根据有关规定发布世界旅游发展年度报告、主要旅游城市发展年度报告，为会员和非会员提供咨询服务。

3. 组织意义

世界大多数旅游目的地在城市，大部分旅游消费也集中在城市。城市是旅游发展的核心和载体。世界旅游城市联合会的成立填补了旅游城市间没有国际合作组织的空白。联合会以“旅游让城市生活更美好”为核心理念，为会员提供旅游全产业链服务，推动会员之间的交流合作，推广旅游城市发展经验，宣传旅游产品和资源，促进全球旅游业繁荣发展。联合会在旅游业界的吸引力、服务力、引导力和影响力全面提升，被誉为成长最快的国际旅游组织。未来，联合会将继续促进城市与城市、城市与机构和机构与机构之间的三个层面的共赢发展，为会员搭建更广阔的平台。

中国作为亚洲第一大出境游客源国，发展潜力巨大。但世界著名旅游城市对中国游客和中国文化还缺乏深入了解，配套的中文旅游服务仍有所欠缺。世界旅游城市联合会的成立，及时搭建了国际社会了解北京、了解中国的平台。北京等国内旅游城市可以借助联合会平台学习先进旅游城市发展经验，加快追赶先进城市发展步伐。

二、亚太区域组织

（一）亚太城市间合作网络（CITYNET）

1. 组织信息

亚太城市间合作网络是亚太地区致力于可持续发展的城市利益相关方的最大协会。亚太城市间合作网络成立于 1987 年，总部设立在首尔。在联合国亚太经社会、联合国开发计划署和联合国人居署的支持下，亚太城市间合作网络已经发展到包括超过 135 个城市、非政府组织、私营公司和研究中心。

2. 组织目标

（1）技术援助：城市网络服务从其专家和合作机构中筛选出专家，并将其发送给当地政府，以获得直接的技术建议。首尔市政府和横滨市等其他城市网络成员的技术专家也可以提供咨询服务。产出可能包括短期项目监督、可行性研究、评估或报告。

（2）考察访问：城市网络服务协调并促进学员与不同城市和机构进行交流。

（3）城市间合作伙伴关系：城域网服务使其成员能够积极主动地参与加强友好城市关系和南南合作。

（4）亚太城市间合作网络成员将通过城市网络服务：启动关键和鼓舞人心的对话；接受行业专家公正的建议；在适当的环境下发现创新解决方案；确定瓶颈并制定关键的当地行动计划和监测系统；提高人力资源的技术能力；促进国际合作，发展自己的全球城市品牌；发展指导机会，加强城市网络成员之间的南南合作。

3. 组织意义

亚太城市间合作网络促进亚太地区联系与合作以提高城市发展的可持续性，组织成员进行交流，帮助成员应对气候变化、灾害、可持续发展目标和不断增长的基础设施需求。

（二）亚太城市峰会（Asian-Pacitic City Summit）

1. 组织信息

要发展成21世纪世界经济中心，亚洲太平洋地区现在迎来了重要的转型期。随着经济的发展，人口向大城市集中，从而产生了各种城市问题，各城市都在为解决这些问题而不断努力。在这种情况下，举办亚太城市峰会（APCS），使亚洲太平洋地区的各城市首脑会聚一堂，从城市行政的角度，畅谈经验，交换意见，构筑为解决城市问题而相互合作并进一步推进城市发展的联系网络。亚太城市峰会自1994年起隔年举办一次，截至目前已举行12届。

2. 组织目标

（1）为实现宜居城市，在硬件、软件两个方面，分享各城市的优秀做法，同时，进行人才、技术交流。

（2）为实现宜居城市，在推进工作中，行政各部门间的合作自不必说，还要采取和大学及其他研究机构、产业界、市民共同协作的举措。

（3）以亚太地区的均衡发展为目标，宜居城市的实现自不必说，在环境、高龄社会、经济、文化、观光等各个领域上，为深化各会员城市间的合作，谋求一进步的交流。

3. 组织意义

在第11届亚太城市峰会上，各参加城市确认了要在紧缩城市开发、基础设施和住宅的建设、防灾对策等硬件方面，以及社区的活跃化、增进健康、育儿支援、教育、文化创造等软件方面，展开各类施政工作。

（三）东北亚地区地方政府联合会（Association of North East Asia Regional Governments）

1. 组织信息

东北亚地区地方政府联合会（NEAR）是在1996年9月由中国、日本、韩国、俄罗斯等位于东北亚地区六个国家78个省级地方政府的领导在韩国庆尚北道携手发起成立的国际组织，总部设立在浦项。联合会的目的是本着平等互惠的原则，通过相互交流与合作，实现该地区的共同发展乃至世界和平。

21 世纪是东北亚的时代。这片拥有悠久的历史和灿烂的文化、宝贵的自然资源和丰富的人力与技术的得天独厚的区域，跨越了历史与意识形态的壁垒，发挥着无限的发展潜力，朝着充满希望的未来进发。

2. 组织目标

通过地方政府间形成的交流与合作网络，建立相互理解与信任的关系，以促进东北亚地区共同发展，并为世界和平作出贡献。

3. 组织意义

联合会在《联合会宪章》的基础上，在经济通商、教育文化、环境、防灾、边疆合作、科学技术、海洋与渔业、旅游、矿产开发调整、能源气候变化、妇女儿童等领域进行着积极广泛的交流与合作。

（四）北九州清洁环境倡议（Kitakyushu Initiative for a Clean Environment）

1. 组织信息

北九州清洁环境倡议旨在促进地方一级的城市环境行动，采取适当的技术、制度、监管和参与措施，控制空气和水污染，最大限度地减少各类废物。北九州清洁环境倡议自 2000 年成立以来，一直在建设亚太地区地方政府改善城市环境的能力。倡议通过示范项目、研讨会、考察、网络会议和信息传播，开展广泛的活动，以确保环境改善的进展。

2. 组织目标

（1）协助制定和实施具有量化指标的综合和可持续的城市发展计划和战略。

（2）定期监测数量指标的执行情况和进展情况。

（3）促进地方政府之间的信息交流和经验交流。

（4）为技术转让、技术诀窍一揽子计划、先进的做法和成功的市政/区域可持续发展模式提供平台。

（5）为地方当局的国际合作活动内部和外部资金支持提供联络和便利。

（6）提升地方政府环境管理人员的能力。

（7）促进城市间合作的环境教育计划；鼓励民营企业参与基础设施建设和环境质量改善项目。

3. 组织意义

北九州清洁环境倡议于2000年9月在日本北九州市举行的第四届亚太环境与发展部长级会议（MCED）上首次通过。其首要任务是在联合国亚太经社会的指导下，主要在日本政府的资金支持下，在亚太地区改善城市环境方面取得切实进展，秘书处的支持来自全球环境战略研究所（IGES），并有多个地方、国家和国际合作伙伴的参与。

北九州清洁环境倡议自2000年实施以来，通过示范项目促进了灵活可行的环境标准和目标的制定，通过研讨会和培训交流有效的地区政策、财政和技术决策信息，提高地方政府管理能力，提升环保意识。北九州清洁环境倡议网络的建立也是为了扩大地区城市间的合作与信息交流。

（五）亚太城市旅游振兴机构（Tourism Promotion Organization for Asia Pacific Cities）

1. 组织信息

亚太城市旅游振兴机构（TPO）成立的目的是促进亚太地区旅游事业的繁荣发展，通过亚太地区的城市和团体共同努力建设紧密的城市间的交流体系。

2. 组织目标

（1）促进城市间的国际化交流与合作。

（2）宣传旅游专业。

（3）加强交通联系，特别是航空业的联系。

（4）鼓励和支持修学旅游。

（5）经贸合作、旅行社互惠、客源交流，并且努力在各城市间构建TPO旅行社网络，以便为更多的民间会员创造发展机会。

3. 组织意义

TPO 成立四年来，通过事务局和各会员的不懈努力，在各方面都获得了较好的发展。会员数量不断增加，国际影响力不断扩大，城市间交流不断深入，民间交流不断增多。

（六）东亚经济交流推进机构（The Organization for the East Asia Economic Development）

1. 组织信息

为在环黄海地区形成新的经济圈，“东亚城市会议”以及“东亚经济人会议”于 1991 年成立。机构的宗旨是促进各城市间经济交流，实现贸易、投资自由化，最终目标是建立区域性自贸区。机构总会每两年召开一次，由会员城市市长和国际商会会长参加，协商确定机构发展方向、主要交流计划等重大问题，是机构最高级别会议。

到目前为止，机构共召开了八次总会，其中在中国召开了三次。机构成立以来，各会员城市在制造业、环保、旅游、物流等领域开展了广泛的交流合作，在消除贸易投资非关税壁垒、提高会员城市间贸易便利化程度等方面取得了积极成效，为建立中日韩区域性自贸区进行了有益的探索。目前各会员城市之间贸易和投资关系密切，相互间大都开通了海空国际航线。

2. 组织目标

(1) 创设“次区域性东亚自由贸易协定”（FTA）。在两个国家间的 FTA 中，仍有诸如农业问题等极为困难的课题，所以地方政府应先搁置地方层面无法解决的关税问题，地方城市间应制定更加促进物流发展的措施（简化通关手续、降低成本、对港口使用费及抵达费用等进行补助等），形成与 FTA 具有同等效果的机制。

(2) 打造环黄海环保示范地区。推进环保与产业活动的和谐发展，创建新型循环社会，将环黄海地区打造成“世界环保示范地区”。

(3) 构建新型商务创新体系。培养跨国型产业集群，推进相关支持政策的制定，同时致力于改善环黄海城市的规章制度，改善商务环境。

(4) 推进环黄海旅游品牌战略。为吸引环黄海内外的游客，举办“环黄海年”等大型宣传活动，向世界传递环黄海地区的信息，树立“环黄海”品牌。

(5) 形成技术交流与人才培训平台。推进会员城市中主要的技术类大学间的共同研究以及学分互换制等学术交流活动，建立产业、学术相关部门的合作网络，推进国际性产学合作。

3. 组织意义

机构旨在通过加强会员城市间合作、经济交流以及相互间联络等，促进经济与城市间交流的活跃发展，从而在环黄海地区形成新的广域经济圈，同时为东亚经济圈发展作出贡献。

（七）东北亚机械工业城市联盟（Union of Machinery Industrial Cities in Northeast Asia）

1. 组织信息

东北亚机械工业城市联盟（UMCA）由中国马鞍山市和韩国昌原市倡议构建。联盟首届市长峰会于 2005 年 9 月在昌原召开，吸引了包括中国威海、无锡、马鞍山，韩国昌原、鞍山，日本宇部、大垣和俄罗斯阿穆尔河畔共青城在内的四个国家八个城市的市长参加。会议期间，各城市正式签署了设立联合体的文件。

2. 组织目标

联盟旨在加强成员之间的工业机械交流与合作，推动东北亚工业机械技术的发展和国际竞争力，培养东北亚主要城市工业机械制造的经济可行性。

3. 组织意义

联盟成员每年召开一次董事会和市长峰会，在市长峰会之前召开董事会议，讨论和准备后者的有关事宜。后来，这个聚会变成每两年一次。以前的八个主办城市是韩国的昌原、中国的威海、日本的宇部、俄罗斯的阿穆尔河畔共青城、韩国的安山、中国的渭南，俄罗斯的阿穆尔河畔共青城和韩国的昌原。第八届市长峰会决定在马鞍山市举行第九届市长峰会。第九届市长峰会将包括宣传中国城市作为新成员加入联合会。截至 2014 年，联合会组织了八次市长峰会，成员总数达到 12 个。新成员包括中国的渭南、铜陵、宝鸡和唐山，以及韩国的浦项和始兴。两个日本成员宇部和大垣离开了峰会。

（八）亚洲市长论坛（Asian Mayors' Forum）

1. 组织信息

亚洲市长论坛（AMF）由伊朗德黑兰市前市长穆罕默德·巴盖尔·加里巴夫于 2007 年发起成立，其总部永久设立在伊朗首都德黑兰市，目前拥有 67 个会员城市，是一个致力于弘扬亚洲传统文化和价值、促进亚洲城市间交流与合作的重要平台。自成立以来，论坛组织发展迅速，备受国际社会的高度关注。每次论坛大会的召开，都为推动城市间的沟通交流、传承亚洲文化、深入探讨热点难点问题、学习和借鉴先进城市发展经验提供了很好的机会，也为亚洲城市的合作发展开辟了更广阔的空间。

2. 组织目标

亚洲市长论坛旨在致力于弘扬亚洲传统文化和价值、促进亚洲城市间交流与合作。

3. 组织意义

自论坛成立以来，论坛组织发展迅速，受国际社会的高度关注。每次论坛大会的召开，都为推动城市间的沟通交流、传承亚洲文化、深入探讨热点难点问题、学习和借鉴先进城市发展经验提供了很好的机会，也为亚洲城市的合作发展开辟了更广阔的空间。

（九）东亚地方政府会议（The East Asia Local and Regional Government Congress）

1. 组织信息

日本奈良县于 2010 年发起成立“东亚地方政府会议”。东亚各国地方政府代表在重新认识到其文化存在诸多共同点的基础上，达成了以下一致意见：

第一，在全球化进程中的国际环境下，为使东亚今后稳定地繁荣与发展，在尊重东亚各地区在历史与文化中孕育起来的多样性的同时，有必要加深相互之间的了解，增进相互之间的支持与合作。

第二，为了增进具有多样性的东亚之间的相互了解，有必要在各个领域不断地开展互相交流。

第三，地方政府最贴近居民，直接面对各个地区人民的实情和课题，通过坦诚的商讨，能够取得真正的相互了解。

为此，与会代表认为有必要举行地方政府之间的定期会议，其内容包括相互报告东亚地区地方政府的实情和课题，并针对相同的课题进行讨论，在加深相互了解的同时，探讨合作的可能性。

2. 组织目标

（1）坦诚地商讨东亚地区面临的各种课题（振兴地区经济、提高地区生活水平的质量、环境问题、老龄化问题、保存文化遗产和振兴旅游、教育、促进下一代的交流等），加深相互了解。

（2）通过东亚地方政府会议的讨论，提高与会者解决地区课题的行政能力。

3. 组织意义

定期会议将为扩大各地方政府的知识面、提高行政能力、增进地方政府之间的友好与信赖关系，进而为国家之间乃至东亚整体的稳定发展作出贡献。

参考文献

中文文献

［美］布鲁斯·拉西特、哈维·斯塔尔：《世界政治（第五版）》，王玉珍等译，华夏出版社2001年版。

蔡拓、吕晓莉：《构建“和谐世界”的民间力量——关注中国民间外交的发展》，《学习与探索》2006年第6期。

邓静、孟庆民：《新城市发展理论评述》，《城市发展研究》2001年第1期。

龚铁鹰：《国际关系视野中的城市——地位、功能及政治走向》，《世界经济与政治》2004年第8期。

顾朝林、张勤：《经济全球化与中国城市发展对策》，《特区与港澳经济》1999年第25期。

韩光明：《公共外交与民间外交的特点分析》，《公共外交季刊》2013年春季号。

李进军：《中国特色民间外交：认识与建议》，《公共外交季刊》2013年冬季号。

李昕蕾：《跨国城市网络在全球气候治理中的体系反思：“南北分割”视域下的网络等级性》，《太平洋学报》2015年第7期，第38—49页。

刘建平：《中国的民间外交：历史反思与学术规范》，《国际观察》2008年第5期，第25—31页。

［美］罗伯特·基欧汉、约瑟夫·奈：《权力与相互依赖（第三版）》，门洪华译，北京大学出版社2002年版。

人民论坛理论研究中心：《友好城市：互鉴互助的开放发展之路》，《国家治理》2016年第16期。

谢守红、宁越敏：《世界城市研究综述》，《地理科学进展》2004年第5期。

熊炜、王婕：《城市外交：理论争辩与实践特点》，《公共外交季刊》2013年春季号。

徐大超：《论民间外交的勃兴及其发展困境——兼论对中国外交的启示》，《当代世界》2009年第12期，第69—71页。

徐琨琳：《回顾国内外城市外交理论研究成果》，《才智》2008年第21期。

杨勇：《全球化时代的中国城市外交——以广州为个案的研究》，暨南大学2007年博士学位论文。

于宏源：《多元化和网络化：新时代民间外交发展研究》，《国际关系研究》2019年第5期。

于宏源：《论全球气候治理的共同治理转向》，《国际观察》2019年第4期。

于宏源：《民间外交主体的理论探讨》，《国际观察》2018年第9期。

于宏源：《全球民间外交实践与新时代中国民间外交发展探析》，《当代世界》2019年第10期。

于宏源：《全球气候治理伙伴关系网络与非政府组织的作用》，《太平洋学报》2019年第11期。

于宏源：《自上而下的全球气候治理模式调整：动力、特点与趋势》，《国际关系研究》2020年第1期。

俞新天：《论新时代中国民间外交》，《国际问题研究》2018年第1期。

张玲、张万洪：《“一带一路”倡议中的民间外交——基于缅甸田野调查的反思》，《上海对外经贸大学学报》2017 年第 3 期，第 30 页。

张胜军：《新世纪中国民间外交研究：问题、理论和意义》，《国际观察》2008 年第 5 期。

张志洲：《民间外交涵义的学理分析》，《国际观察》2008 年第 5 期，第 23—28 页。

赵可金：《中国城市外交的若干理论问题》，《国际展望》2016 年第 1 期。

赵可金、陈维：《城市外交：探寻全球都市的外交角色》，《外交评论》2013 年第 6 期。

赵隆、于宏源：《创新伙伴关系的次级维度——基于跨国城市联盟的欧亚创新合作探析》，《国际展望》2019 年第 5 期。

赵启正、赵可金、熊炜等：《中国城市外交的实践》，《公共外交季刊》2014 年秋季号。

英文文献

Acharya, Amitav, 2011, "Engagement or Entrapment? Scholarship and Policymaking on Asian Regionalism", *International Studies Review* 1.

Acuto, Michèle, 2013, *Global Cities, Governance and Diplomacy: The Urban Link*, London: Routledge.

Alger, Chadwick F., 1977, "Cities as Arenas for Participatory Learning in Global Citizenship", *The Korean Journal of International Studies* 3(7):7—42.

Alger, Chadwick F., 1979, "The Impact of Cities on International Systems", in Krishna Kumar (eds.), *Bonds without Bondage: Explorations in Transcultural Cooperation*, Honolulu: University of Hawaii Press.

Alger, Chadwick F., 2014, *The UN System and Cities in Global Governance*, New York: Springer.

Archer, Kevin, and Kris Bezdecny, 2014, *The Transformation of Governance in a Globalizing World Order: City-Regions Unbound?*, New York: Routledge.

Barnett, Thomas P.M., 2004, *The Pentagon's New Map*, New York: Putnam and Sons.

Batten, David F., 1993, "Network Cities Versus Central Place Cities: Building a Cosmocreative Constellation", *The Cosmocreative Society*, Heidelberg: Springer.

Beetham, David, 1999, *Democracy and Human Rights*, Cambridge: Polity.

Bernstein, Steven, and Benjamin Cashore, 2012, "Complex Global Governance and Domestic Policies: Four Pathways of Influence", *International Affair* 3(88):585—604.

Bouteligier, Sofie, 2009, "Does Networked Globalization Need Networked Governance?", Paper presented at the 50th Annual Convention of the International Studies Association, New York City.

Boutros-Ghali, B., 2000, *An Agenda for Peace: Preventive Diplomacy, Peacemaking and Peacekeeping*, New York: United Nations.

Bryden, Alan, and Marina Caparini(eds.), 2006, *Private Actors and Security Governance*, Vienna & Berlin: LIT Verlag.

Bull, Hedley, 1977, *The Anarchical Society: A Study of Order in World Politics*, London: Macmillan.

Buzan, Barry, 1991, *People, States and Fear: An Agenda for International Security Studies in the Post-Cold War Era, 2nd edition*, Hemel Hempsted: Harvester Wheatsheaf.

Calder, Kent E., and Mariko de Freytas, 2009, "Global Political Cities as Actors in Twenty-first Century in International Affairs", *SAIS Review* 29(1):79—97.

Cassese, Antonio, 1999, *Self-Determination of Peoples: A Legal Reappraisal*, Cambridge: Cambridge University Press.

Castells, Manuel, 1989, *The Information City: Information, Technology, Economic, Restructuring and the Urban-regional Process*, Cambridge: Basil Blackwell.

Castells, Manuel, 1996, *The Rise of the Network Society*, Oxford: Blackwell.

Castells, Manuel, 2000, *The Information Age: Economy, Society and Culture: The Rise of the Network Society, 2 ed*, Malden, Oxford, Carlton: Blackwell Publishing 1:562—568.

Committee of the Regions, 2008, "Opinion of the Committee of the Regions on City-Diplomacy", 2009/C 120/01.

Cooper, Andrew, Richard Higgott, and Kim Nossal, 1993, *Relocating Middle Powers: Australia and Canada in a Changing World Order*, Vancouver, BC: University of British Columbia Press.

Cortright, David, and George A.Lopez, 2000, *The Sanctions Decade: Assessing UN Strategies in the 1990s*, Boulder, CO: Lynne Rienner Publishers.

Davidson, William D., and Joseph V.Montville, 1981—1982, "Foreign Policy According to Freud", *Foreign Policy* 45.

Dingwerth, Klaus, and Philipp Pattberg, "Global Governance as a Perspective on World Politics", *Global Governance* 12.

Eichengreen, Barry, 2010, "The G20 and the IMF: An Uneasy Relationship", *Global Asia* 3(5).

Forman, Shepard, and Derk Segaar, 2006, "New Coalitions for Global Governance: The Changing Dynamics of Multilateralism", *Global Governance* 12.

Forrester, Jay W., 1969, *Urban Dynamics*, Pegasus Communications.

Friedmann, J., 1986, "The World City Hypothesis", *Development and Change* 17:69—83.

George, Alexander L., and William E.Simons(eds.), 1994, *The Limits of Coercive Diplomacy*, Boulder, Colorado: Westview Press.

Glocal Forum, 2003, "Glocalization: Research Study and Policy Recommendations", *CERFE/Glocal Forum/Think Tank on Glocalization*, Rome.

Hewson, Martin, and Timothy Sinclair(eds.), 1999, *Approaches to Global Governance Theory*, Albany, New York: State University of New York Press.

Hobbs, Heidi H., 1994, *City Hall Goes Abroad: The Foreign Policy of Local Politics*, London: Saga.

Hoffmann, Matthew J., and Alice D.Ba(eds.), 2005, *Contending Perspectives on Global Governance: Coherence, Contestation and World Order*, London: Routledge.

Holsti, K.J., 1977, *International Politics: A Framework for Analysis, 3rd edition*, Englewood Cliffs, N.J.: Pritice-Hall, Inc..

Hoogvelt, Ankie, 2001, *Globalization and the Postcolonial World: The New Political Economy of Development, second edition*, London: Palgrave.

Huckel Schneider, *Legitimacy and Global Governance in Managing Global Health*, PhD dissertation, Institute of Political Science, University of Tubingen.

Hugh Ward, 1993, "The Global Commons: A Regime Analysis", *Journal of Conflict Resolution* 2(37).

Isenberg, David, 2004, *A Fistful of Contractors: The Case for a Pragmatic Assessment of Private Mil-*

itary Companies in Iraq, London: British American Security Information Council.

Johnson, Craig A., Noah J.Toly, and Heike Schroeder(eds.), 2014, *The Urban Climate Challenge: Rethinking the Role of Cities in the Global Climate Regime*, New York: Routledge.

Kaye, Dalia Dassa, 2007, *Talking to the Enemy: Track Two Diplomacy in the Middle East and South Asia*, Rand Corporation.

Keeble, David, and Frank Wilkinson, 1999, "Colletive Learning and Knowledge Development in the Evolution of Regional Clusters of High Technology SMEs in Europe", *Regional Studies* 33(4): 295—303.

Kennedy, Paul, and Danks Catherine J.(eds.), 2001, *Globalization and National Identities: Crisis or Opportuity*? New York: Palgrave.

Keohane, Robert O., 1984, *After Hegemony: Cooperation and Discord in the World Political Economy*, Princeton: Princeton University Press.

Larsen, Kurt, 1999, "Learning Cities: The New Recipe in Regional Development, Organization for Economic Cooperation and Development", *OECD Observer* 217/218, Summer.

Lee, Geun and Kadir Ayhan, 2015, "Why Do We Need Non-State Actors in Public Diplomacy?: Theoretical Discussion of Relational, Networked and Collaborative Public Diplomacy", *Journal of International and Area Sudies* 1.

Marshall, James, 1949, "International Affairs: Citizen Diplomacy", *The American Political Science Review* 1.

Martinelli, Alberto, 2003, "Markets, Governments, Communities and Global Governance", *International Sociology* 18.

McDowell, Mark, 2008, "Public Diplomacy at the Crossroads: Definitions and Challenges in an Open Source Era", *Fletcher Forum of World Affairs* 32.

McDowell, "Public Diplomacy at the Crossroads: Definitions and Challenges in an Open Source Era", *The Fletcher Forum of World Affairs*, *Special Edition* 32(3):7—15.

Mittelman, J.H., 2004, *The Globalization Syndrome: Transformation and Resistance*, Princeton: Princeton University Press.

Mueller, Milton L., 2010, *Network and States: The Global Politics of Internet Governace*, Cambridge: MIT Press.

Muldoon, James P.(eds.), 2011, *The New Dynamics of Multilateralism*, Westview Press.

Musch, A., and O.Van Veldhuizen, 2008, "City Diplomacy Explanatory Memorandum", *Congress of Local and Regional Authorities of the Council of Europe CPL*(14) 12 REP, Strassbourg.

Musch, Arne, and Alexandra Sizoo, 2009, *City Diplomacy: The Role of Local Governments in Conflict Prevention*, *Peace-building*, *Post-conflict Reconstruction*, VNG International.

Nye, Joseph, and John D.Donahue(eds.), 2000, *Governance in Global World*, Washington: Brookings Institute Press.

Penrose, E.T., 1959, *The Theory of the Firm*, Oxford: Oxford University Press, 15—18.

Rodrik, Dani, 2010, "Don't Count on Global Governance", *Economist's View*, November.8.

Sassen, S., 1994, *Cities in A World Economy*, London: Pine Forge Press.

Sassen, S., 1996, "Identity in the Global City: Economic and Cultural Encasements", in Yaeger, P.(ed.) *The Geography of Identity*, Ann Arbor: University of Michigan Press.

Sassen, S., 1991, *The Global City: New York, London, Tokyo*, Princeton: Princeton University Press.

Sassen, S., 1999, "Whose City Is It? Globalization and Formation of New Claims", in Holston, J.(ed.) *Cities and Citizenship*, Durham, NC: Duke University Press.

Tan, Seng, 2005, "Non-Official Diplomacy in Southeast Asia: 'Civil Society' or 'Civil Service'?", *Contemporary Southeast Asia* 3.

Taylor, P.J., 1997, "Hierarchical Tendencies amongst World Cities: A Global Research Proposal", *Cities* 14(6):323—332.

Taylor, P.J. 2005, "Leading World Cities: Empirical Evaluations of Urban Nodes in Multiple Networks", *Urban Studies* 42(9):1593—1608.

Taylor, P.J., 2005, "New Political Geographies: Global Civil Society and Global Governance Through World City Networks", *Political Geography* 24(3):703—730.

Thakur, Jamesh, Brian Job, Mónica Serrano, and Diana Tussi, 2014, "The Next Phase in the Consolidation and Expansion of Global Governance", *Global Governance* 4:1—9.

Toly, Noah J., 2008, "Transnational Municipal Networks in Climate Politics: From Global Governance to Global Politics", *Globalizations* 3(5):341—356.

Tuca, Sabina, 2015, "Global Governance vs. National Sovereignty in a Globalized World", *Ces Working Papers* 1:193—198.

van der Pluijm, Rogier, and Jan Melissen, 2007, "City Diplomacy: The Expanding Role of Cities in International Politics", *Clingendael Diplomacy Papers* 10.

Wallerstein, Immanuel, 1976, "The Modern World-System: Capitalist Agriculture and the Origins of the European", *World-Economy in the Sixteenth Century*, New York: Academic Press.

Zarghani, S.H., M.J.Ranjkesh, and M.Eskandaran, 2014, "City Diplomacy, analysis of the Role of Cities as the New Actor in International Relations", *Urban-Regional Studies and Research Journal* 5.

网络文献

上海国际问题研究院城市外交课题组:《城市对外交往活力指数研究报告》, 2015年7月22日, http://www.siis.org.cn/uploadfile/2015/1022/20151022070459148.pdf。

北九州清洁环境倡议官方网站: https://kitakyushu.iges.or.jp/。

地方政府永续发展理事会官方网站: https://www.iclei.org/。

东北亚地区地方政府联合会官方网站: http://www.neargov.org/en/。

国际都市发展协会官方网站: https://inta-aivn.org/en/。

联合国住房和城市可持续发展大会:《新城市议程: 为所有人建设可持续城市和人类住区基多宣言》, 2016年10月20日, https://www.un.org/zh/documents/treaty/files/A-RES-71-256.shtml。

欧洲区域大会官方网站: https://aer.eu/。

全球城市发展基金官方网站: https://www.uclg.org/en/organisation/about。

世界城市反贫困联盟官方网站: https://www.europe.undp.org/content/geneva/en/home/partnerships_initiatives/the-world-alliance-of-cities-against-poverty—wacap—. html。

世界城市峰会官方网站：https://www.worldcitiessummit.com.Sg。

世界城市和地方政府联合组织官方网站：https://www.uclg.org/。

世界大城市气候领导联盟官方网站：https://www.c40.org/。

世界科技城市联盟官方网站：http://www.wtanet.org/main.html。

亚太城市峰会官方网站：https://www.apcsummit.org/。

亚太城市间合作网络官方网站：https://citynet-ap.org/。

亚洲市长论坛官方网站：https://www.metropolis.org/partners/asian-mayors-forum。

A.T.Kearney, 2017, *Global Cities 2017: Leaders in a World of Disruptive Innovation*, https://www.urbangateway.org/system/files/documents/urbangateway/global_cities_2017_-_leaders_in_a_world_of_disruptive_innovation.pdf.

Associates for International Research, Inc., 2017, *AIRINC Global 150 Cities Index*, http://air-share.air-inc.com/airinc-global-150.

The Mori Memorial Foundation and Institute for Urban Stategies, 2016, *Global Power City Index 2016*, http://mori-m-foundation.or.jp/pdf/GPCI2016_en.pdf.

UN-Habitat, 2017, "UN-Habitat Urban Data", http://urbandata.unhabitat.org.

Economist Intelligence Unit, 2011, *Asian Green City Index*, https://www.siemens.com/press/pool/de/events/2011/corporate/2011-02-asia/asian-gci-report-e.pdf.

Mastercard, 2016, *Global Destination Cities Index 2016*, https://newsroom.mastercard.com/wp-content/uploads/2016/09/FINAL-Global-Destination-Cities-Index-Report.pdf.

Knight Frank, *2017*, *Prime Global Cities Index*, https://kfcontent.blob.core.windows.net/research/323/documents/en/q1-2017-4641.pdf.

The Business School for the World, 2017, *The Global Talent Competitiveness Index: Talent and Technology 2017*, http://www.gtci2017.com/documents/GTCI_2017_web_r3.pdf.

ARCADIS, 2017, *Sustainable Cities Index 2016: Putting People at the Heart of City Sustainability*, https://www.arcadis.com/media/0/6/6/%7B06687980-3179-47AD-89FD-F6AFA76EBB73%7DSustainable%20Cities%20Index%202016%20Global%20Web.pdf.

Oxford Economics, 2014, *Global Cities 2030: Future Trends and Market Opportunities in the World's Largest 750 Cities*, https://www.oxfordeconomics.com/cities/report.

图书在版编目(CIP)数据

城市外交和城市联盟：上海全球城市建设路径研究/
于宏源著.—上海：格致出版社：上海人民出版社，
2020.10
(国际展望丛书)
ISBN 978-7-5432-3170-2

Ⅰ.①城… Ⅱ.①于… Ⅲ.①城市建设-研究-上海
Ⅳ.①F299.275.1

中国版本图书馆 CIP 数据核字(2020)第 184981 号

责任编辑 张苗凤
封面设计 人马艺术设计·储平

国际展望丛书·国际关系新领域与新理念
城市外交和城市联盟：上海全球城市建设路径研究
于宏源 著

出　版 格致出版社
上海人民出版社
(200001 上海福建中路 193 号)
发　行 上海人民出版社发行中心
印　刷 常熟市新骅印刷有限公司
开　本 720×1000 1/16
印　张 16.25
插　页 2
字　数 230,000
版　次 2020 年 10 月第 1 版
印　次 2020 年 10 月第 1 次印刷
ISBN 978-7-5432-3170-2/D·149
定　价 65.00 元

·国际展望丛书·

《城市外交和城市联盟:上海全球城市建设路径研究》
于宏源 著

《当前欧亚移民治理研究》
强晓云 著

《美国气候外交研究》
于宏源 著

《中华民族伟大复兴进程中的"国家民族"建构研究》
叶江 著

《国家建构——聚合与崩溃》
[瑞士]安德烈亚斯·威默 著　叶江 译

《面向可持续发展的全球领导力——文化多样性研究》
[美]柯林·I.布拉德福德 著　薛磊、叶玉 译

《全球化新阶段与上海改革新征程》
王玉柱 著